ALTDEUTSCHE TEXTBIBLIOTHEK

Begründet von Hermann Paul †
Fortgeführt von Georg Baesecke †
Herausgegeben von Hugo Kuhn
Nr. 58

Bruder Hansens
Marienlieder

Herausgegeben von
Michael S. Batts

MAX NIEMEYER VERLAG / TÜBINGEN 1963

Mit 5 Abbildungen

INHALT

Die Überlieferung

Handschrift P (Petersburg) der Gosudarstvennaja publičnaja biblioteka imeni M. E. Saltykova-Ščedrina, Leningrad.

Signatur: O. v. XIV. 1.

Geschichte: Die Hs. gehörte im 17. Jh. dem Jesuitenkollegium in Münster (Bl. 1 r »Colleg. S. J. Mon. West.«). Sie kam in den Besitz von Peter Dubrowsky (Besitzervermerk Bl. 1 r) und gelangte ca. 1806 in die Kaiserlich-öffentliche Bibliothek in St. Petersburg (Bibliotheksstempel Bl. 1 r und 141 v).

Schreibstoff: Pergament; nach Minzloff (s. u.), S. XII, sind die Bll. 1–21 und 68 von anderem, rauherem Pergament.

Entstehungszeit, Schreiber, Schrift: Die Hs. entstand kurz nach 1400. Der Text ist sorgfältig und schön geschrieben und nachträglich korrigiert worden. Zwei Hauptschreiber sind zu unterscheiden, die beide eine niederrheinische Textura schreiben. Der erste schrieb Bl. 1 r–37 v und 68 r–v, der zweite das übrige bis auf weniges. Die zweite Schrift, obwohl der ersten sehr ähnlich, ist enger geschrieben und weniger leicht zu lesen. Ein dritter Schreiber hat einige wenige Wörter (offensichtlich in freigelassene Stellen) eingefügt und auch einige fehlende Wörter an den Rand geschrieben. Ob ein vierter sich hieran beteiligt hat, läßt sich aus dem wenigen Material nicht eindeutig ersehen.

Blattzahl: 141 Bll. Format: Duodez.

Einrichtung: Die Strophen der Gesänge 1–6 sind abgesetzt, die Verse innerhalb der Strophen fortlaufend geschrieben. Die Strophen des 7. Gesanges füllen jeweils eine Seite, und die Verse sind abgesetzt.

Ausstattung: Der Anfangsbuchstabe eines jeden Gesanges ist z. T.

mit figürlichen Darstellungen sehr reich verziert, die Strophen-
initialen sind durch rote und blaue Tinte hervorgehoben (vgl.
Minzloff, S. XII–XIII).Auf Bl. 39 v befindet sich ein Marien-
bild (Wiedergabe in der Ausgabe von Minzloff gegenüber dem
Titelblatt). Außerdem zeigt Bl. 39 v die Wappen von Mark und
Kleve, Bl. 40 r das von Berg, Bl. 57 r die Helme von Mark und
Kleve, ferner Bl. 75 r ein viergeteiltes Wappen, auf dem Minz-
loff (S. IX) »den schwarzen löwen von Berg und die rothen
sparren von Ravensberg« erkennen konnte. Auf Bl. 38 r steht
lediglich zweimal von älterer Hand (oder nur nachgeahmt?) das
Wort »Amen«, dreimal in russischer Schrift der Name »Niko-
laus«, einmal »Alexander« und ein nicht lesbares Wort. Die
Bll. 38 v, 39 r, 74 r–v sind unbeschrieben. Auf Bl. 141 v folgen
nach dem Schluß des Textes in russischer Schrift die Angaben,
daß die Hs. 141 Bll. habe und Bl. 74 leer sei.
Einband: Wahrscheinlich 17. Jh.; mit Pergament überzogener
Holzdeckel, ornamentale Blindpressung; Goldschnitt.
Inhalt: Die Marienlieder des Bruders Hans. Es fehlen nur die
Verse 1210–1251.
Literatur: Ausgabe durch Rudolf Minzloff, Bruder Hansens
Marienlieder aus dem vierzehnten Jahrhundert, Hannover 1863.
Darin S. IX–XIII Beschreibung der Handschrift. Rezension der
Ausgabe durch Fedor Bech in Gött. gel. Anzeigen, 1863, II,
S. 1286–1310.

Handschrift Pa (Paris) der Deutschen Staatsbibliothek zu Berlin.
Signatur: Ms. germ. oct. 425.
Geschichte Auf Bl. 69 v der Name »Paulus verhaegh«. Die Hs.
gehörte Mitte des 19. Jhs. dem franz. Gelehrten Joseph Barrois,
der sie mit anderen Hss. dem Grafen von Ashburnham ver-
kaufte. Die Hs. wurde 1901 von Rosenthal, München, erworben.
Sie gelangte in den Besitz von Karl von Rozycki, Pasing, und
1902 an die Preuß. Staatsbibliothek.
Schreibstoff: Pergament des 15. Jhs.
Entstehungszeit, Schreiber, Schrift: Die Hs. ist unordentlich von

einer Hand geschrieben, und zwar in einer schmucklosen nieder-
deutschen Bastarda.

Blattzahl: 87 gezählte Bll. Es fehlen ein Blatt vor Bl. 9, sowie
zwei Blätter vor Bl. 73. Bl. 16 v und 51 v sind leer.

Format: Blattgröße ca. 17,1 × 12,9 cm, Schriftspiegel ca. 11,7
× 8,8 cm.

Einrichtung: Die Strophen der Gesänge 3–6 (Bl. 1 r–69 r) sind
ein wenig abgesetzt, die Verse innerhalb der Strophen fortlau-
fend geschrieben. Im 7. Gesang (Bl. 70 r–87 v) sind die Verse
abgesetzt, und der Abstand zwischen den Strophen fehlt.

Ausstattung: Der Anfangsbuchstabe eines jeden Gesanges ist
groß, aber wenig kunstvoll mit roter und blauer Tinte aus-
geführt, und zwar bei jedem Gesange in der gleichen Form. Die
Stropheninitialen sind abwechselnd mit roter und blauer Tinte,
zuweilen falsch, nachgezeichnet. Im 7. Gesang ist häufig der erste
Buchstabe einer Seite (d. h. auch wo keine neue Strophe beginnt)
etwa doppelt so groß wie gewöhnlich geschrieben.

Einband: Moderner Bibliothekseinband.

Inhalt: Die Marienlieder des Bruders Hans V. 881–4400. Es feh-
len die Verse: 1093, 1231–1277, 1520–1521, 1984, 2160–2161,
2636–2637, 2900, 3001, 3368–3369, 3788–3861, 4200.

Literatur: Ludwig Bethmann: Marienlieder. ZfdA V (1845),
S. 419–421; ders: Reise durch die Niederlande, Belgien und
Frankreich, vom Junius 1839 bis September 1841. Archiv d.
Ges. f. ältere dt. Geschichtskunde VIII (1843), S. 25–101 (darin
zu dieser Hs., S. 61, Anm. 1); G. Waitz: Handschriften in Eng-
lischen u. Schottischen Bibliotheken. Neues Archiv d. Ges. f. ältere
dt. Geschichtskunde IV (1879), S. 583–625 (darin zu dieser Hs.,
S. 616); Karl Bartsch: Bruder Hansens Marienlieder. Germania
XII (1867), S. 89–90; Robert Priebsch: Deutsche Handschriften
in England (2 Bde., Erlangen 1896–1901), Bd. I, Nr. 9, S. 10–13;
Katalog der Firma Sotheby, Wilkinson & Hodge (London) auf
den 12. Juni 1901, Nr. 339, S. 126–127; Hermann Degering:
Kurzes Verzeichnis der germanischen Handschriften in der Preuß.
Staatsbibliothek (3 Bde., Leipzig 1925–1932), Bd. III, S. 144.

Entstehungszeit, Schreiber, Schrift: Geschrieben um 1400 von einer Hand in einer niederländischen Textura.

Blattzahl: Das Fragment, ein Foliodoppelblatt in schlechtem Zustand, war wahrscheinlich das dritte in einer Lage von vier Blättern. Ich foliiere 3 r–v, 6 r–v.

Einrichtung: Die Verse sind fortlaufend geschrieben und durch Kola gekennzeichnet. Die Strophen sind weit abgesetzt.

Ausstattung: Die Anfangsbuchstaben der Strophen sind stark rubriziert. Auf allen Seiten Einträge und Federproben von späterer Hand.

Inhalt: Das Fragment enthält die Verse 1763–1857 und 2043 bis 2140 der Marienlieder des Bruders Hans, doch ist die erste Strophe auf Bl. 3 r sowie einiges auf Bl. 6 v unlesbar.

Literatur: Hermann Degering: a.a.O., Bd. I, S. 106.

Handschrift k (Köln) der Stadtbibliothek Köln, verschollen. (Schon bei Karl Menne: Deutsche und niederländische Handschriften, Köln 1931–1937 [Mitteilungen aus dem Stadtarchiv von Köln, Sonderreihe: Die Handschriften des Archivs, Heft X, Abt. 1, I/II] nicht mehr aufgeführt.)

Signatur: W XIII 13 (Wallraf-Nachlaß).

Die kurze Beschreibung bei Ph. Wackernagel (s. u.), S. 772, lautet: »Pap. Hs. in klein 8°. aus der 2. Hälfte des 15. Jahrhunderts auf der Stadtbibliothek zu Köln, mit dem Bibliothekszeichen XIII 13; 83 Blätter, Blatt 57 und 58 leer. Sechs Gedichte von demselben Verfaßer und derselben Hand, ...«

Diese Hs. enthielt die Gesänge 2–7 der Marienlieder des Bruders Hans, jedoch in der Reihenfolge 2, 4, 3, 6, 5, 7. Sie sind auszugsweise durch Philipp Wackernagel anonym unter dem Titel »Ave maria« in seinem Werk »Das deutsche Kirchenlied« (Bd. II, Leipzig 1867, Nr. 1020–1025, S. 772–794) abgedruckt, und zwar V. 181–236, 804–1118, 1504–2336, 2904–3808, 5217–5280.

Rezension dieses Werks durch Karl Bartsch in Germania XXIV (1879), S. 250–252 (darin zum Abdruck von Bruder Hansens Marienliedern, S. 251).

Die Entstehung der Marienlieder

1. Der Verfasser

Der Verfasser nennt sich Bruder Hans (V. 3675). Über seine Herkunft und seinen Stand läßt sich nichts Definitives aussagen, aber gewisse Einzelheiten kann man dem Text entnehmen. Beheimatet war er sicherlich in der Gegend zwischen Köln und Kleve, wofür neben der Bezeichnung seiner selbst als *nyderlender* (V. 4634) und der Sprache der Lieder auch die Erwähnung des Zolls zu Bonn spricht. Hans scheint sich kaufmännisch betätigt zu haben, woraus seine Kenntnisse der Fremdsprachen wohl zu erklären wären. Er war verheiratet und verließ in seinen mittleren Jahren seine Frau, um sich dem Dienst der Hl. Jungfrau zu widmen (siehe vor allem die Verse 173 ff., 874 ff., 1574 ff., 2276 ff., 3670 ff., 5275 ff.). Der Orden, dem sich Hans anschloß, ist nicht näher bestimmbar, aber daß er ein Gelübde abgelegt hatte, beweisen die Verse 4804 und 4810. In Anbetracht des Gegenstandes der Lieder wäre an einen der zahlreichen und im niederländischen sowie niederrheinischen Raum stark vertretenen Marienorden zu denken. Die häufigen Hinweise auf seinen bevorstehenden Tod brauchen nicht als Zeichen fortgeschrittenen Alters aufgefaßt zu werden.

Hans hatte studiert, wobei unsicher bleibt, ob er mit *so hoerd ich / Eyns eynen meister lesen* (2876–2877), *so wir lesen* (3095) usw. auf den Besuch einer Schule hinweist. Neben dem Englischen und Französischen schreibt er Lateinisch. Er besaß eine gute Bibelkenntnis und benutzte in seinem Werk die »Meditationes vitae Christi« des hl. Bonaventura, die »Revelationes« der hl. Birgitta von Schweden (Buch VII, Kap. 21) und den Bibelkommentar des Nikolaus von Lyra. Aus der deutschen Literatur nennt er Neidhart (von Reuenthal), Wolfram von Eschenbach (s. u. S. 71), Frauenlob und Boppe; nicht erwähnt, aber als bekannt vorauszusetzen, sind Rumesland und Konrad von Würzburg.

2. Abfassungszeit und Sprache

Die Marienlieder sind um 1400 entstanden. Ein terminus ante quem non ist durch die Erwähnung der hl. Birgitta gegeben, die im Jahre 1391 durch Bonifatius IX. heilig gesprochen wurde. Der terminus post quem non ist weniger leicht zu bestimmen, aber man darf annehmen, daß die Lieder um 1400 fertig waren, denn um diese Zeit scheint das Fragment F niedergeschrieben zu sein. Minzloff macht ferner geltend, daß die Hs. P sich wahrscheinlich in dem Besitze der Gräfin Margarete, Tochter Gerhards von Jülich und Berg befand, die »zwischen den jahren 1364 und 1389 die erbschaft von Berg und Ravensberg an das haus von Klewe und Mark brachte« (Minzloff, S. IX).

Die Lieder sind in einer Sprache verfaßt, die als Mischdialekt zu bezeichnen ist (vgl. J. Francke [s. u.], S. 377–388). Die Grundlage bildet des Dichters eigener Dialekt, die Sprache des Raumes zwischen dem Niederrhein (Köln) und der heutigen holländischen Grenze. Vereinzelt erscheinen mnl. Wörter, besonders solche französischen Ursprungs. Daneben versucht der Dichter seinen Dialekt dem Hochdeutschen anzupassen, wobei oft Mischformen zwischen hochdeutschem Konsonantismus und niederdeutschem Vokalismus zustande kommen. Schließlich muß noch erwähnt werden, daß der Dichter, wie er selber (V. 4923 ff.) zugibt, die Sprache oft hat verdrehen und verstellen müssen, um den nötigen Reim herzustellen.

3. Die Form

Die Lieder bestehen aus 1. einem einleitenden 15strophigen Gesang, in dem die Anfangsworte des Ave glossiert werden, 2. fünf

Gesängen zu je 100 Titurelstrophen (die Anfangsbuchstaben der Strophen ergeben wiederum den englischen Gruß — Ave Maria gracia plena dominus tecum benedicta tu in mulieribus et benedictus fructus ventris tui Jhesus Cristus amen), 3. einem siebenten Gesang, der das ganze Werk mit 100 16zeiligen Strophen (ebenfalls mit Akrostichon) abrundet.

Der 1. Gesang ist vom sprachlichen Standpunkt her sehr merkwürdig. Die Strophen bestehen aus jeweils 12 Versen, wovon der 1., 5. und 10. in deutscher, der 2., 6. und 12. in französischer, der 3., 7. und 11. in englischer und der 4., 8. und 9. in lateinischer Sprache verfaßt sind. Gereimt wird a a b c d d b c c e e c, und die Reime entfallen somit auf die verschiedenen Sprachen wie folgt: a Deutsch: Franz., b Engl.: Franz., c Latein: Latein: Latein: Franz., d Deutsch: Franz. und e Deutsch: Engl. Die Versform ist einfach. Jeder Vers hat vier Hebungen, und die Reime sind männlich voll außer etwa zwei Dritteln der c-Reime und V. 135 : 9 und 178 : 9, die als weiblich gelten müssen. Der Auftakt ist unregelmäßig.

Die Gesänge 2–6 sind in der Titurelstrophe verfaßt, d. h. es sind siebenzeilige Strophen, bei denen der sechste Vers die Waise ist. Gereimt wird a b a b c w c. Die ersten drei Verse und die Waise haben vier, die übrigen Verse sechs Hebungen. Hans handhabt die Strophenform sehr frei, indem er den Auftakt beläßt oder vermeidet und ein-, zwei- oder dreisilbige Reime anwendet. Am häufigsten, und als die Regel zu bezeichnen, sind die klingenden Reime, z. B.:

> Adám onsę álre vátèr
> Den háet god sélb gescáffèn
> Als ýr wool wís(sen)t al(le) gátèr
> Je dóch moes ích eyn wéynsel dávon cláffèn (181–184)

Doch sind männliche Reime vorhanden:

> Áller dúvel twíngherín
> . . .
> Ervúcht miin túrre túmme sín (1581–1583),

und dreisilbige Reime kommen vereinzelt vor:

> Alsús so hérten dégelìch
>
> . . .
>
> Ir bét was só behégelìich (1672–1674).

Die Anwendung der Titurelstrophe ist vielleicht auf den Einfluß des »Jüngeren Titurel« zurückzuführen, denn Hans nennt Wolfram, der als der Verfasser dieses Werkes galt. Auch enthält das Werk ein ausgedehntes Lob der Maria, auf welches Bech (a.a.O., S. 1290) schon hingewiesen hat.

Der 7. Gesang hat Hans einige Mühe gekostet, da er versucht, in 16zeiligen Strophen nur zwei Reime anzuwenden, und zwar nach dem Schema aaaa b aaaa b aaaa bb. Jeder Vers, mit Ausnahme des letzten, hat vier Hebungen und der letzte Vers nur zwei. Es sind vorwiegend einsilbige, männliche Reime, doch kommen weibliche Reime vor, und zwar häuptsächlich bei den b-Reimen.

4. Die Quellen des Stoffes

Als Hauptquelle diente Hans die Bibel. Er bringt in breiter Ausführung die Genealogie Josephs und zitiert aus den Prophezeiungen Ezechiels und Isaias'. Für sein Lob der Jungfrau greift er auf das Hohe Lied zurück, das er stellenweise wörtlich übersetzt. Daneben schöpft er reichlich aus dem Buch der Weisheit. In den späteren Gesängen, vor allem im 7. Gesang, benutzt Hans die bekannten Stellen aus der Offenbarung Johannis.

Als theologische Quelle steht ohne Zweifel Bonaventura an erster Stelle. Die »Meditationes vitae Christi«, als deren Verfasser Hans den Bernardus nennt, sind ihm doch sicherlich nur in der Fassung bekannt gewesen, die dem hl. Bonaventura zugeschrieben wurde, denn in der Schilderung des Streites der vier Töchter Gottes lehnt sich Hans eng an die Darstellung Bonaventuras an, die erheblich von der des hl. Bernhard abweicht. Bei der Auslegung des Ave scheint Hans das Bonaventura zugeschriebene Werk »Speculum Beatae Mariae Virginis« des Konrad von Sachsen gekannt zu haben, woraus auch die Bilder des aufweichenden Wachses und des überfließenden Fasses (Hans V. 1504, 1031, 1215) stammen mögen.

Obwohl Hans anscheinend bereit ist, seine Quellen anzugeben, kann man andererseits nicht feststellen, daß er aus den Werken der von ihm genannten deutschen Dichter geschöpft hat. Lediglich Konrad von Würzburg, den er nicht erwähnt, scheint er sehr gut gekannt zu haben, denn er benutzt vielfach Bilder aus dessen »Goldener Schmiede« (Edition von Ed. Schröder, Göttingen 1926). Man vergleiche Hans 4051 ff.: GS 34 ff., Hans 1640: GS 434 ff., Hans 2125 und 3913: GS 502 ff., Hans 3876 ff.: GS 747 ff., Hans 4164 ff.: GS 884 ff., Hans 4283 ff.: GS 978 ff., Hans 4625: GS 1052 ff. Die Terminologie der Mariendichtung ist viel zu stereotyp, als daß man mit Sicherheit auf Bekanntschaft mit Dichtern wie Boppe oder Frauenlob schließen könnte. Nur in einem Falle scheint der Dichter auf ein von Ph. Wackernagel (Das deutsche Kirchenlied II, Leipzig 1867, S. 157) »Marien fürbete« betiteltes Gedicht von Rumesland von Sachsen Bezug zu nehmen. Man vergleiche RL V. 4–6 mit Hans V. 2862–2865 und RL V. 12–18 mit Hans V. 1581–1582.

5. Der Inhalt

Die folgende Aufzählung bietet einen Überblick über die in den einzelnen Gesängen behandelten Grundthemen, ohne daß die vielfach ausgedehnten Abschweifungen erwähnt werden:

1. Lob der Hl. Jungfrau unter Hinweis auf die Prophezeiungen aus dem alten Testament (V. 1–180)
2. Genealogie Josephs und Lob der Jungfrau (V. 181–880)
3. Auslegung und Preis des Wortes Ave (V. 881–1580)
4. Die Begründung der Menschwerdung Christi, Mariae Verkündigung und der Besuch bei Elisabeth (V. 1581–2280)
5. Prophezeiungen bezüglich Mariae, Geburt Christi usw. bis zum Tempelopfergang (V. 2281–2980)
6. Schilderung der Freuden im Paradies und des neuen Jerusalem (V. 2981–3680)

7. Allegorien und Legenden um die Gestalt der Maria, Loblied und Fürbitte (V. 3681–5280).

6. Literatur

Die Germanistik hat sich wenig mit den Marienliedern beschäftigt, und die folgende Liste führt in chronologischer Reihenfolge die einschlägigen Arbeiten auf (vgl. dazu: Ludwig Denecke, VL II [1936], Sp. 157–159):

Fedor Bech: Rezension der Minzloff'schen Ausgabe. Gött. gel. Anz. 1863, II, S. 1286–1310.

Anton Birlinger: Zu Bruder Hansens Marienliedern V. 4155. Germania XVIII (1873), S. 112–113.

Fr. Gerss: Zu Bruder Hansens Marienliedern. ZfdPh. XI (1880), S. 218–227.

Johannes Franck: Zu Bruder Hansens Marienliedern. ZfdA XXIV (1880), S. 373–425.

Edward Schröder: Zur Marienlyrik, I, Bruder Hans. ZfdA XXV (1881), S. 127–129.

Alfred Morsbach: Bruder Hansens Englisch. ZfdA LIV (1913), S. 117–120.

Hugo Suolahti: Bruder Hansens Marienlieder (Ed. Minzloff), 4171 f. Neuphilol. Mitt. XXX (1929), S. 146.

7. Zur Einrichtung des Textes

Die Ausgabe beruht auf der Hs. P, da diese als einzige alle sieben Gesänge der Marienlieder enthält und offensichtlich dem Original sehr nahe steht. Die Schreibungen i : j und u : v : w wurden normalisiert. Übergeschriebenes e (meist Bezeichnung einer Vokallänge, z. B. hât; aber auch z. B. ẏ) erscheint hinter dem betreffenden Laut, sonstige diakritische Zeichen (häufig o auf u, gelegentlich ˆ auf y) bleiben unerwähnt. In den englischen Zeilen des 1. Gesanges tritt neben y = y auch y = þ auf, wobei die Unterlänge meistens stark nach links gebogen ist. Dieses y = þ wird dort, wo es d bedeutet, in den Lesarten vermerkt, in allen anderen Fällen mit th wiedergegeben.

Die Abkürzungen sind aufgelöst, Groß- und Kleinschreibung
sowie Worttrennung und -verbindung geregelt, die Strophen
und Verse abgesetzt und mit moderner Interpunktion versehen.
Alle übrigen Änderungen, die hauptsächlich vorgenommen wur-
den, um durch einen leichten Eingriff den Reim oder das Metrum
wiederherzustellen, sind durch Kursivdruck gekennzeichnet, die
entsprechenden Formen von P in den Lesarten angegeben. Dort
werden auch die von P inhaltlich abweichenden Lesungen der
erhaltenen Parallelhandschriften sowie der verschollenen Hs. k
(nach Wackernagels Abdruck) aufgeführt. Varianten, die sich aus
der Verschiedenheit der Mundarten ergeben oder das Metrum
nur geringfügig ändern, erscheinen nicht.
Bis auf einige wenige Stellen ist der Text ohne große Mühe ver-
ständlich, wenn man neben dem mittelhochdeutschen Wörterbuch
von Lexer und dem mittelniederländischen von Verwijs und
Verdam auch das »Theuthonista« genannte Wörterbuch von
Gherard van der Schueren und das Wörterbuch von Cornelius
Kilianus zu Rate zieht. Der Textausgabe hoffe ich jedoch dem-
nächst einen Kommentarband folgen zu lassen.
An dieser Stelle möchte ich der Handschriftenverwaltung der
Deutschen Staatsbibliothek Berlin und der Landes- und Stadt-
bibliothek Düsseldorf für bereitwillige Auskunft sowie für die
Benutzung der Hss. und die Herstellung von Mikrofilmen dan-
ken. Meine Kenntnis der verschollen geglaubten, am 29. August
1960 von Michael Murjanoff wieder aufgefundenen Leningrader
Handschrift beruht auf einem Mikrofilm, der auf die freundliche
Vermittlung von Galina M. Ščerba hin von der Leningrader
Bibliothek dem Seminar für deutsche Philologie der Universität
München zur Verfügung gestellt wurde. Ihnen allen sei an dieser
Stelle mein ganz besonderer Dank ausgesprochen.

Michael S. Batts

Für seine Hilfe bei Beschreibung und Durchsicht der Handschrif-
ten haben wir Herrn Ulrich Montag, München, zu danken.

Hugo Kuhn

Proben der Handschriften

Eine Probe der Hs P konnte aus technischen Gründen nicht gegeben werden.

Ernnstlich sprach der herr/ vns wolde
den rat nicht straffen/ zwar nu barmt
mich sere/ das ich den menschen vff erten
han geschaffen/ wie saule ich noch vmer
mer sines verblyden/ ich han yn selbs
gemacht vnd mus nu von des todes
durch yn lyden

Durch alle die werlt sucht er die tugent
ryche magt/ die zarte kusche tochter/
von syon ym hertzliche wol behaget/ das
er sn bald zo muter wold erwellen/ durch
yr volmachte guete/ so wold er menschlich
sich myt ir erfullen

Itzent der her do rieff/ gabriel den engel/
vnd bat yn das er heff/ zo der vil wysser
welte lilien tzengel/ die da bloyende ist
vur allen bloemen/ got sprach sagt ir
diss mere/ dein Connig der wil itzent
zo dyr komen

Connig dauid pphecie/ myt den werd erfullet
was/ obuiauerunt sibi misericordia et veritas/
iusticia et pax osculata sunt/ barmung vnd
warheit begonte sich/ rechtuerdichet den
vreden kusten an den munt

Abb. 1.   Ms. germ. quart 1016 (Berlin)

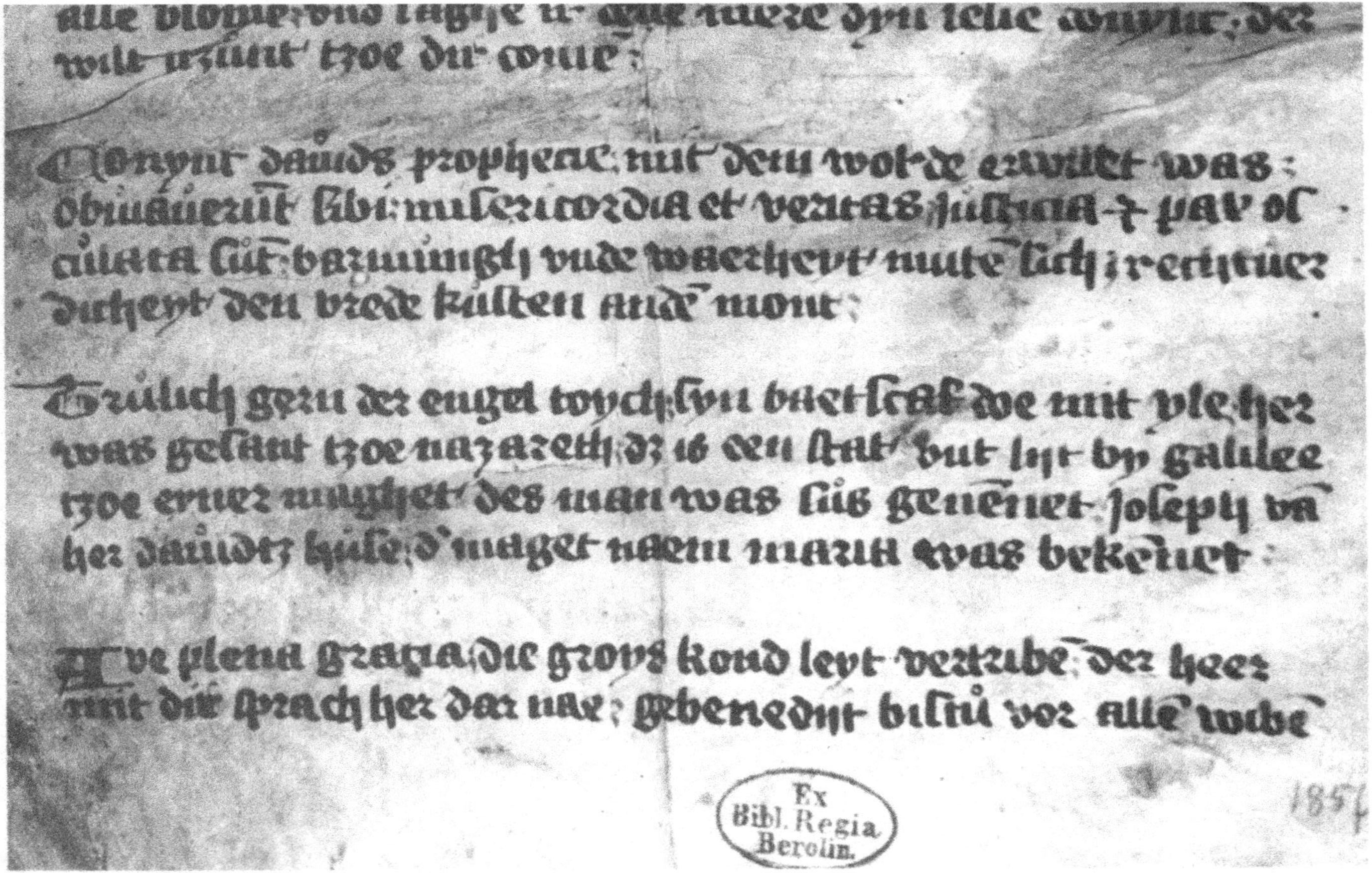

Abb. 2. Ms. germ. fol. 756 (Berlin)

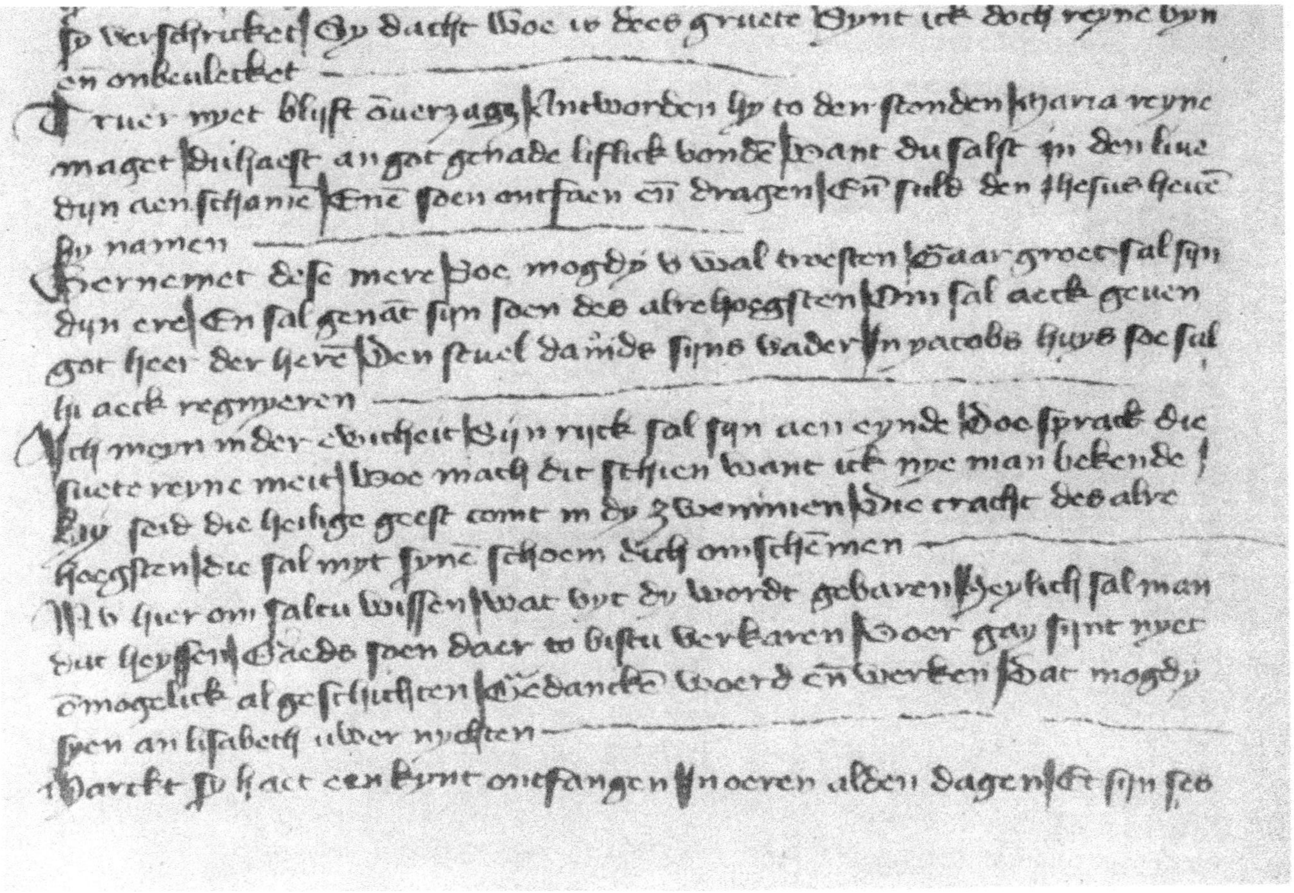

Abb. 3. Ms. C 93 (Landes- und Stadtbibliothek, Düsseldorf)

dem schemel Durch rechte lieb mit smer tot
wold komphen Se vant nicht sulchen mñ
ner die stad se ouch den werch om mehr gelou
ken

Ir houf soe sser betruber, en wart
geheissen von luren kein broud
was da geouvet Do sprach der breed Wȝ
sol da beturen Ir weist mehr wȝ ir triben
oder enellen Der da gab den wisen ruc Dñ
quȝ ich troist sol ons die hulf ouch schenc
ken

Ernuelblich sprach der sie Sndenwolt
den rat nicht straffen zwaer nu
berouwet nur stet Jȝ ich den menschen vsȝ
erden haen geschaffen Wie sold ich mich sns
Smmermee Serkliden Ich han ym selb ge
machet vnd mus ns pin des todes var
nu liden

Durch aller werlt sehter de tugent

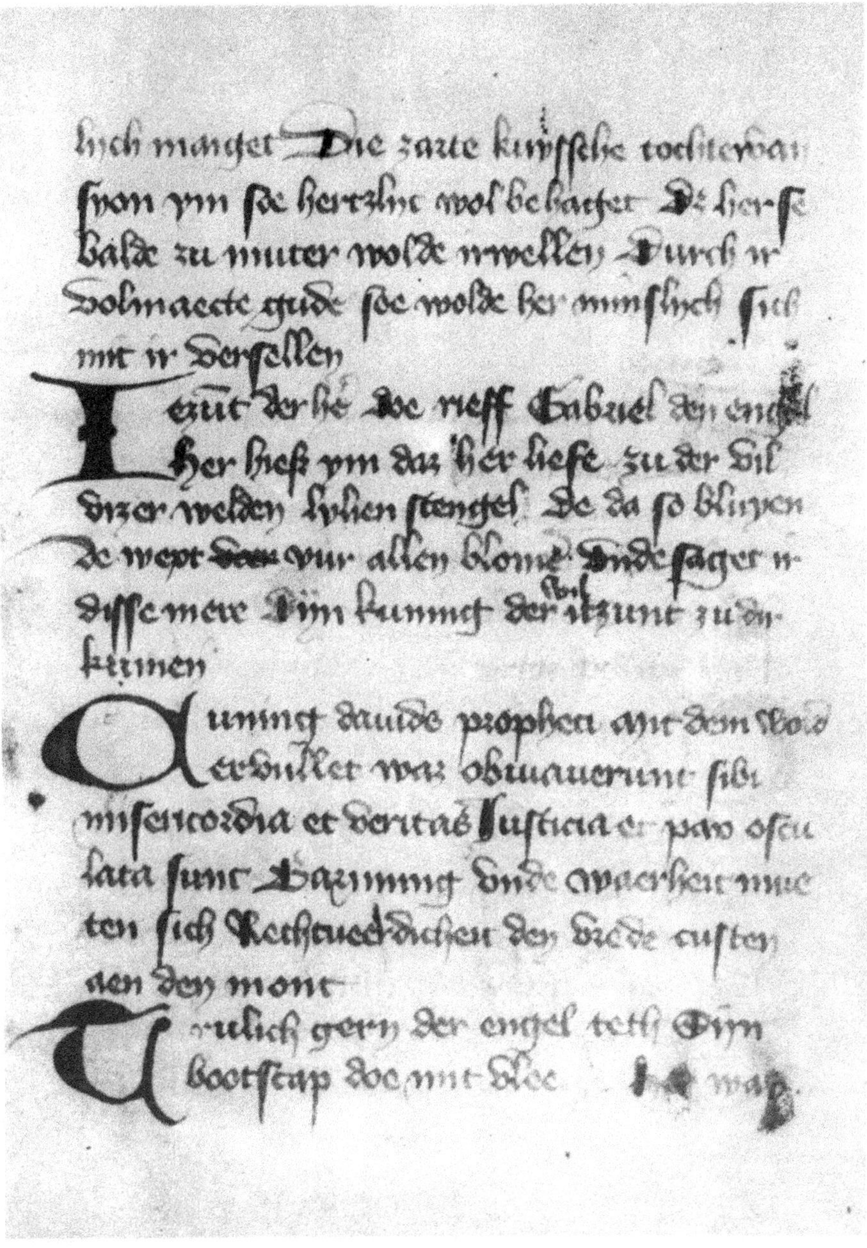

lych manget Die zarte kuyschlie tochter van
fron yn sie hertzlic wol behaget De hersze
balde zu muter wolde wellen Durch ir
volmaecte gude soe wolde her mynschlich sich
mit ir verselen

Ezut der he de rieff Gabriel den engel
her hiesz yn dar her liesze zu der vil
dizer welden lylien stengel De da so blinten
de wert vur allen blome Unde sager ir
disse mere Dyn kunnyc der itzunt zu dir
kumen

Cuninc dauids propheci ant dem wore
erbullet war obiuauerunt sibi
misericordia et veritas Justicia et pax oscu
lata sunt Barmunc vnde warheit muet
ten sich Retheued dichen dez vrede custen
aen den mont

rulich gern der engel teth Dyn
boetstap doe mit blee   he was

Abb. 5.

Ave alpha du stercher god!
Je diroy volentiers un mot
Of *that* swete *ladi deer*,
Cuius venter te portavit.
5 Ich meyn miin vrou dye alrebest,
Qui dam de toutes dammes est.
Thye in yr blisset woomb *shy* beer
Et te dulci lacte pavit
Et tam ardenter te amavit,
10 Daz ir myn dich cund neder zeen.
Thier thu ars kinc schol se bi queen,
La noble *fillie* dou roye Davit.

Maria, susze maghet wiis,
Puysque le roy *du* paradiis
15 The woerchapt *bothe* nicht and day
In celesti curia,
So hoer miin bede vil reyn ghehur,
Tres douche virgne net et pur;
Want I beseech iu and I pray
20 Pro / tua misericordia,
Quia tu plena gracia.
Sint daz du gades moeder bist,
Owr loerd af heven Jhesu Crist
Toi nulle choyse refusera.

25 Gracia tua is gar breyt.
Compaynge de la triniteyt

---

3 dat, laþi *und* þeer P.   14 da P.
7 y P.   15 bode P.
12 fijlie P.

Mai men thi callen wiel forsoed –
O angelorum domina –
Went Crist daz onbegonnen woort,
30 Qui nous delivra de la moort,
He toec his mankind af thi bloed.
Beata tua viscera!
Eterna sapiencia
Is in dich umb der werelt trost,
35 Consauvet af the holi goost,
Qui tout la munde jugera.

Plena von duechden bistu zart.
Comment que jay commenciet tart
To bi thi servand and thi *cnave*,
40 Tamen tua humilitas,
Die ist so recht wiid bekant,
Que je te dye certeyneemant:
Alle the gladnes *that I* have,
Est tua / pya benignitas.
45 Tua perfecta caritas
Last siin alleyn miin curtzewiil,
And put awey *al* tochtes viil, –
Que tu seyl soiies mon solas.

Dominus der vil grosze heer,
50 Qui stabli ciel et ter et meer,
He maad his oghen *dwellinc* plaach
In te, virgo *speciosa.*
Cristus, dye heer der heeren waz,
Soy *meismes* vestoyt de ton dras.
55 That waer an unspeckabel graach.

P 2 r

---

31 þe *P.*
39 cuave *P.*
43 þie ly *P.*
44 benignitis *P.*

47 Aud, il *P.*
51 þe, þwellinc *P.*
52 spefiosa *P.*
54 mensines *P.*

O Maria florens rosa,
Tota pulchra et formosa,
Sint her deyt so waz du wilt,
Nu pray for mi to *thi* deer chilt,
60 Qui en tes sains bras soy reposa.

Tecum is her, vil susze meyt,
Car toute sa humaniteyt
The toec he *throw* thie holi goost.
De tuo sancto corpore
65 Der heer waert selb diin kyndeliin,
Qui na commensemant ne fiin,
And / after hem eerstu thie moost.   *P 2 v*
O rex eterne glorie
Et pater sapiencie,
70 Sint du se haes hierzu erkorn,
Blist bi that tiim that *sa her* born,
Par qui tu es en ter antre.

Benedicta tu zu alre ziit.
Toy lower est toyt mon doliit
75 My joy, my *meryth*, my gladnis.
Vere coram deo reus
Is her, die dich labet *niet*,
Lowes *soiies* et grachiiet,
Thu highe queen af *heven* blis.
80 O pater mi, psalmator meus,
Miserere mey deus.
Daz ich so langhe han gebeyt,
I am al hevi in goed feyt,
Que jay si longemant teus.

---

59 di *P.*
60 soy = se.
63 þorw *P.*
71 su er *P.*

75 merych *P.*
77 mit *P.*
78 sones *P.*
79 henen *P.*

4

85 In mulieribus so bistu
La plus sage qui onques fu.
Du eers a maistres and a lech,
Quia deus, *eternus* pater,
Die haet des macht ghegheben dir,
90 Que tu pues tout la gent garyr.
Have meer/chiit af mii sinfol wreech;   P 3 r
Dulcis virgo, *pia* mater,
Homo sum et tuus frater,
Wie ich ghewont byn kinstu wol.
95 I pray iu ladi maac mi hool,
Car tu as oenguement et plater.

Et benedictus sie die noot
Pour tout jour mes commant qui soot,
Thie mi constraint til iu to ren,
100 Quia una plena sporta
Liit mir mit sunden uph den hals.
Conter toy *jay* esteet fals;
I am a worm manc other men.
O regina celi porta,
105 Aurora de qua lux est orta,
Nu bid vur mich den selben licht,
I meyn that hige sonbeem bricht,
Qui toyt le monde reconforta.

Fructus diins liibs daz waz der steyn,
110 Qui de la montaenge sans meyn
War cutet af, so *Daniel* sprac,
Quem / vidit in *somnio*   P 3 v
Coninc Nabugodonosor.

---

88 etern⁹a *P*.
92 Dulce *und* pie *P*.
102 ay *P*.

111 þaniel *P*.
112 sumnio *P*.

La grant ymaag a teste door
115 These litel stoon al gidder brac.
Beata illa fracsio,
Letamini in domino.
Het wiex een berch durch unsen wil
Richt and he speec the judes til:
120 *Ta* vielle loye – hola haro!

Ventris des buches weerticheit
U la devine magesteit,
In lichte sam a sonbeem bricht,
Nemo potest perlaudare.
125 *Der* buich mit recht gheheissen ist
Un pleissant temples Jhesu Crist.
He beer that slang of bras ghedicht,
Quam Moyses fecit exaltare.
Quum nos voluit salvare,
130 Droech heer siin cruitz selp uph den berch,
Sam beer his woed die patrierch,
Le boen fils Abraham et Sare.

Tui servi, dye roefen al
A thoy en che lacrimues val.
135 Wi *uutlau/wed Even* childers   P 4 r
Ad te gementes suspiramus;
Wye leben wyr sus roekeloes!
Laissis nos prandre notre croos
Uppoon ouwer bac, uppoon ouwer schilders,
140 Et sic post Jhesum transeamus
Et semper »mater dei« – clamamus –
»Diinre dienre dich erbarm« –

---

120 Tu *und* ho la h'o *P;* der Sinn   125 Ber *P.*
kann nur sein: *Dein altes Gesetz*   128 Qui *P.*
– Oh Wehe! (Siehe Daniel 9, bes.   129 Qñ *P.*
17 ff.)   135 wtblauwed enen *P.*

That us the fend en *doe* noon *harm*,
Le leit velu orribel camus.

145 Jhesus, der heer von Nazareth,
Feth quanque tu vues avoor feth.
So Salmon queed, that wise kinc,
Hoc *processit* in figura,
Daz du vermoghes noch vil mee,
150 Quant il disoit a *Betsebe*:
»I may refusen thii noon thinc.«
Quid tu tunc summa creatura,
O mater dei et virgo pura,
Nu bid vur ons den kinde diin,
155 *That* he wol grant us in ouwr fiin
La joy qui tout jours sans fiin durra.

Cristus, der groszer vorste wys,   *P 4 v*
Donna le cleef de paradiis,
Miin lady *deer*, in thiin pour.
160 Sic semper fuit te honorans.
Du bist ghesproszen, daz ist mee,
De la rachine de Yesse.
Uppoon thi grau that feyer flour.
O virga vernans et odorans
165 Nunc pro nobis sis laborans,
Sint *dir* der *slussel* is ghegeben,
And kiip also the gatitz af heven,
Que nous y anterons en coorans.

Amen, daz moesz also ghescheen.
170 Si tu veuls, nous y *antrons* bien,

---

143 þoe *und* herm *P*.
146 quanque = quaconques.
148 p̄sessit *P*.
150 befsebe *P*.

155 þath *P*.
159 þeer *P*.
166 ich *und* sussel *P*.
170 antrous *P*.

Sceiden that thu haafs *thie* key.
Non dubitabo amplius.
Nu helf mich vrou und helf ouch yr,
De qui tu mas fet departir,
175   At Jherusalem in that hi contrey,
Ubi tuus filius
Est omnia in omnibus, –
Daz wir da vrolich comen zamen
Manc that joyfol felscap, amen,
180   *Ou* nous attroy ton fyl Jhesus.

---

171 die *P.*   180 Chu *P.* *darunter* nō Nō *P.*

Adam onse alre vater,   *P 5 r : d 188 r : b 88 r*
Den haet god selb gescaffen,
·Als yr wool *wist al* gater;
Je doch moes ich eyn weynsel davon claffen,
185 Wie daz von synen stam ist uszghesprossen
Die liebe suesze muter,
Dye uns daz hymmels portze haet ontsloszen.

Usz *eym* von Adams rippe
Schoef god Eva ons muter.
190 Sus weren se gar sippe,
Ja negher vil den swester *unde* broeter.
God sprach: »eyn minsch en is nut goet alleyne,
Laest uns eyn hulf ym machen,
Die ym gheliicht« – und schoef *Even* usz dem beyne.

195 Eva liesz sich bedrieghen
Da na in / curtzen *stonden*,   *P 5 v*
Went die wol can lieghen,
De quam recht sam eyn slang zu ir ghewonden,
Doe se noch weren in dem paradyse,

---

* *Überschrift nur in d.*
183 wissent *Pdk.* alle *Pdbk.*
184 Da van moet ich een wenych
claffen *d.*
185 daz *fehlt k.* usz *fehlt d.*
187 des *bk,* die *d.* hemelsche *d.*
188 Usz eym *fehlt Pdk.* Van des
d, Van hern *k.*
191 vñ *Pdbk.*

193 eyn *fehlt,* hulffe machen eme
k, om een halffe *d.*
194 euē *rechts am Rande P.*
dem] enen *d.*
196 stundē *Pk.*
197 die] der da *b, nach* die *am
Rande* ghoe die *d.*
198 recht sam] als *d,* gelich *k.*

200 Und deed daz bod yr brechen.
Ir habet wol ghehort in welcher wyse.

Mit curtzen plumpen woorden
Si uch dese reed beslossen.
Went se des epphels coorden,
205 So moesten se beyd samen siin verstossen
Usz dem paradyse vol alre weelden.
Daz Adam volchte Even raet,
Daz moesz al mynschlich cunne noch untghelden.

Al weren wir verlaren,
210 Was quam von synem lybe,
E Cristus wart gebaren
Von den vil reynen junfroulichen wybe,
Da god in haet siin mynscheyt an ghenomen.
Nu horent yr geslechte,
215 Wye se von Adams stam is neter comen.

Recht sam de susze rosen   *P 6 r : b 88 v*
In haghen und ghedurnten
Usz iren cnoppen blosen,
Sus wiex se ouch usz dem, die got verzurnten.
220 Wye seer daz uns der doren ye hat gestochen,
Wir sint nu al ghenesen,
Nu wyr den ruch der rosen hant gherochen.

---

200 om *oben nach* deed *d.* yr]
tzo *d,* sy *k.*
203 entsclossen *k.*
205 so *fehlt k.* samen *fehlt dk.*
207 Daz] Want *k.*
208 mueten *d.* menschen *dk.*
cunne *fehlt d.*
210 wat dat daer quam *d.*
211 E *fehlt db.*

212 dem *d.* vil *fehlt d.*
213 da ynne got *k.* in *fehlt b.*
215 is neter] her ys *k.*
216 sam] als *d.*
217 und yn *k.*
219 den *d.*
220 daz uns] doch *k.* e *k.*
221 nu *fehlt,* alle genesen gantz *k.*
222 Nu] Synt *k.* der] van den *d.*

Ich wil den sin *aen*heben
Und machenz uch nut langher.

225 Doe Adam was vertreben,
Curtzlich daer na, do wart vrou Eva swangher
Und begund vil kinder vast zu traghen.
Caym hyesz yr irste son,
De sint siins selbes broeter haet irslaghen.

230 Abel hies der ander;
Dye nerten sich der beesten,
Susz waz al siin ghewander.
Her plach die schaef zu huden, saen dye ieesten,
Und Caym, der aldste, der plach corn zu sayen
235 Und nerten sich des ackers
Mit hacken, raden, plughen *unde* mayen.

God onsen lieben heren,   *P 6 v*
Doe nyemant aen en beten,
Aen men plach ym zu eren
240 Mit oppher, went daz weren doe die seten;
Und wen men ym den oppher solte brenghen,
So leyd mant uph eyn elter
Und plach is mit dem *vure* zu untfenghen.

Recht so solden deṣe broeter
245 Eyns yren oppher zalen,
Abel, der fromer goeter,
Der ran zu wald und meynd her wolde halen

---

223 a°n *P.*
226 do *fehlt bk.*
229 sint *fehlt k.*
231 generden *d.*
232 wander *dk.*
233 sagen die yeesten *d,* zam die
yesten *b,* saynt die iesten *k.*

234 aldste] ander *b.* der₂ *fehlt*
dbk.
236 plugen raden *d.* vñ *Pdbk.*
237 onsen lieben] die liefste *d.*
238 om an en *d.*
240 went *fehlt b.*
243 vur *Pd.* zu *fehlt d.*
244 so *fehlt b.*

Eyn von *sinen aller* besten schaffen.   *d 188 v*
Da wold her god met eren.
250   Wer sold den milden herz daz moghen strafen?

Alsus bracht her von mynnen   *b 89 r*
Eyn siinre bester lamme.
Doe her daz solde brinnen,
Doe sloech zu hemel uphwart schoon die vlamme.
255   Daz waz eyn zeychen daz ez got behaachten.
Hye von quam der groese moort,
Die Adam und Eva lang beclaachten.

Caym haet zu houf ghebonden   *P 7 r*
Waz coerns von sinen acker.
260   Doe her daz sold untsonden,
Doe woldes *geben* nut so schonen vlacker,
Sam der ander oppher deed voerschreeben.
Des zorndę her sich so swinde,
Daz her dem broeter nam da um siin leben.

265   Ir haebt wol horen saghen,
Wye Abel duc voersprochen,
Von Caym wert irslaghen,
Und wye daz ueber Caym wert *ghewrochen*
Von Lamech, der den voghel waende schieszen.
270   Daz ich da vil von schrebe,
Ich vuert, iz mucht den leser licht verdrieszen.

---

248 sinen aller] al siner *P*, al
synen *d*, aller seiner *b*.
250 *nach diesem Vers folgen in d
V. 244–246, welche aber durch-
gestrichen sind.*
254 uphwart *fehlt d.*
257 langhe tzeyt *b.*

261 gebes *P.* Doe en gaff dat
nyet *d.*
262 Als *d.* ander] gueter *b.*
264 da vmb den bruter *b.*
268 ghewrechen *P.*
269 meynte *b.* te schieten *d.*
270 von] aff *d.*
271 Ich vuert iz] Dat *d.*

Adam und Eva beyde
Curtzliich da na erloosten
Eyns deyls von yrem leyde
275　Der goede god, und wold se yetzwaz troosten,
Wen Seth, ir dritte son, waert doe ghewonnen.
Von dem so ist ghecomen
Miin vrou, da ich dese lyet um haen begonnen.

Proebet dese rete:　　　　　　　　　　　　　*P 7 v*
280　Seth wan *eyn* son mit eren,
Der machten vil gebete.
Her waz der eerste, der den naem ons heren
Anrief, daz steyt in genesy beschreben.
Enos hies her; al is her doot,
285　Siin guete werch de sullen alziit leben.

Lyra schriibt von desen,　　　　　　　　　　*b 89 v*
Daz her mach haen ghetichtet
Ghebeed, die men mucht lesen,
Da in die lute mochten siin ghestichtet.
290　Wie is da mit sy, daz can ghewissen nyemen.
Waz liit ons luten ouch daraen,
Wer es prosen weren *oder* riemen?

Enos eynen son ghewan
Bi synem goeten wybe.
295　Der waz gheheysen Chaynan.
Uph daz ich in der rechter lyni blibe,
Chaynan wan Malaleel den fromen.

---

275 und] die *d.* se] so *b.*
yetzwaz] vorbas *d.*
278 um *fehlt,* haen van gesongen
d.
280 eynen *Pdb.*
283 steyt] ist *b.* in genesy steet *d.*
284 Enoch *d.*

285 werch de] werken *d.*
286 spricht *b.*
290 daz] en *b.* Woet dar mede
is dat en weet nyemā *d.*
292 weren] siin *d.* oder *zwei-
mal P.*
293 Enoch *d.*

Malaleel wan *Jareth.*
Desẹ haet der doet alsament *hin* ghenomen.

300 Nu mercht desẹ reed bi sonder: *P 8 r*
Jarethz son der lebet noch.
Daz laest uch haen geyn wonder,
Es ist der wiser tugentriicher Enoch.
Siin seel mach usz dem libe siin nut scheyden,
305 Her moes yerst dispiteren   *d 189 r*
Mit Antecrist; da na so moesz her beyden.

Alsus so is der grise
Mit vrouden und mit wonnen
Noch in dem paradyse.
310 Desẹ Enoch haet Mathusalan ghewonnen.
Mathusalan wan Lamech sinen erben;
Doch hat her wool nuyn hondert jaer
Und nuyn und sextich, e ym god lies sterben.

Der Lamech hat ghewonnen
315 Noe den patriarche,
Da got mit haet begonnen
Eyn *nuywe* welt, went her ted ym dye arche
Zymmeren und die beesten da in dryben.
Sem, Cahm und Japhet, siin drye son,
320 Dye nam her ouch da yn myt yren wyben.

O god diin selzen werchen   *P 8 v : b 90 r*
Worden nye halp verzellet

298 wan do *b.* iarech *Pb.*
299 hÿ *P,* hier *d.*
301 Jarech² *P,* Jarechtz *b.*
302 en laet *d.* haen] wesen *d.*
303 doegentliche *d.*
304 Die zielen *d.*
306 eyndkerst *d.* so *fehlt d.*

307 der] he *d.*
310 Dese *fehlt d.*
312 wool *fehlt b.*
313 nuyn und *fehlt d.*
317 nyuwe *P. nach* ym *steht* jn
durchgestrichen b.
318 die beesten] deed om *d.*

Von phaffen noch von clerchen.
Du haddes desen clenen houf erwellet,
325 Doe du de gantze werelt woldęs ertrenken.
Diin ordel sint eyn dyef abys.
Waz dar ich *anders* sagen oder denken?

Mirchet vorbas myne woort:
Von Sem so ist ghecomen
330 Die weerte grose ho gheboort,
Die al der werlt sund haet ab ghenomen.
Da um wil ich uch siin gheslecht voort schriben.
Daz ist da uns die macht an liit,
Von Japhet und von Cham, daz laesz ich blyben.

335 Ich weis nut wye vil sun her hat,
Daz kan ich nut bekennen,
An eynen son hies Arphaxat
Had her, den haen ich oft wol horen *nennen*.
Der Arphaxat wan aen sinen wybe
340 Eynen son hies Chaynan,
Und Sale quam *doe voort* von Chaynans lybe.

Nu quam von Salees samen   *P 9 r*
Heber, Phalechs vater.
Da um haent noch den namen
345 Von Heber die eebreuschen alle gater;
Went doe siin son Phalech na ym regneerten,

---

324 gevellet *d.*
327 āder *P.*
328 Merckt nv *b.*
330 grose *fehlt b.*
332 Da um] des *b.* uch] nv *b.*
voort *fehlt,* bescryben *b.*
334 von *fehlt nach* und *b.* icht *b.*
335 en weet *d.* nut *fehlt d.*

338 dē *auf* dā *P.* oft *fehlt d,*
ouch *b.* sag *nach* horen *P.*
339 arphapat *b.*
341 sahell *b.* doe voort *fehlt*
Pdb.
342 stāme *d.*
344 um] van *d.*
345 Von Heber *fehlt d.*

Doe *schach* daz grose wonder,
Daz got der werlt sprachen devideerten.

Und die doe sprechen bleben,
350 Die selbe sprach und zale,
Die Eber sprach voerschreben,
Daz hiessen die *ebreusche* alzumale.   *b 90 v*
Mach scheen die ander mochten ouch so crighen
Die naam nach irre sprachen.
355 Doch weis ichs nut, da um so wil ichz swighen.

Sus haebt ir ghehoret nu,
Wenne die spraech begonnen.
Deṣ Phalech der wan Ragau,
Und Ragau haet Seruch voort ghewonnen.
360 Von Seruch so *wert* Nachor vort gebaren.
Nachor wan Thare synen son,
Der creych eyn *kint*, daz got haet uszerkaren.

Thare wan den fromen helt   *P 9 v*
Abraham den wysen,
365 Den got hat *sunderlingh* erwelt.
Siin toghent sol man bilcher ho *geprisen*,
Wend her had sich usz allen volch ghescheiden,
Daz her alleyn hielt gades e,
Doe al die ander menscen bleben heyden.

---

347 schath *P*.
348 spraken alle *d*.
350 und] aeck *d*.
352 doe *nach* ebreusche *P*.
353 so crighen] verkrygen *d*.
355 da um] daer van *d*. so *fehlt*
b. ich des *b*.
356 ir wol *b*.

358 der *fehlt d*.
360 so *fehlt d*. wer *P*. vort
fehlt d.
362 kint *rechts am Rande P*.
364 den vil wijsen *b*.
365 sunderlinghen *P*, sonderlyng
d, sunderlinge *b*.
366 geprise *P*.

370 Eynen son wan Abraham   *d 189 v*
    Bi Sara siinre vrouwen,
    Da her mit uph dem berghe clam
    Und wold ym selb den hals aeb haen ghehouwen,
    So gar ghehorsam waz her godz ghebate.
375 Ysaac so hies der son,
    Den her alsus wold haen geopphert gate.

    Curtzlighen uberslaghen,
    Disz waz godę so bevellich,
    Daz her ym tede saghen:
380 »Ghelich des hymmels sterren sint untzellich,
    So wil dich geben god der heer gheweltich,
    Die du haes siin ghebot ghetaen,
    Daz diin gheslecht sold werten menichfeltich.«

    Von Ysaac quam Esau   *P 10 r : b 91 r*
385 Und Jacop oec siin bruter.
    Der eyn was bloes, der ander ru;
    Desę hat zu eynre drachten beyd die moeter.
    Jacob den hat die muter *sich* vercoren.
    Se prangten beyd in yrem buych,
390 Wilch von ym beyten vur sold siin gheboren.

    Man spricht, doe desę zwee kinder
    Zer werelt solten comen,
    Daz Jacob dete hinder
    Den bruter siin und het ym ghern benomen,
395 Daz her nut eerst ghebaren weer ghewurten,

---

371 Bi] Van *d.*   385 oec *fehlt b.*
373 sold *d.* selb *fehlt d.*   388 sich *fehlt Pdb.* vysserkaren *b.*
374 gar ghe *fehlt d.*   390 von ym beyten *fehlt d.* vur]
375 so *fehlt d.*   yrst *db.*
381 So wil dich] Will es *b.*   393 synen brueder *nach* Jacob *d.*
382 Die du] Nv du *d,* Du der *b.*   394 Den bruter siin *fehlt d.*

Und hielt ym vast bi *synen* voes.
Wer hort ye sulchen kiip in der gheboerten?

Blint wart Ysaac der vater
In sinen alten taghen.
400 Ich can uch nut algater
Al ir legend von end zu ord ghesaghen;
Eyn deyl wil ich es curtzliich ueber loufen,
Wye Jacob mit behendicheit
Den broeter condę des aldsten recht aab coufen.

405 Eyns hat Jacob der jungher   *P 10 v*
Gecaecht waz sunderlinghes.
Doe Esau *haddę* hungher,
Doe sprach her: »gheb mir doch des roden dinghes,
Went ich coom von dem velde muedę gheloufen.«
410 Doe sprach Jacob: »daz toen ich wol,
Wooltu diin irst gheburte mich vercoufen.«

»Nu suistu doch« – sprach Esau –   *b 91 v*
»Daz ich yesunt wil sterben.
Waz fromt myn yrst gheburt mir nu,
415 Nu ich alsus von hongher musz verterben?
Ich wil sę uch uebergheben ghern mit eyden.«
Jacop der nam von ym den eyt,
Sus wert der couf gemachet von yn beyden.

Esau sprach sunder vuert:
420 »Mit wil ich hie verzie

---

396 den *Pb.*
401 Sijn legend gessagen *d.* al
fehlt b.
402 des *db.*
403 behende *b.*
406 Gedacht *d.*
407 hat *P.*
408 doch *fehlt d.*

409 von] vyt *d.*
411 mich *nach* Woltu *b.*
413 wil] muet *d.*
415 Nu] Sint *b.* erderben *b.*
416 gern auer geuen *d.*
417 der *fehlt b.*
418 gemachet *fehlt d.*
419 al sonder *d.*

Daz vurtel miinre vuer ghebuert.
Nu lang mir eckers her von dynen brye.«
Es waz eyn brye von *linsen* also meyn ich.
Doe her des sat mocht essen,
425   Doe acht her siins vercoufens weerlich weynich.

Daer na wart *her* bedraghen   *P 11 r*
Noch eyns von sinen bruter.
Went doe her sold ghaen jaghen,
Doe had Rebecka, irre beyter muter,
430   Ghehoort, daz Ysaac zu ym hat gesprochen,
Her wold ym benedien,
Wenne her *ym* siins wiltbraets had doen cochen.

Jedoch man pliit zu sprechen,
Die vrouwen sint snelredich.
435   God woeld disz ufsetz brechen.
Rebecka sprach: »Jacob nu macht uch ledich.
Nu louffe hin gheraet zu unsen geysen
Und bring mich zween der bester huech.
Ouch moesz du doen al daz ich uch sol heyssen.

440   Cum und haest dich balde« –   *d 190 r : b 92 r*
Sprach se, und ghinc ym saghen:
»Diin bruter is zu walde;
Diin vater haet ym heyssen loufen jaghen,
Unde daz her ym siins wildbraats doe bereyten.
445   Her wyl ym benedyen,
E daz siin seel von synen lybe sol scheyten.

---

422 eckers *fehlt d.*
423 liusen *P,* lusten *db.* also]
so *d.*
426 eȳs *nach* her *P.*
428 doe *fehlt b.* vys gain *b.*
430 ym] esau *d.*
432 yms *P.*

436 Rebecka sprach *fehlt Pdb.*
uch] dy *d.* Jacob ich rade das
du dich makes letich *b.*
437 Vnd louf *b.* hin *fehlt b.*
439 uch] dich *d,* dir *b.* sol *fehlt d.*
440 haest] snel *b.*

Trouwen mich sal nut vachen,   *P 11 v*
E du se haebs ghecreghen.
Ich wil dese dir ym caachen,
450 Also wir uns pulment zu caachen pleghen,
Daz diin vater liebste pliit zu essen.
Daz saltu voer ym setzen,
Wen daz her zem tissche is ghesessen.

›Alhie is vater goeter‹
455 Spreech, ›daz ich haen ghevanghen‹.«
»O we« – sprach her – »lieb moeter,
Daz en dar ich in gheinre wiis aen ghanghen,
Went ich bin bloes, – ob er mich dan bekende,
Und mich vermalendide?
460 Her kent mich wis, betast her mich die hende.«

»Trur nut da vur mit allen« –
Sprach se, dye wyse vrouwe –
»Uph mich so moes daz vallen,
Ob dich miin raet zu engher ziit berouwe.«
465 *Doe* nam se von der huut von den zween dieren
Und neyten se ym umb hals und hend.
De list cund selb der heileghe gheist visieren.

Von der spisen nam her   *P 12 r : b 92 v*
Und ghinc hin zu den grisen.
470 Doe her quam in siin khammer,
Doe sprach her: »vater est von diszer spisen!
Dis ist daz wilt, daz ich dich haen doen cochen.
Wenne du wael haes ghessen,
So benedi mich, als du haes ghesprochen.«

448 E] wan *d.*
453 daz *fehlt d.*
457 in gheinre wiis] nyet *d.*
460 begrijft *b.*
461 da nyt *b.*

465 Doen *P,* Do *b.* Doe nam
se] Dy nam die *d.*
466 nayte es *b.* ym] on *oben d.*
467 versieren *b.*
468 so nam *b.*
474 als] zam *b.*

475 Isaac sprach: »wer bistu?«
Doe her siin stemme erhoerte.
»Ich byn« – sprach her – »Esau.«
»Bistu« – sprach her – »Esau miin yerst gheburte?
Wie coomstu so gheraad dan usz dem walde?«
480 Her jach: »daz waz gades wil,
Daz ich creych daz ich gherten alsus balde.«

»Nu gheb mich« – sprach her – »hier diin hant.
Du trughes mich ich vuerte.«
An doe her die doe ruwe vant,
485 Doe sprach her: »zwaer die *stemme*, die ich huerte,
Waz Jacops stem, aen dis sint Esaus hende.«
Und gab die benedixie ym,
Went her ym slecht vuer Esau bekende.

Mit dien quam usz dem walde   *P 12 v*
490 Esau heym gheghanghen,
Und lies bereiden balde
Daz selbe wiltbraet, daz her haet ghevanghen,
Und ghinc es sinen vater vrolich traghen.
Da had eyn ander voer gheweest,
495 Daz in der warheit weynich is zu claghen.

»Vater miin, *nu* essent
Von dynes kindes vanghe« –
Sprach her – »und nut verghessent,
Yr en doet so als yr spraecht des is nut langhe.   *b 93 r*
500 Ich meynd, daz du mich wils ghebenedien.«
Doe Ysaac daz erhorte,
Van wunder erscrach daz herz des alten vryen.

---

480 Hy sprach *d*, Eyach *b*.   491 lies] er *b*.
482 mich] her *d*. hier *fehlt d*.   492 selbe *fehlt d*.
484 Mer *d*, Ayn *b*.   493 dat *d*.
485 Doe *und* zwaer *fehlen d*.   496 ny *nach* nu *P*.
stem *Pdb*.   502 *vom 2. Schreiber P*.
486 aen *fehlt d*.

»Lieber myn son guter« –
Sprach her – »was wil ich saghen?
505 Jacop diins selbes broeter,
Der haet mich alzu looslich bedraghen,
Went her ist recht bedriechliich zu myr comen. *d 190 v*
Her jach, daz her weer Esau,
Und haet *diin* benedixi dich ghenomen.«

510 »Ja vater benedie mich ouch«, *P 13 r*
Beghond her doe zu *schryen*
Mit groser luder stemmen houch.
Der vater sprach: »was wold ich benedien?
Ich haen die benedixie ym ghegheben,
515 Des bliibt her ghebenediet.
Du moes ym vorbas dyenen al siin leben.«

Esau dacht: wer miin vater nut,
Es cost ym noch siin leben.
»Jacob« – sprach her *aber luyt* –
520 »Diin naem en is dich nut umsust ghegheben.
Alsus haet her nu zweerens mich bedraghen;
Irst haet her mich miin burt untcocht,
Und nu myn benedixi mich untlaghen.«

Rebecka die vil wise,
525 Die vuerten seer den ruwen.
Zu Jacob sprac se lise:
»Du moetz eyn ziit *diins* brueters antlitz schuwen.

---

506 also *db.*
508 sacht *d*, sprach *b.*
509 deiin *P.*
511 schryeen *P.*
513 sold *db.*
514 Die benedixi haen ick *d.*
516 vorbas *fehlt d.*

517 dacht *fehlt d.* nut] toet *b.*
519 oberluyt *Pb.*
521 nu *fehlt d.* twewerff *d.*
522 gebuert *d.* voir kouft *b.*
523 ontslagen *d.*
527 eyn ziit *fehlt d.* dijs *P.*
ansicht *d.*

Nu ganc und woen myt Laban minen broeter,
Uns daz siin zorn verghessen ist.«
530 Sus was se ym alziit eyn gute muter.

Jacob ghinc hin zu synem oem,   *P 13 v : b 93 v*
Sam ym siin moeter hiesse.
Daz ich uch schreeb von synen droem,
Ich mucht den leser machen eyn verdriesse.
535 Ich wil uch sahn von Lya synen wybe
Und Rachel yrer swester,
Die her verdienten beyd mit synem lybe.

Bi namen so versochter
Rachel die vil schone.
540 Daz waz die jungste dochter,
Daz Laban die wold geben ym zu lone.
Da vor wold her ym hueden ghern syn schafe
Seben ganze jaar al um.
Dese ziit machten ym curtz der grose hafe.

545 »Weerlich lieber veter« –
Sprach Laban – »mich en zeemden
Nut, dat ich spreech da weter.
Ich gun se dich vil bas wen eynen *vreemden*.
Nu dien mich dan die *seben* jaer voersprochen.«
550 Daz deed Jacob willentlich,
Mach scheen es dochten ym cuum *seben* wochen.

Snel hat die curtze stunde   *P 14 r*
Dar na eyn ende ghenomen.

---

529 Uns] Bis *db.*
531 hin *fehlt db.*
532 Als *d.* siin] die *d.*
536 sijnre *d.*
541 ym wold geben die *b.* to
enen lone *d.*
542 Da vor] Daer om *d.*

544 Disß tzeit wart ym kurtz
das teed sein haeffe *b.*
546 mich] nyt *b.*
547 Nut *fehlt*, Das jch yet *b.*
548 wen] dan *d.* vreemten *P.*
549/551 ·vij· *P.*

Laban der bat siin vrunde,
555 Daz se zu Jacob brulocht solten comen,
Und half Lya heymlich by ym zu bette.
Des morghens, doe se Jacop sach,
Doe docht ym ob her nut ghevonden hette.

Entlich sprach Jacob: »Laban,   *b 94 r*
560 Du haes mich nut ghehandelt
Sam eyn from biederber man,
Daz du mich haes miin wiip alsus verwandelt.«
Laban sprach: »lieber eyden, daz bezemet.
Es ist hye des landes sit,
565 Daz *de aldste* alziit yrst man nemet.

Trulich haestu, daz ist waer,
Miin schaef zu veldẹ getreben.
Nu dien mich *seben* ander jaer
Und ich wil dich die ander dar zu geben,
570 Und nym se hyn wenne es uch behaget.«
Die word bevielen Jacob wol,
Doe her mocht Rachel haen die schone maghet.

Bi desẹ zwei goete wibe   *P 14 v : d 191 r*
Had Jacob *acht* sonen,
575 Sex by Lyen libe
Und zwey so hadder *bi* Rachel die *schonen*,
Und dar zu vier, daz weren zwelb zu gater,

---

554 der *fehlt b.*
558 So tacht er *b.* Doe *fehlt d.*
ob] dat *d.* gewonnen *d.*
561 Als *d.* biederber] beruer *d.*
562 mich *fehlt,* mijn wyff sus
haest verwandelt *d.*
563 Laban der *b.* lieber] mein *b.*
564 des lantes sidde *b.* Eñ is in
desen landen zey *d.*

565 daldste *P,* der elste tochter *b.*
alziit *fehlt b.* manne *b.*
567 tzo wald *b.*
568 mich *fehlt b.* ·vij· *P.*
572 Rachel haen] vrygen rahel *d.*
574 viij *P.*
576 Und *fehlt d.* so *fehlt b.*
der *fehlt d.* bi *fehlt Pd.* schone
Pd, vil schone *b.*

Bi Zelphan und bi Balan.
Alsus so was her von zwelb sonen vater.

580 Es sold uch licht verdriessen,
Wold ich uch al beschriben,
Wye se alsament hiessen;
Da um wil ich dye ylve lasen blyben
Und wil von Lyen virden son uch saghen,
585 Judas, want daz ist der stam,
Die uns die vrucht des lebens haet ghetraghen.

Nu horet wer von Judas quam,
Phares, *Esroms* vater.
Esrom *der* wan Aaram.
590 Alsus moest ich se bringhen vast zu gater,   *b 94 v*
So se de eyn nach den anderen quamen.
Dese Aaram wan eynen son,
Aminadab so hies derselb by namen.

Eynen son hies Naason   *P 15 r*
595 Quam vort von synem libe.
Der Naason wan Salmon,
Der Booz wan bi Raab sinem wibe.
Daz waz der yrste Booz so wyr lesen,
Want Booz, die Ruth nam ser e,
600 Der waz eyn rechter enchelinc von desen.

Der dritte Booz, mircht myn reeth,
Der wan bi Ruth der vrouwen

---

578 Laban *b.*
579 Sus was *d.* von *fehlt b.*
584 uch] nv *d.*
588 Pharetz *d.* esroni s *P.*
589 der *fehlt Pd.*
590 moest ich se bringhen] breng
ick si *d.*

591 nach] al nach *b.*
593 so *fehlt d.* hiet hy *d.* by]
myt *b.*
594 geheissen *b.*
596 wan voert *d.* salomon *d.*
599 ere *b.*

Eynen son *der* hiet Obeth.
Deʃẹ Obeth wan den fromen, den ghetruwen,
605 Der wurtsel da die roed ist usz ghegruet,
Da von der Ysayas spricht,
Ich meynd Yesse, siin roed haet schoen ghebluet.

Jesse du alter edẹler stam,
Usz dich so wiexen schone
610 Nuynzeen cuninghẹ labesam,
Die alle droeghen ceptrum *unde* crone.
Nu hort und laest uch siin ghesledt usz saghen.
Her wan David den fromen helt,
Der me wen dusent heyden haet erslaghen.

615 Coninc David wan eynen son,   *P 15 v*
Dez naam ist wiit bekennet,
Der wise coninc Salamon.
Vrouwẹ *Betsabe* syn moeter waz ghenennet,
Und plach voermaels Uryas wiip zu wesen.
620 Wye dat se coninc David creich,
Daz meynd ich haebt yr al wool horen lesen.

Truwen man pliit zu saghen,   *b 95 r*
Daz ofte goete perren
Snode beren draghen,
625 Und daz die wise luit wool winnen nerren.
Also scach coninc Salamon den wisen,

---

603 der *fehlt* P.
604 Obeth *fehlt* d. den] eñ d.
605 vyss gespruyt b.
606 der] dat d.
607 seer schoen d.
611 vñ Pdb.
612 uch siin] vns dis b.
614 wen] dan d.
616 Dez] Sijn db.

618 Vrouwe *fehlt* d. bersabe Pdb.
619 voermaels] da vur b.
621 Ich meynd ghi hebt dat al d.
623 Dat guede boem van peren d,
Das dick die guete parren b.
624 Wol snoette peren b.
625 die] ouch b.

Went her wan coninc Roboam,
Da ich nyn wysheit in en horte prisen.

Von Roboam quam Abias,
630 Eyn coninc gar gheweltich,
Der nach den vater coninc waz.
Daz ich uch nut en mach zu mennichfeltich,
Coninc Aza *der* quam vorbas von desen,
Der wan den coninc Josaphat,
635 Des conincs Jorams vater, so wir lesen.

Sus wan doe coninc Joram   *P 16 r*
Den coninc Occosias,
Da coninc Joas vort von quam.
Der wan doe voert den coninc Amazias
640 Bi Joaden sinem getruden wibe.
Da von quam coninc Ozias,
Der da na / wart melaatz aen synem lybe.   *d 191 v*

Flagellum dey, die geysel ghaats,
Wolt dese *vier* lesten plaghen;
645 Went Ozias wart melaats,
Die ander *worden* alle dry erslaghen.
Se weren ouch ghecomen von zween wyben,
Von Jezabel und Athalia,
Die boosten da ich ye von hoorten schriben.

---

628 nye *db.*
632 Dat x v *d,* Vff das ichs *b.*
633 azar *d.*   Conin⁰ *P, der rechts am Rande P.* der *und* vorbas *fehlen d.*
634 den *fehlt b.*
635 Des *fehlt d.*
636 dus *gestrichen nach* Sus *P.* doe] die *b.*
637 Occosias] guet ossyas *d.*

641 Da von] Hijr nach *b.* quam *fehlt d.*
642 vyssetz *b.*
643 dey] do *b.*
644 ·iiij· *P.*
645 der wart *b.*
646 worde *P.*
648 Von *fehlt b.*
649 da men ye von mocht scriiben *b.*

650 Recht ist es und behorlich
Und is mist ouch selden,
Wer uebel leebt und doorlich,
Men suit, daz es die kinder mit vulghelden.
Aen disz wart an yn selben wool ghewrochen, *b 95 v*
655 Went Jezabel wert doot ghetred
Und dar na wert *Athalia* erstochen.

Von *Athalia* is ghescreben   *P 16 v*
Zu irre groszer *schande,*
Doe se waz doot ghebleben,
660 Doe had daz volch yrst rast in yrem lande.
Se deed irs selbes cleine kinder doden;
Und Jezabel hat Nabot doot,
Des wert ir liip ghevressen von den roden.

Coninc Ozyas vorbas wan
665 *Eyn* stoltzen fromen vurste.
Der waz gheheissen Jonathan
Und waz eyn coninc zwaren, der wol durste
Uph stelen huben smeden mit dem sweirte.
Miin reed sold werden alzu lang,
670 Wold ich uch saghen alles siin gheveirte.

Troostlich waz her den vrunden
Und den vyenden schedich.
Her hueden sich vor sunden;
Durch daz waz ym unse herre got ghenedich.

650 es *fehlt d.*
651 mist] felt *b.*
652 uebel] altzeit *b.*   und *fehlt b.*
653 ontgelden *db.*
654 Doch das *b.*
656 Achalia *P.*
657 achalia *P.*
658 schanden *Pdb.*

660 had] wan *b.*   oeren *db.*
landen *b.*
663 nv geten *d,* geressen *b.*
664 voert an *d.*
665 Eynē *Pdb.*
667 zwaren *fehlt d.*
669 werden alzu] fallen vil zo *b.*
674 unse herre got] got selb gar *b.*

675 Syn son Achas vergas des alzugater
Und beden die afgoden aen.
Sus zirde her sich gar onghelich den vater.

Von coninc Achas vorschreben
Hort ich nye goet punt lesen.
680 Syn riich is na ym bleben
Uph synen son, der wart gar seer ghepresen,
Went der deed al die afgode brechen
Und wart der bester cuningh eyn,
Da man in Juda ye von hoorde sprechen.

685 Siin naam was Ezechias
Eyn bloem von allen heren.
Durch ym teed Ysaias
Die son eyns weter um zu rucke keren,
Went her von ym eyn zeychen haben wolte,
690 Doe god siin leben had ghevrist,
Wa by her siinre wort gelouben solte.

Von siinre moeter mocht her
Dese doecht haen aen ghenomen,
Von Zacharias dochter,
695 Die Abysa hies, davon waz her comen.
Went Achas der was ummers des nicht *weirtich*,
Daz von synen bosen ard
Eyn kint solt siin so goet und so rechtfertich.

Eyn coninc, der Manasses hies,
700 Is vort von ym ghecomen,
Die al des vaters doechden lies.

677 zirde] gab *b*.   gar zo brechen *b*.
678 achas dem coning *b*.   688 eyns *und* um *fehlen d*.
679 nicht guetz gelesen *b*.   695 Die *und* hies *fehlen b*.
682 der] hy *d*.   die *fehlt b*.   696 der] en *d*.   weirdich *P*.

Susz waszen ouch die bosen usz den fromen,
Sam goede stoc wol draghen snode druben.
Asyba hies siin moeter.
705 Dese man ghelocht an crayen und an duben.

Nu hoert von coninc Amon:
Der teed ouch sinen oppher
Zu sinem god, – daz waz eyn son,
Die siin vater machen dede von coffer.
710 Her / was Manasses *son*, daz mocht men mirchen,   [*d 192 r*
Went her hilt al siins vaters aert
Siin leben lang in worden und in wirchen.

Trouwen siin son en scheyn so nut,   *b 96 v*
Her en wirt daer na erstochen, –
715 Als noch daghelix vil ghescuyt,
Daz gades zorn gar starchlich wirt ghewrochen.
Siin god half yn, daß her nut dorst zeen vechten,
Went her wart in siins selbes huis
Gelaget und gedoot von sinen knechten.

720 Recht in al sulcher formen   *P 18 r*
Also der wiint liit neter
Nach onghevoegen *stormen*,
Und daz eyn sueszes weder comet weter,
So quam nach desen bosen eyn vil ghoeter.
725 Coninc Josias hies der selb;
Ydida hies die cuninghin siin muter.

Josias dese cuningh weirt
Wolt nut von ghode geliden.

703 Als *d.*
708 eyn] die *d.*
710 son *fehlt Pd, oben b.*
713 scheid *db.*
715 Zam dagelix noch *b.*
716 gar *fehlt d.*

717 half] gab *b.*   drocht *b.*
720 al *fehlt b.*
721 Alzam *b.*
722 storme *P.*
728 wilt *Pad.*

Na David was al siin gheveirt;
730 Her ẹn bouch zer zeeswen nach der slinker siden.
Die afgode deed her breechen und brinnen
Und al ir phaffen tood erslaen.
Sus wrach her gades zorn usz rechter minnen.

Syn son coninc Joachas,
735 Der daldste was ghebaren,
Mit recht doe na ym coninc was.
Ouch hat ym tvolch des lantz dar zu ercaren.
Mer went her sich gar booslichen *gereerte,*
So quam siin bruter an daz riich,
740 Da her nut dan *drie* maende in regneerte.

Troerlich denc ich must her seen –   *P 18 v : b 97 r*
Ich meynd her nut en lachten –
Doe her moos in Egypten zeen
Mit dem *der* sinen *broeter coninc* machten.
745 Und doe siin broeter coninc waz bekennet,
Doe hies her coninc Joachim;
Da vor waz hy Elyachim ghenennet.

Von Joachim voerscreben
Haen ich alsus ghelesen,
750 So is eyn son ghebleben.
Der mocht licht bi *drie* wechen coninc wesen,
Do wert her in Babilonien ghevuret
Mit wiip und kint ghevanghen.
Sus haet siin riich gar unlang ym gheduret.

---

730 rechter *d.* der] zer *b.*
luchter *d.*
732 tood] teed er *b.*
738 Doch want *b.* regneertē *P,*
regierte *db.*
740 ·iij· *P.*
741 moecht *d.*

744 Mit dem dē sinen »coninc
»broeter machten *P.*
745 coninc *fehlt db.*
748 vur *b.*
751 licht *fehlt d.* bi] vmb *b,* by
na *d.* ·iij· *P.*
754 om *vor* siin *d.*

755 Joachim hies der junghe
   Nach sines vaters namen.
   In sinen yrsten sprunghe
   Wert her und ouch siin besten al zusamen
   Ghevanghen, und Nebestha ouch siin muter.
760 Nu wil ich von ym laszen steen
   Und saen von Jechoniam sinen bruter.

   Jechonias wan *Salathiel,*   *P 19 r*
   Eynen son gar schone.
   Der wan doe vort Sorobabel.
765 Dese drie en droeghen ceptrum noch crone,
   Went se weren gheyn conung nut erhaben.
   Doch werent etel vursten,
   Zu minsten grosze hertoghen und graben.

   Haen ich is recht vernomen,
770 Von Sorobabel voerscreben
   So is eyn son ghecomen
   Hies Abiud. / Davon is voort ghebleben *b 97 v*
   Elyachim siin son, – si uch bekennet.
   Der wan eyn kint, daz Azor hies,
775 Und Azors son wert Sadoch doe ghenennet.

   Eynen son, der Achim hies,   *d 192 v*
   Quam vort von Sadochs samen.
   Dese Achim eynen son doe lies,
   Der waz gheheisen Eliud bi namen.
780 Eleazar quam doe voert von desen.

---

758 ouch *fehlt db.* gevangen al 766 nut *fehlt d.*
to samē vnd *db.*   771 son *fehlt b.*
760 v van *d.* ym] den *b.*   777 stāmē *d.*
762 salachiel *P*, Zalachiel *d.* 778 Dese *fehlt d.*
765 nochte *b.*   780 doe] da nach *b.*

Daz waz Mathans vater,
So man int ewangelium mach lesen.

So haet dan deser Mathan   P 19 v
Jacop voert ghewonnen.
785   Der wan Joseph, Marien man,
Die sam des morghens rotę quam vuer der sonnen,
Die hogheboerne etel maghet vrie.
Von coninclichen atel
Waz ir gheslecht, yr genealegye.

790   Wie claer had Ysaias
Dis *langh* ziit *voor* bekennet!
Went her sprach eyns zu Achas,
Den coninc, die ich voor uch haen ghenennet,
»Begher« – sprach her – »eyn zeychen von dem heren.«
795   Und Achas sprac: »ich toe se nut.
Ich wil got minen *heren* nut tempteren.«

»Sint daz is dir nut ist genouch« –
Sprach Ysaias eben –
»Daz du den volch bist onghevooch,
800   Du en wils *jezunt* weter got ouch streben.
Da um si dir eyn zeychen von dem heren:
Suy eyn maghet sol ontfaen
Und sol uns eynen schonen son gheberen.«

---

782 Also men ym *b*.   793 hier voer *d*.   vur ouch *b*.
784 voer *d*.   uch *fehlt d*.
786 als *d*.   794 Hy sprack begert *d*.
787 etel *fehlt d*.   795 Und *fehlt db*.   se] des *db*.
788 ale *b*.   796 minen heren *fehlt d*.   heer
789 als alle gyen *d*.   P, hern *b*.
791 langhē *P*, lange *db*.   voort   800 iez nut *P*, des nyet *d*, dir *b*.
P, *fehlt b*.   803 schonen *fehlt d*.

Cuninghinne weirte,
805 Du bist daz zarte meydel.
Got minnentlich diins begherte,
Went von den zeen uph unt aen daz scheidel
En hads du wandels nut aen dynem lybe.
Weerlich der Gabriel sacht waer,
810 Du bist ghebenediet onder die wybe.

Reyn uszerwelte goete,
Waz wil ich von dir saghen?
Von coninclichen bloete
Bistu und haes den coninc uns getraghen,
815 Die al der coning coning is ghenennet,
Beslossen in diin reynes liip,
Daz du noch nye von man en wurds bekennet.

Junfroulich wurdstu drechtich
Und meechdeliichen swangher.
820 Du droeghes god almechtich.
Wie mach daz siin daz ons nut en wirt bangher?
Als wyr aen sehn daz grosze werch der minnen,
Daz hertz in unsem lybe
Sold bilch von *vreud* versmeltzen und verbrinnen.

825 Synt her *wolt* siin uns bruter,
Der sceppher alles dinghes,
Von dyr, lieb susze muter,

---

804 vil werte *b*.
805 myttel *b*.
806 mynsch *b*.
807 den] dynen *k*. op bis *dk*,
vff vyss *b*. daz] dyne *k*.
809 Weerlich] Tzware *b*. der]
her *k*. sprach *b*.
810 boben *b*, ober *k*. die] allen
db.
815 aller *dk*.

817 Daz] Vnd *k*. noch *fehlt dk*.
van nyeman (man *oben*) *d*, van
manne nye *k*. en *fehlt d*.
822 aen *fehlt k*.
823 Daz] Vnsse *k*.
824 von] durch *b*. vreuden *P*,
von vreud *fehlt d*. smeltzen vnd
brynnē *b*.
825 wol^t (^t *von anderer Hand*) *P*.
827 dyr] die *b*.

Went du ym von *den* heileghen gheist untfinghes,
Cristus den *eyngebaren* son des *vater.*

830 Susz ist uns al uns heil ghescheen
By dir, von dyr und durch dich alzughater.

Truit ghades bruyt *ercaren,*   *b 98 v*
Derselb propheet vorscreben
Sprach ouch: »uns is ghebaren

835 Eyn cleynchen und eyn son is uns ghegheben.«
Wem zwybelt, daz her yemant da mit meynte,
Den dyn eynich cleynchen trut,
Diin kint, diin vleysch, diin bloet und diin ghebeynte.

Von desen lieben kynde

840 Bistu eyn moeter sellich;
Es minten dich so swinde.
Du weers so luitzliich zart und so bevellich,
Daz is von dynem reynen bloed alleyne
In dich nam an syn mynscheit gantz.

845 Sus haestu eyn natur mit ym gemeyne.

Susz haet her dich erwellet   *P 21 r : d 193 r*
Zu moeter suesze maghet
Und sich mit dir versellet.
Went is haet synen vater so behaghet,

850 E her die werlt schoef, – daz dar ich saghen;
Went in dem raet der triniteit,
So is eyn eynich got so overdragen.

---

828 den *oben (von anderer*
Hand) P.
829 eỹgebarene *P.*   des] ain *b.*
vaters *P.*
830 al uns] alles *b.*
832 ercoren *P.*
835 kyndken *d,* cleynes *k.*
837 kyndkēs dracht *d.*

840 eyn] die *k.*
843 reynen *fehlt k.*
844 an *fehlt b.*
845 Sus] Das *b.*
849 is] er *b.*
850 daz dar] dat is dat *k.*
852 eynicheit.. vberdragen *k.*
(Wackernagel sic)

Adam hat uns verlaren,
Sam ich haen vuer ghesprochen.
855 Nu is von dir ghebaren
Daz kint, daz uns die helle haet ghebrochen.
Alsus haestu des hemels portz ontsloszen,
Und wer, daz da sol comen in,
Moes kennen, daz heer dyns des haet ghenossen.

860 Maria muter reyne,
Nu hilf da ouch mich armen.
Du bist miin troest alleyne.
Woltu, god sol sich miinre wol erbarmen.
Der hemel sold e schoren *unde* brechen,
865 E her dich kund versagen icht.
Daz der ich wol aen zwybel vrilich sprechen.

Eya lieb reyn ghehure,   *P 21 v : b 99 r*
Waz macht her da aen wynnen,
Daz ich int helsche vure
870 Muest ewich lighen, braden *unde* brinnen,
Sam ich haen wol verdient in mynen leben
Zu dusent mael, – doch weys ich woel:
Wiltu, her sold mich al miin *sund* vergheben.

Nu bid ich vor se vrouwe,
875 Sam ich haen oft ghebeden,

---

853 der hait *k.*
854 Als *d.*   haen vuer] von
hayn *k.*
856 to braken *dbk.*
857 Aldus *b,* Sus *k.*
858 ouch wer *k.*   daz *fehlt bk.*
859 des *fehlt d.*   das hab *b.*
861 da] doch *k.*
863 mijns *d.*   wol *fehlt dk.*
864 schoren] rijssen *k.*   vñ *Pdb.*
865 kund dich *b,* dir mocht *k.*

weder sagen *d.*   icht *fehlt k.*
866 vrilich *fehlt b.*
868 her] ir *b.*
869 int] myt *bk.*
870 braden *fehlt d.*   vñ *Pb,*
fehlt d.
871 Als *d.*   wal haen *d.*   woll
vordenet hain *k.*   verschult *b.*
872 doch] dat *d.*   woel *fehlt b.*
873 sunghe *(g auf d) P.*
875 Als *d.*   oft] ouch *b.*

Der ich gaf eyns miin trouwe
Nach wit und e der heylgher kyrchen seden.
Die meynd ich zwaer, des wil ich mir nut schamen.
Uns beyden so beveel ich dich;
880   Nu hilf ons in diins kindes riiche. Amen.

---

876 Der ick myt gansen trouwen
d.
877 wit und *fehlt k.* Dienden
myt werken en myt reden *d.*

879 Uns beyden so] Der siel die *d.*
880 Nu hilf ons] Nv vuer se *d.*
darunter noch einmal Amen *P.*

Onser vrouwen gruete *

Ave, vil weerte susze! *P 22 r : Pa 1 r : (b 111 v) : (k 23 v)*
Ave, vil tughentriiche!
Myt ave ich dich grusze,
Du weerte liebe muter minnentliiche,
885 De al der werrelt scheppher wurtes traghende
In dynem zarten lybe,
Doe Gabriel disz ave dir waz saghende.

Vorwaer es weer keyn wunder, *b 112 r*
Wer duc uf ave techte,
890 Al brun her sam eyn sunder,
Went ave hat daz minschelich gheslechte
Verloszet usz der grymmen hellen kessel.
Eva is umghekeret
Und spricht ave, daz ist eyn guter weszel.

895 Eva vorkeert ghelesen
Mich tunket / sicherliche *P 22 v*
Mach nicht vorbeszert wesen,
Went es hait met dem vorst von hymmelriche
Ons armen diet ghemachet waz ghemeynes.
900 Des sprech ich ave reyne meyt,
Ja ave hondert tusentvalt nicht eynes.

---

* *Überschrift nur in d.*
884 liebe *fehlt db.*
887 Da *Pa.* dir dis aue *Pa.*
889 Wer] Der *Pa,* Die *d.* duc]
tut *Pa,* stede *k.* uf] ayn *k.*
890 Al brun her] Er brentte *k.*

891 mensch *b.*
893 das ist *b,* is nv *d.*
894 groser *Pa.*
897 muegh *b.*
899 diet] sunder *d.*
900 vyll reyne *k.*
901 tausent mail *b.*

Maria vrou ich sprechen   *Pa 1 v*
Zu dir ave dis wurtel.
Mir sol miins liibs gebrechen,
905 Ee ich kan half ghesaghen usz daz vurtel,
Daz dir und uns ist von dem ave comen.
Ave gotis forir waz,
De ym hat siin logiis in dich ghenomen.

Ave daz ist eyn briebel,
910 Daz dich vrou hat ghesendet
Diin lutzeliges liebel,
Diin vruntghin zart, des min ist ongheendet,
Mit Gabriel siin retghesel gheneme;
Went ave wasz siin suszer grusz,
915 Doe her dich saght daz heym diin vrytel queme.

Rein uszerwelte gute,   *P 23 r : b 112 v*
Wy banglich jubilerende
Und wol waz dir zu mute,
Doe Gabriel susz hoechlich dich was erende.
920 Wy zucker susz / hat ave dir ghesmachet.   *d 193 v*
Wen ich dar an ghedencke,
Mich dunct daz hertz in myme lybe lachet.

Ja ave is dort ouben
Der englen hoch/ste grusze.   *Pa 2 r*

---

903 das *bk.*
904 Mir sol miins] Mich sal e des
Pa.
905 Ee dan *b.* half *fehlt k.* usz
fehlt b. vissgesagen *k.*
906 vā Aue is gecomen *dk,* ist
von aue comen *b.*
907 forir] gruysse *b.*
908 siin logijs haet *Pa.*
909 daz *fehlt k.* ist eyn] zuete
d. brieue *d.*
910 dich] die *b.*

911 lieue *d.*
912 des min] Dat my *d.*
913 recht gesel *Pa.*
915 heym] ym *b,* he *k.* vrytel]
vrede *d.*
916 rEyn *Pa.*
919 so *Pa.*
922 daz] myn *k.* dūct mich *nach*
libe *Pa.*
923 Aue *mit Initiale;* Ja *am lin-
ken Rande Pa.*

925   Ave de hel cond rouben
       Und waz den alten vadren leydes busze.
       Ave hat ons den vrid mit got gemachet,
       Dem Adam hat verzornet;
       Susz hat ave des tubels kraft gheswachet.

930   Ave in dutsch ghesprochen
       Daz ist von wee zu saghen.
       Hat is gotz zorn zubrochen,
       So mach is ouch von wee den naam wol traghen.
       Went wyr siin do von allen wee ghevryet,
935   Do Gabriel disz ave sprach
       Zu der vil reynen meyt ghebenediet.

       Got selb hat in der werten   *P 23 v*
       Mit ave sich gheknuttet.
       Do her quam hy uph erten,
940   Do hat ave gheboyet und ghehuttet
       Und riichlich uph geslaghen siin ghezelte
       In der vil *reynen meyde* liib.
       Susz was ave gods marschalc in dem velte.

       Rufent doch met myr alle   *b 113 r*
945   Ave den suszen done,
       Mit *vroudenriichem* / schalle,   *Pa 2 v*
       Sint ave lut so wunderlichen schone,

---

925 kond dye helle *b*.
926 waz *fehlt d*.
927 Haue *P*.
929 macht *Pak*.
930 is in *d*.
931 von] ain *b*.
932 is] dat *d*.
933 von] ain *b*. wol *fehlt k*.
934 Went *fehlt k*. siin do] wurten *Pak*.
935 Doe aue das gabriel sprach *b*.

937 Go^t *P*.
938 geguetet *d*, gemuttet *b*, ernüwet *k*.
939 hyer quā *d*.
940 hait er *k*. gebuyet *b*, gehuttet *k*. ghehuetet *Pad*, gebuwet *k*.
941 rijslich *b*.
942 reyneyde *P*. reynre *Pa*. meyde *fehlt P*, suete *d*.
943 Susz] Da *b*.
946 vroudemriichem *P*.

Daz is daz ganze hymmelsch heer irvrouwet.
Ave haet *der* gotis brut
950   Ir bedghun schon met blumen uberstrouwet.

Ave ist eyn kunster
Von meysterlichen vunden,
Und hat in gotes munster
Gar meysterlich und vast zu houf ghebunden
955   De godheit mit mynschlicher nature.
Danc haeb de zarte muter,
De dar zu gab ir meghtlich reyn soldure.

Cuninghinne mughende,   *P 24 r*
Exemplar und norma
960   Bistu von alre tugende;
Dar zu bistu de lutzeliche forma,
Da gotes minschlich bild ist in geprentet.
Susz hat ave eyn susze vrucht
Schon uf dem stam von Yesse nu gheentet.

965   Ich weysz nicht wye ich tummer
Von ave dar ghewaghen.
Ich sold bilch sam ein stummer
Swighen, da ich von ave horte saghen,
Went ave zeemt nicht wol in myme munde.
970   Wye vuecht eyns enghels grusze   *Pa 3 r*
Zu saghen uszer beestelichen grunde?

Al bin ich der onreynste,   *b 113 v*
Der eyn magh siin in libe,

---

948 Das es sich *b*, Dat is dat et *d*.   957 soudure *Pa.*
949 der *aus* dee *verbessert P.*   962 minschlich *fehlt b.* in ist
950 bedghen *Padb,* berghin *k.*   gheformet vnde *Pa.*
952 wonderlicken *d.*   964 nu *fehlt k.*
953 Und] Et *d.*   971 ws eynen *Pa,* vyt enē *d,* vys
954 cunstlichen *Pa.* und *fehlt k.*   b*k.*
955 mit der *Pa.*

Yedoch ist se de kleynste
975 Von hertzen und demutichst aller wybe.
Ir grosz demut macht dasz ich myr nicht zumper.
Susz dar ich ave sprechen.
Wy snoed ich si, ich byn ir eyghen stumper.

Proubt waz hat an ons luten   *P 24 v*
980 Ir vrytel, ir gheminder,
Vorsien vor aen den juden.
Siins selbes volch, de israelschen *kinder*,
Dem haet her dese gaben nicht ghegeben,
Siin muter susz zu gruszen,
985 Da her ons heyden hondẹ hat zu erheben.

Lieber heer und guter,
Du hasz nicht al gheslechte
Ghegheben sulchen muter.
Des sprech wyr bilch ave zu ir mit rechte.
990 Ave zwar du bist eyn wort ghehure;
Du haesz den hohen scheppher
Ghecoppelt met siins selbes creature.

Ertrich und hymmelriche   *Pa 3 v : d 194 r*
Is nu zu houf ghespannen
995 Mit ave sicherliche.
Daz waz daz manna in der gulden cannen,
Daz in dem tabernachel stont in hute.

---

974 Soe is se doch die cleynste *Pak*.
975 und *fehlt b*, vnde die *Pad*. ootmoedichste *Pak*, mechtichst *d*.
976 grosz] dief *Pa, fehlt d*. demut] ootmoet *Pak*, gruet die *d*.
977 vrilich aue *Pa*. saen *Pak*.
978 si] byn *k*.
979 hat] haiff *k*. aue *oben nach* hait *b*.

981 aen] alle *b, fehlt k.* den *fehlt b*.
982 die oben *Pa*. kinden *P*.
984 Daz se dis ave sprechen *Pa*.
985 soe *Pa*, to *d*, zo *bk*.
987 alme *k*.
989 wyr] jch *b*. oer bilch *d*. zu ir *fehlt dk*.
996 daz *fehlt vor* manna *d*.

42

Disz schon figur ave ontslosz.
Daz selb ouch tete bluyen Arons ruete.

1000 Noch hat mich wunderliichen, *P 25 r : b 114 r*
Waz daz is magh beduten,
Daz god so sunderlichen
Erwellet usz eyn kleyn ghezal von luten,
Und al de ander last von ym ghescheyden.
1005 Dar man vint eynen cristen,
Da, meyn ich, vint *man* mee wen tusent heyden.

Al dissen ist ontbleben
Ave daz wort zu saghen,
Und ons alleyn ghegeben;
1010 Doch mughen se sich onrechts *nicht* beclaghen.
Ich weysz, daz du bist heer eyn rechter richter.
Du haesz keyn onrecht ym ghetan,
Mer vil genaten gar ons armen wichter.

Du wyses ym wy enge,
1015 Daz sint diin / scharfe urtel, *Pa 4 r*
Wye rechtvertich und strenge,
Daz riich noch arm noch keyn man da hat vurtel:
Und hasz ghewiset onverdient ons armen,

998 schon *fehlt b.*
999 Daz selb] Dat *d,* Vnde aue
Pa. dede ouch *Pak.* bloende *k.*
1000 is myr *k.*
1001 daz *fehlt k.*
1003 eyn *fehlt k.*
1004 er *oben nach* von ym leest,
scheiden *Pa.*
1005 eynen cristen vynt *k.*
1006 meyn ich *fehlt d.* Dae vynt
man meyn ich me dan *k.* mā *aus*
me *verbessert P.*
1007 afbleuen *d.*
1008 aue *nach* wort *Pa.*

1009 ons allen *d,* was vns allen *b.*
1010 sich] gheyns *Pa.* nicht
zweimal *P,* ym *Pa.*
1011 daz] wol *Pa.* heer *fehlt d.*
heer du bist *Pa.*
1013 gar *fehlt Pad.*
1014 wyses] 'zeunes *Pa.*
1015 Daz *fehlt d.*
1016 woe strenge *d.*
1017 Daz *fehlt k.* nieman *Pa.*
man *fehlt k.* da hat] haet ghein
Pa.
1018 Vnde du haes vnuerdient
gezeunt vns armē *Pa.*

Wye rechte samft und susz daz ist,
1020 Diin minnentliche, vaterlich irbarmen.

O hertze miin du blybes   *P 25 v*
Zu langhe gantz an schoren,
Daz du nicht en zu clybes
Von vrouden, wen du ave mughes horen.
1025 Mich wundert wye du *aling* mughes blyben;
Wen du aen ave denkes,
Du soltes bilch von wollust hynne tryben.

Mich tunct ave doet smeltzen   *b 114 v*
De rotzen und de clyppen,
1030 De herte steynen veltzen.
Ave du bisz so susz in mynen lippen;
Diin lut in den versteynten hertzen schaffet,
Daz se sich lieplich morwen,
Sam wax, daz by dem vure susz ontsaffet.

1035 In harten keselinghen
Can ave wunder machen.
Es tut da brun usz springhen
Und ufwart loufen keghen berch de bachen.   *Pa 4 v*
En is daz nicht eyn meysterlich gheverte?
1040 Ach got gheb mir des brunnes,
Dez bid ich dir mit hertzlicher begherte.

1019 soesse vnd sanfft *k.*
1020 vnd *oben nach* minnentlijch *Pa.*
1021 miin *fehlt b.*
1022 gantz] geheyl *Pa, fehlt k.*
1023 wrybes *b.*
1025 aling *von anderer Hand P,* gantz *k.*

1026 Als *Pa.*
1027 solst dat *d.*
1029 roeschen *k.*
1031 bisz so] smaechs gaer *Pa.*
1033 sii *oben Pa.*
1034 Als *dk.* by] vuer *Pa.*
1038 ghegen berch louffen *k.*
1040 Ach] O *k.*

44

Nu horent waz ich meyne, P 26 r
Daz wil ich uch beduten.
De harten keselsteyne
1045　Gheliich ich ons versteynten harten luten,
De ofte schryen tran mit groszen houfen,
Wen se uf ave tencken;
Daz sint de bron, de keghen berch uf loufen.

Wen god wold ave putzen, –
1050　Des bronnes clar und luter, –
Mich armen minsch onnutzen,
Zu lob der zarter minnentligher truter
Usz myme dorren harten steynen hertze;
De piin wolt ich wol liten,
1055　Susz macht ave ghenuechliche smertze.

Sol ich de waerheit zaghen, b 115 r
So haet mich selber fremde,
Wy ich ave ghewaghen
Mit mynen lippen dar von rechter schemde.
1060　Ich sold nicht dorren ufslan bilch miin oughen. Pa 5 r

1043 uch *fehlt k.*
1044 keselyng steyne *d.*
1045 Die liichen *Pa.* hertzen *b.*
Gelichen vns harten vorsteynten
luden *k.*
1046 ofte *fehlt d,* vys *b,* da *k.*
weynē *Pa.* wael traen *d.*
1048 tegen dan berch *d.* vff-
wartz *b.*
1049 We *P,* Awe *Pa,* Vys *d,*
Wold got vys *b,* Wolde myr nw *k.*
1053 verdortes *Pa.* harden dur-
ren *k.*
1054 Den rouwe *Pa.* wol]

gherne *Pa.* Die pyne weir myr
vyll soess *k.*
1055 So *k.*
1058 Ave dar *dbk.*
1059 Mit] In *k.* dar] die *b,*
fehlt dk.
1056–1059 Sicher **** mich haet
die dremde / We ich mich der
geneten / Von swinder groser
scheemde / Dz ich aue so vrilich
wz tar retē *Pa.*
1060 bilch *fehlt k.* billich nŭt
dorren slaen *Pa.* billich nich dur-
ren vffslain *b.*

Des grueszens wil ich swighen
Vur also groszen cuninghin und houghen.

Truwen mich dunct genszlichen,   *P 26 v*
Es solte laszen dorlich,
1065   Daz eyn bedler strichen
Wold vur der keyserinnen onbehorlich
Und wenden / ir den rucke zu mit schimfe,   *d 194 v*
Wen her gruszen solte.
Ich furt ich tu dic groszer onghelimfe.

1070   Eya waz tenk ich snoder,
Ich armer worm onselger,
Daz ich nicht en byn bloder,
Ave zu saghen, rechter onghevelgher;
Sint ich nicht vint in mynes hertzen gronde
1075   Wen homut, zorn und ydelheit,
Und dar doch ave sprechen mit dem munde.

Cont is daz sulche gruszen
Ir nichtes nicht behaghen.
Doch val ich dir zu vuszen,

1061 Ich wil des gruesens *Pa.*
1062 vph *Pa.* coningh *b.*
1063 Truwen *aus* Tuncket *verbessert,* tuncket *nach* mich *gestrichen,* ganselijchen *Pa.*
1065 bedler] boob *Pa,* fedeler *k.*
wold strijken / Voer *d, wie d aber kein Absatz Pa.*
1066 der keyserinnen] eenre groser vrouwen *Pa.* wer *vor* onbehorlich *b.*
1067 keren *Pa,* kyerden *d.* sinen rugge yr *Pa.* mit] ze *Pa,* in *d.*
1068 sy *(oben d)* gruetē solde *dbk,* se solde gruetzen *Pa.*

1069 dic] duch *Pa,* duc *d.* groszer] meere *Pa.*
1070 meynd *Pa.*
1071 worm *fehlt,* vngevelliger *k.*
1073 ich rechter *Pa.* vnseliger *k.*
1074 Ich haen duc vuyl ghetanc in minen gronde *Pa.*
1075 Dan *d.* Wen *fehlt,* zorn homot haz vnde pueberij *Pa.*
1077 Cont ist] Cuenliich *Pa,* Can dan al *d,* Cund doch *k.* daz *fehlt d,* al *Pa.* selue *k.*
1078 Dir *bk.* ichtes ycht *k.*
1079 Doch] So *k.*

1080 Trut zarte vrou, om mynen noet zu claghen.
Du weysz wye ich mit sunden byn / belabbert.   *Pa 5 v*
Nem vrou des nicht vur ubel,
Daz ich susz ave sprech vil armer slabbert.

Waz sund in myr wilt groyen,   *P 27 r : b 115 v*
1085 De kan ave vertriben.
Wannee de wiinghart bluyen,
So mughen keyn serpenten da by blyben.
So ist mit mir, wy ydel dinc ich dencke,
Mich dunct, wen ich mach ave saen,
1090 Daz ich miin hertz dan *subere* und swencke.

Mucht ich zer cuninghinnen
Mit onverbilten hertzen
Und onverstreuten synnen
Eyns ave saen mit bitterlicher smertzen,
1095 Von rou, daz ich susz sundęlich han ghelebet,
Der grusz wer ir geneme.
Nu kan ichs nut, wen siis mir selb nicht gebet.

Bernarde dulcis pater,
Vil heilgher man und edler,
1100 Sint du bist, lieber vater,

1080 Trut] lieb *Pa.* frauwe zart
b. om *fehlt k.*
1081 kennes *Pa.*
1082 nicht *nach* Nym *bk.* des
fehlt k, das *b.* frauw vur oebel
bk. Ach suesse vrou nv zorn dich
nut *Pa.*
1083 vil] ich *Pa.*
1085 De kan ave] Kan Aue wal
db.
1089 mich dunct *fehlt b.*
1090 Daz] Wie *Pa.* ich] sich *k.*

suber *PPak,* zube *b,* zober *d.*
1091 der *dk.*
1092 onverbeelten *Pa,* onverblij-
den *d,* onverblijnten *b.*
1093 *fehlt Pa.* onverstoirten *b.*
1094 ws minnē *über* mit *Pa.*
1095 armlijch *Pa.*
1096 Die suete gruet *d.* ir] her
Pa. Das wer licht yr geneem *b.*
1097 ichs] x *d.* selb mir *b.*
1098 suete vader *d.*
1099 Vil] Du *Pa.*

Irs hohen lobes harpher *unde* vedler,
So leer mich nu, wye ich mugh usz floriren
Ave den minnentliichen / doen   *Pa 6 r*
Uf myner doven gighen oder liren.

1105   Es ist hy gans verworret   *P 27 v*
        Und gar ontstalt mit allen.
        Miin seyten sint *verdorret,*
        Miin slussel sint vorreyset und ontvallen,
        Miin boge, der ist ouch *nicht* wol ghesmeret.
1110   Wen ich is nicht wol ube,
        So han ich leyder kleyn des *spils* gheleret.

        Nochtan wil ich nicht scheiten, –   *b 116 r*
        Wye ubel is myr zemet, –
        Von yrem lobe zu breyten,
1115   So lang *als* myr de zung bliibt onverlemet
        Und ich so vil der craft und witze habe.
        Singh ich nicht mit der nachtegal,
        So gworr ichz mit den vruschen in dem grabe.

        Es ist keyn tyr uf erten,
1120   Visch, vogel, beest noch worme,

1101 vñ *Pdbk.*
1102 nu *fehlt k.* Soe leer mich
wie ich nu zu desen tsiten *Pa.*
1104 doenen *d,* dūmen *b,* douffen
k. Ghestrijch vph miner douen
ghighen seiten *Pa.*
1105 ist] gait *k.* gar *Pa.*
1106 gar] zeer *Pa.* mit allen]
zwaren *Pa.*
1107 sint *fehlt,* die verdorren *Pa.*
vedorret *P.*
1108 ontvallen] verloren *Pa.*
1109 der *fehlt d,* en *k.* ouch
fehlt k. nicht *oben (von anderer
Hand) P.* ist mit ruet ouch

obersmeret *Pa.*
1110 nicht wol] ubel *Pa,* nicht
vil *b.*
1111 kleyn *nach* des *d.* des]
ouch das *b.* spils *fehlt Pdb.*
1113 dat *db.*
1115 al *P, fehlt k.*
1116 witschaff *b.* Soe wil ich aue
saen zu yren labe *Pa,* Vnd ich so
vyll der synne vnd witze habe *k.*
1119 Es] Ten *d.* Eyn beest ist
nůt *Pa.*
1120 Visch] Ouch *Pa.* beest]
tier *Pa.*

48

Daz sich nicht vrout der werten
Und lobet se itzlich nach syner forme.
Lebender creaturen ich gheswige;
Mucht loub und gras ghesprechen,
1125 Se solten / ave rouphen al zu pryghe.   *Pa 6 v*

Da um hat mich grosz wunder,   *P 28 r*
Wye daz wyr tumme minschen
Uf disze erdsche plonder
Susz rechte gar verghecken und verkynschen,
1130 Dasz wyr disz grosze weert da mit versumen.
Wol an, last ons al ave saen!
So hilft se ons, wan wyrt hye muszen rumen.

Ir vroute de vernuwet,
Ir hertz von wollust springhet,
1135 Ir siel gar suszlich ruwet,
Wannee man ave sprichet oder singhet.
Ave dan susze lichte morghensterne!
Last ons doch alziit ave saen,
Sint se is hort so hertzeliche gherne.   *d 195 r*

1140 Can ave susz irvrouwen   *b 116 v*
De werte gotes muter
Und al de tubel drouwen
Und von den scheppher machen onsen bruter,
So sy dort in den hymmel *luyt* ghescryet.

1121 Es en vreut sich *Pa*.
1124 Cund *Pa*.
1125 krige *d*. Es solde al aue
roufen (luyd *gestrichen*) zu prige
Pa.
1128 Hie *oben vor,* dis *oben nach*
vph *Pa*.
1129 So rechte zeer *Pa*.
1130 grosze] houge *Pa*. weert]

groos *Pa*, werck *d*, wort *b*.
1132 wan] als *Pa*. wir *b*. wan
wy vā hȳnē muetē rumē *d*.
1137 dan *fehlt d*. susze lichte]
libe suesse *Pa*.
1138 doch alziit] ducke *Pa*
1139 is] dat *d*.
1144 daer *d*. in *fehlt Pa*. luyt
fehlt Pdb.

1145 Ave, du musz siin ewelich
   Ghelobt, ghedanct, ghe/ert, ghebenedyet.   *Pa 7 r*

   Trotz man den helschen drachen   *P 28 v*
   Mit ave weerlicht sprichet.
   Wye vil gheschefs se machen,
1150 Met ave man al ir ufsatz brichet.
   Si mughent nicht vur ave staende blyben.
   Nur man daz eyns ghescryet,
   Daz kan alleyn se alle hynne tryben.

   Ave den low macht trube,
1155 Daz her nicht eynz dar bryschen.
   Her vlut, her vlut, der bube.
   Man mach wol met der waerheit ym nach kryschen,
   Da man das ave minnenclich magh saghen.
   Ave, du bisz des hymmels kry,
1160 Daz al de helsce vyand can verjaghen.

   Trumpet der gotes ritter
   Is ave by ghelichet.
   Wye meyns du daz her zitter,
   Daz *gansze* helsche heer und vluchtich wychet,
1165 Wannee de godz basun so lut irschinret.

1146 vnd *oben nach* geeert *Pa*.
gheert *fehlt d*.
1148 weerlicht] zicher *Pa*, wye
dat *d*, wer das *b*.
1150 al ym yr *Pa*.
1151 Se sint so cuen nit dz se
stande bliben *Pa*.
1152 Nur] Daer *Pa*, Waer *d*, Wa
b. daz eyns] eyns aue *Pa*. ruef-
fet *Pa*.
1153 Der schry alleyn can se *Pa*.

alle *fehlt b*.
1155 en *oben nach* eens, bijsen *d*.
1157 Mocht man *Pa*. Mē mach
ym myt der wairheit wol *b*.
1158 das fehlt, ynnichliich *Pa*.
1159 krysch *d*.
1161 Trumper *b*.
1164 hyn *durchgestrichen nach*
gansze *P*. helsche] tubels *Pa*.
vluchtich *nach* wiichet *durch-
gestrichen Pa*.

Ave so heerlich heerlet,
Daz es den / tubel moyt und macht vermynret. *Pa 7 v*

Wol an, ir lieben bruter, *P 29 r : b 117 r*
Under ir bannyr rucket
1170 Der weerter suszer muter,
De susz mit irem kry alleyn vertrucket
Der vyand macht. Wol an, ir from ghesellen.
Laest ons doch vrolich ave saen,
So mugh wyr sonder sleghę den tubel vellen.

1175 Ich weysz daz ave entlich
De tubel al kan quellen.
Ave wart gar ghenentlich
Mit luter stem gheroufen in der hellen
Von menghen guten heilghen alten vater.
1180 Wer zwybelt, doe sy Cristum sahn,
Si ęn riefen lute ave alzugater.

Noch musz ich repeteren
Ave daz susze wurtel.
Es ist der bant ons heren,
1185 Siin ryemghiin und siin minnentlighes gurtel,
Da myt her sich begurdt in syme rokliin.
Ich meynd siin werte godlich liip
In deme rey/nen zarten kuschen dockliin. *Pa 8 r*

1166 hyrlet *Pa,* ludet *d,* hellet *b.*
1167 des tubels macht vnd moet
b.
1171 kry] strijt *d.*
1172 vyand] princen *Pa.* Wol
an ir from] vnd all seiner *b.*
lieb ghesellen *Pa.*
1173 doch] dan *Pa.*
1174 sonder clege onse viande
vellen *Pa.*
1179 wisen *oben vor* guten *Pa.*
heilghen *fehlt Pad.*

1180 *nur* Als do se cristum sae-
gen *b.*
1181 en *fehlt b.*
1185 wonderlijches *Pa.*
1186 Daer hy sich myt *d.* be-
ghurdt haet *Pa.*
1187 werte *fehlt Pa.*
1188 reinē *nach* zarten *b, nach*
kuyslicken licham *(durchgestri-
chen)* duecklyn *d.* zarten *fehlt
Pa.* cuyschen iōgen dochterliin
Pa.

Mit ave wart bevluchten,   *P 29 v*
1190 Bezunet und behurdet
      God selb mit lieber zuchten
      Und in der reyner meyde liip begurdet.
      Susz waz ave der sloyer und der wendel,
      Der god und minsch zusamen want.
1195 Vorwar, daz waz eyn lieplich minnen bendel.

      Wem ist ye wedervaren   *b 117 v*
      Mee heyls von eyme worte?
      Se was von vunftzien jaren,
      Do se daz susze ave susz erhorte,
1200 Den grusz da god myt quam in irem lybe;
      Sam Jheremias hat ghesacht:
      »Eyn man sol siin *ontfaen* von eynen wybe.«

      Last ons dan vro und blyde
      Zu diszer vrouwen loufen,
1205 Und vrolich saen zu stride
      Ave den grusz. Wyr mughen damyt coufen
      Daz gansze hymmelriich an ons zu erben.
      Mir zwybelt daran nichtes nicht,
      Wilt se, sy machz myt eynre bete ons werben.

1210 * In den dat wy eens konden   *Pa 8 v*
      Ynlich ave gespreken
      Myt rouwen onser / sunden   *d 195 v*

1190 behuedet *b.*
1192 in] an *b.* beguedet *b.*
1194 zu gader *Pa.*
1201 Als *d.*
1202 vm vahn *Pb*, vm sirkelt *Pa.*
1204 dusser *b.*
1206 daer mey *d.*
1208 nichtes nicht da aen *Pa.*

* *In P fehlt V. 1210 bis V. 1251
und in Pa V. 1232 (Vnde-) bis
V. 1277 (-zet haat der eppel von
gharnate). Die folgenden sechs
Strophen daher aus d.*
1210 cunne *Pa.*
1211 ynnichliich *nach* aue *Pa*,
ynnentlich *b.* sprechen *b.*
1212 rouwen] leyt siin *b.*

So en mach ons geen genaed ontbreken.
Want woe sold men so wenych mogen horten;
1215 Een vat, dat vol van waters weer,
Daer muest ummers ychtes yet uyt storten.

Eya du reynę gehure,
Du *toevlucht onser* armen
Woe sachte men dy rure,
1220 Myt ave tzwaręn du stortes diin verbarmen,
Als een vat dat mynnetlich averlopet.
Du geves diin genaden
Myt so gedructer maet end opgehoepet.

Reyn megdelicke mueder   *b 118 r*
1225 End muederliche maget,
Jhesus diin soen vil gueder
Den haet ave dit woert so wal behaget,
Doe he diins reynen liiffs wold hebben mangel.
Dat ave was die peter siin,
1230 Doe he den syrkel macktęn uyt den tryangel.

Ick wold voel gern in graven
End prenten in miin herne
Ave die drie buecstaven;
Want wie den tau nyet en haet voer siinre sterne,
1235 Die sal to yoncksten dagen siin verslagen.
Ich meyn dat ave is die tau,
Daer van men hoert Ezechiel gewagen.

1213 ghenate nicht *Pa,* gnaet
tzwair *b.* ghebrechen *Pab.*
1214 hurtzen *Pab.*
1215 van *fehlt b.*
1216 ichtesicht *Pab.*
1217 reyn du *Pa,* vil rein *b.*
1218 toeulucst *d,* zulouf *Pa.*
ons *d.*

1219 lyse daz *Pa,* zamfte *b.*
1221 Sam *Pab.* vul vas *Pa.*
miltliich *Pab.*
1223 zu *Pa,* zo *b.*
1227 Dem *Pab.* se *Pa.*
1230 mas *Pab.*
1232 prentzē *b.*
1235 zom *b.*

Brueder miin end susteren,
Laet ons dan balde ylen;
1240 Want huyden dat wordt gisteren
End morgen dat wordt huden in korter wilen.
Die tiit geet hyn, die doet die comt her dryngen.
Laet ons nu ave to oer zaen,
Die ons myt enen word dan mach verdyngen.

1245 Vorware sy is doer gaten
Mit volre karitaten.
Se is die poert beslaten,
Daer doer wy alle comen to gnaden;
Daer van die selve Ezechiel aeck *scryvet:*
1250 »Ave, du wonderlicke poerts,
Die vast beslaten altiit apen blivet.«

Sol wir dan ummer comen   *P 30 r : b 118 v*
Zu diszer portzen inne,
So wer ons nutz ghenomen
1255 Eyn wyser leydsman, die ons leyte hynne.
Nu weysz ich nyeman daerzu also vundich,
Sam ave oft voer sprochen,
Went ym sint wol de weghe und phade cundich.

Es haet den phat ghetreden
1260 Lieplich zu manghen stunden.
Durch nuwen seltzen pheden
Haet ave eerst den phat da hyn ghevonden.
God wold waz nuwes machen uf der erten,

1244 dan] da *b.*   sprachen *b.*
1249 scry uz *d.*   1258 Went ym] Der *d,* ir *b.*
1254 nut *d.*   wol *nach* phade *db.*
1255 daer leyden *d.*   1261 nye *d,* mueren *b.* zelten *b.*
1257 oft] duck *d,* vst *b.* ge-   1262 hyn] her *b.*

Also der Jheremias spricht,
1265 Do ave wart ghesprochen zu der werten.

Trut vrou wem solz verdrieszen
Von ave icht zu scriben.
Es cond desę portz ontslieszen
Und liesz se doch gar vast besloszen blyben.
1270 Wer horte ye so lieplichen myrachel?
God mynt disz portze von Syon
Vurwaer vur alle Jacobs tabernachel.

Besloszen gotes garte,   *P 30 v*
Da doch der sonnen glantze
1275 In schynet, bisz du, zarte,
Da in ave eyn wunnetliche plantze
Gheplant/zet haet, der epphel von granaten.   *Pa 9 r*
Daz is die lebendighe vrucht,
Da sich de mynnend syel an sol versaten.

1280 Eya miins hertzen wunne,   *b 119 r*
Der epphel myr nu reychent.
Du lebendighe bronne,
De vast bist zu besigelt und ghezeichent,
Miin siel in diszen bron gheert siin ghevryschet,
1285 Sam eyn verjaghet hirtze
Des bronnes ghirt, wenz vur de hondę erwischet.

Nu haen wyr eynen knutzel
Disz epphel mit zu treffen,

1264 der] als *d, fehlt b.*   1279 sol an *db.* saten *d.*
1269 vast *fehlt b.*   1283 zu *fehlt Pa.*
1271 die *d.*   1284 to sijn *d.*
1275 Erschinet *b.*   1285 Als *d.*
1278 lebende *b.*   1287 cuntzel *Pa,* kluppel *d.*

Eyn leffel oder schutzel,
1290 Da wyr desselben bronnes ouch met scheffen.
Ave daz ist beyd knutzel *unde* leffel,
Da man mit scepht des bronnes
Und da / man ouch myt abe wirft dis epphel.   *d 196 r*

Eva diin effel biiszen   *P 31 r*
1295 Durch des serpentz ingheben
Mugh wyr zu scimph verwiiszen
Dem tubel; went es wyrt *ymer* ghetreben
Daz spil, daz her met Even hat begonnen.
Daz haet / ave gar meysterlich   *Pa 9 v*
1300 Mit speher list ym wieder aeb ghewonnen.

Des sy ave ghesprochen
Met blyder vroher stemme.
Der strich, der ist zubrochen,
Und wyr synt al erloszet usz der klemme
1305 Sam David sprach, der kuningh tughentriiche:
»Ave haet recht sam eyn sperv
Ons siel erloszet usz der jegher striche.«

In allen prophecien   *b 119 v*
So hort man grosz verlanghen
1310 Der weerter comst Marien.

1289 End een lepel off een scut-
tel *d.*
1290 ouch mit] mit mogen *Pa.*
1291 daz *fehlt Pa.* schutzel *b.*
vnd *Pdb.*
1292 des bronnes] daz wasser *Pa.*
Aue ist der knutzel ouch *b.*
1293 Und *fehlt b.* ouch *fehlt
Pab.* aue worft *Pa.* die *d.* dis
epphel] vns lebens epphel *b.*
1297 went] dem *b.* es] het *Pa.*
ym^r (^r *von anderer Hand) P.*

wert ym in gedreben *Pa,* wordt
om heyn gedreuen *d,* wirt jnge-
treben *b.*
1299 nach hadt *beginnt eine neue
Seite mit* Aue haet *durchgestri-
chen,* gar *fehlt Pa.*
1302 hoher *b.*
1304 al *fehlt b.* verloest al *d.*
1305 Als *d.*
1306 sam recht *Pa.* spreu *Padb.*
1307 Vnse zeer *Pa.* al vyt *d.*
1310 liber *Pa.* konst *db.*

Went Ysayas sprach: »es sal ontfanghen
Eyn reyne meyt und sol eyn kynt gheberen.«
Yedoch wer waz disz maghet,
Des sprach her nicht, daz must ons ave leren.

1315   Cuninghinne gute,   *P 31 v*
        Daz du eyns soltes comen
        Von cuning Davidz blute,
        Daz hatten sy alsamen wol vernomen,
        Und hatten des eyn sunderling verblydung.
1320   Ydoch wannee, sy wisten nicht,
        Ee ave bracht de wa/raftige zidung.   *Pa 10 r*

        Trost, heil, ghenaid und wunne
        Bracht ave eerst uf erten
        Dem mynschelichen kunne,
1325   Daz is lang ziit zu wiszen ee begerten,
        Wan is mit god sold weder siin vereynet.
        De boetscaf haet ym ave bracht;
        Des haet is bilch gut bodelon verdeynet.

        Went ave wart von gote
1330   Uf ertrich voer ghesendet
        Und was der minnen bote,
        Zu Nazareth da haet es eerst ghelendet.
        Ave is gotes kensler uszerkoren
        Und haet den brieb besigelt,
1335   Do ons de nuwe lantvred wart ghesworen.

1311 spricht *b*.
1312 En *P*.
1313 Aen wie dz was die maghet *Pa*.
1314 Der *P*, dz *Pab*.
1316 eyns] ons *d*.
1320 Ydoch] Aen *Pa*, Doch *d*. wāneer *nach* nyet *d*.

1325 is] sy *d*.   ee] voir *Pa*, das *b*.
1326 ons *oben nach* Wan god myt *d*. is *fehlt d*.
1328 Des] Soe *Pa*. groos baden broot *Pa*.
1332 da *fehlt Pab*.
1334 bezugelt *Pa*.

Susz wart godz inghesigel   *P 32 r : b 120 r*
Von ave vast ghetrucket
Uf onser sunen rigel.
O Nazareth, wye *wol* is dir ghelucket,
1340   Daz in dir waz disz hohe sun ghescreben,
Und daz se waz diin burgherin,
De hye zu haet daz syghel wax ghegeben.   *Pa 10 v*

Forma des inghesyghels
Bleyb in daz wax ghesetzet,
1345   Sam in dem glaz des spygels
Daz bild, und last den spygel onghequetset,
Da es an allenthalben waz gescowet.
Susz wart disz form geprentet,
Daz doch daz meechdlich wax bleib ongebouwet.

1350   Reyn susze kuninghinne,
Susz waz in god den vater
Disz prent aen aenbeghinne.
Ich meyn daz wort, daz mit ym was zugater.
Aber *do* hers myt dyme wax wold kleyden,
1355   Daz werch scach durch den heylgen gheyst,
Went disz dry sint eyn god und onverscheyden.

Went wye der sonnen glantze   *P 32 v*
Sich nach dem glase varwet,
So haet der hymmelschrantze

1338 zwuenen *d.*
1339 wol *von anderer Hand
rechts am Rande P.*
1340 grose *Pa.*
1341 es *Pa.*
1344 Form van dem ingesigel *Pa.*
1345 Soe eyn in eynē spigel *Pa.*
1346 Eyn antlitz suyt vnde loest
doch ongequetset *Pa.*

1347 Da in es *b.* Des spigels da
her daz selb in scouwet *Pa.*
1349 Doch allet dat daer megde-
lic was bleef al ongebouwet *d.*
1352 aen] von *b.*
1354 Aber] Aen *Pa*, Mer *d.*
du *P.* dyme] den *d.*
1355 werch *fehlt b.*
1358 mach] manck *b.* sich *nach*
glaze *Pa.*

58

1360   Mit dyme fleysch und blute sich ghegarwet;
    Und bleyb / doch god in godlicher nature.   *Pa 11 r*
    Do daz wort wart fleysch ghemacht,
    Do bleyf in dynen wax der prent figure.

    Cantzeler des riichen   *b 120 v*
1365   Konings von uberlande
    Is ave sicherlichen;
    Want al de vorwort, *vestnis* und voerbande,
    Da god sich myt / dem mynsch in haet verbonden,
    De haet ave besighelt.   *[d 196 v*
1370   Wol ons der lieben minnentligen *stonden.*

    Tresor unt schatz des wysen,
    Des alweltighen vater,
    Des alten grawen grisen,
    Haet ave vast besloszen alzugater
1375   In eynen reynen cystel wyd bekennet.
    Ich meyn der reyner maghet liib.
    Susz ist ave godz tresorer ghenennet.

    Waz hilft daz ich vil swetzen,   *P 33 r*
    Went daz ich vil wolt claffen,
1380   Man can nicht halp volschetzen
    Daz ongemeszen gut und ongheschaffen,
    Da von ave is gotes sluszel / dregher.   *Pa 11 v*

1360 gegruwet *Pa.*
1363 Do] Vnd *Pdb.*
1365 Conniginne *b.*
1367 Want et al *d.*   vorwort
vestnis] ober drechten *Pa.*
vestuis *P.*
1368 sich *fehlt Pa.*   mynsch in]
mynschen *d,* mitten mensche sich
Pa.

1370 stüde *P.*
1372 aelmechtigen *Pad.*
1375 wyd] wijs *b.*
1376 in der *b.*
1377 tresoir *b.*
1379 wolt] wil *b.*
1381 Dz ongetzalde goet vn
ongemessen *Pa.*
1382 ist *oben vor* aue *b.*

Went Cristus selber is der hort,
Da von ave is gotęs slieszer und plegher.

1385 So wer daz is ghetoufet
Und ders nicht hye verterbet,
Dem is hye mit gecoufet,
Daz ym daz nu Jherusalem aen erbet,
Mit diszem schatz, den ave haet besloszen.
1390 Ich meyn daz onbegonnen wort,
Daz usz des vaters hertze is *ghevloszen.*

Wort aen anbeghinne,   *b 121 r*
Zu dir ich ave sprechen.
Zu diinre clusen inne
1395 So qweems du durch de gansze went *inbrechen,*
Daz doch nicht wart ghescoret an dem huse.
Noch meyn ich vrou diin reynes liib;
Vil ho anachoriit, daz waz diin cluse.

Eya ders recht wilt merchen,   *P 33 v*
1400 Waz ave hat betryben,
So wart is nye von clerchen
Noch ouch von keynen phaffen halb volschriben.

1383 hort] poort *Pa*, woert *d*,
schatz *b*.
1384 Daị *P.*   gotes *fehlt Pa.*
slotel *d*.   dreger *d*.
1386 hye] selb *Pa, fehlt b*.
1391 gheuolszen *P*.
1392 w Woort sonder aenbeghinne
Pa.
1393 Zu dir ist aue ghesprechen
Pa.
1395 So quam hy *d*.   indringhen-
breche *P*.
1396 doch *fehlt d*.   ghebrochen

Pa, geschoerz *d*.   dem] deinen *b*.
1396 doch *fehlt d*.   ghebrochen
Pa, geschoerz *d*.   dem] deinen *b*.
1397 vrou] tzwair *b*.   Nach
meynd ich mijnre vrouwen lijp
Pa.
1399 Eya] Entlijch *Pa*.   ders] di
dat *d*.   recht] al *Pa*.   weuld *b*.
1400 Daz *Pa*.
1401 wer *b*.   nye] mee *Pa*.
1402 ouch *fehlt Pad*.   von *fehlt
d*.   keynen *fehlt d*, leyen *b*.   be-
schreuen *db*.

Do god sich mit der min/scheit wolte kleyden,　　*Pa 12 r*
Doe was ave siin meyster coch,
1405　　Die vur ym ran und liesz siin spiisz bereyden.

Nu hor waz spiisz ym lusten;
Daz waz eyn suber millich
Usz meechdelichen brusten.
Voerwaer ave man mach dich prisen billich,
1410　　Daz du so seltzen spyse condes cochen
Vor diszen zarten kinde.
Daz si dyr ummer tank und lob ghesprochen.

Trulich, wen ich betenken,
Waz ave can betriben,
1415　　So musz miin truren krenken.
Ave dan, maght und wiib under den wiiben.
Du uszghesprossen rud Yesse des stammes,
Zu dir ich ave sprechen.
Ave, vil weerte, zarte brut des lammes.

1420　　Recht lutzlich *unde* lieplich,　　　　*P 34 r : b 121 v*
Subtiillich und inwentlich,
Behutlich *unde dieplich*
Kund ave also meyster/lich behentlich　　*Pa 12 v*
Der reynen meyt ir etel hertzghin stelen.
1425　　Susz tete ave minnentlich
Yr minnend hertz in minnen altziit quelen.

1403 sich *vor* weuld *b*.
1406 ym] von *b*.
1407 eyn] die *d*.
1409 Vorwaer *fehlt d*.
1411 Vor *fehlt b*.
1413 Truwen *Pa*.
1416 dan] du *b*.　under den]
der *b*.
1419 zairte werte *b*, libe zarte *Pa*.

1420 vñ *Pdb*.
1422 Bedectlijch *Pa*, Behentlich *b*.
vñ *Pdb*.　dreplich *P*.
1424 reynen] edel *b*.　etel *fehlt*
Pa.
1426 altijt in mӯnen *db*.　Yr
minnende hertz von minnen min-
netlijch quelen *Pa*.

Is sus ir hertz ghewondet
Mit ave diszem woorte
Und mynnentlich ontzundet,
1430   Wol myr dan, daz ich ave ye ghehorte.
Wol myr, wol myr, daz ich es ye bekende.
Des sprech ich ave ummermee,
Ave, ave, ave, ave, ayn ende.

Solt ich nicht ave sprechen,
1435   Ja ich zu allen stunden?
Ave den drach const stechen,
Der al daz mynschlich kunne haet verslunden,
Der an dem hymmel hat den swantz geslaghen,
Damit her cond – so *Jannes* schreif –
1440   Daz dritte teyl der sterren nyder traghen.

Trotz den her eyns erzitter,   *P 34 v*
Der dusentlistgher virne;
Wye fel her / ist und bitter,   *Pa 13 r*
Disz starche wiip se trat yn uf siin hyrne.
1445   Mit ave zwar so hat sy disz / vyctory.   *d 197 r*
Wye mucht ich ummer trube siin,
Wen myr daz ave comt in miin memory.

Vorwaer ave can machen   *b 122 r*
Gar trube und erzornet
1450   Den groszen roden drachen.
Wie wol her ist met hornen zehn ghehurnet

1431 es *fehlt b.*
1432 Nu so moes ich ymmer aue
saen *Pa.*
1433 aue *nur dreimal db.*
1437 daz *fehlt b.*
1439 iohannes *Pdb,* ioh'es *Pa.*
1441 den] dan *Pad,* daß *b.*
1442 Der vil sundlistiger *b.*

1444 se] die *Pad.* siin] dy *Pa.*
stirne *b.*
1445 so *fehlt d.* hat] creych *Pa.*
disz] die *d.*
1446 sold *Pa.*
1447 myr daz] mich *Pa.*
1451 hornen zehn] siben hornē
Pa, groeten hornen so *d.*

Und siben houbte haet uf synen kraghen,
Wan man eyns ave rufet,
So musz her vlehn sam eyn verschemter *saghen.*

1455 In dem daz ave comet
Usz demutighen gronde,
Went anders es nicht fromet.
Judas sprach: »ave, rabby« mit dem munde,
Da mit her Cristum custe, der verreter.
1460 Doch sach der heer ym lieplich aen
Und sprach: »vrunt miin, waz suchz du?« zu ym weter.

Ja de Jhesum croenden,   *P 35 r : Pa 13 v*
De mortghirige ruden,
Und siinre hyrn nicht schonden,
1465 Dye sprachen: »ave, cuning, heer der juden.«
Alsulches ave weer ym nicht gheneme.
Mer ave weer gods seytenspil,
Wen es usz eyn ghetruwen hertzen qweme.

Hor, hor, waz suszer meyster
1470 Han wyr an diszen heren.
Eynen verreter heyster
Vrund miin, da wyr an *billich* muchten leren,

1454 saghe *PPad.*
1455 In dien *Pa.*
1456 deuotichen *d.* Ws eynen
goeten gronde *Pa.*
1457 Went] Tzwair *b.* her *Pa.*
1458 Judas der sprach *b.* rabby
fehlt b.
1459 Daer mey *d.*
1460 Doch] Vnd *b.* guetlijch vn̄
lieplijch *Pa.*
1461 Vnde sprach tzu ym vrut
mijn waz suecster (*aus* suecstu

verbessert) *Pa,* Vrūt wa zo kum-
stu sprach er zo ym weter *b.*
1462 Ja ouch *b.* die die *Pa.*
1463 lude *d.* Die bose valsche
iuden *Pa.*
1464 Vn *P.* siinre] ym sijn *Pa.*
hyrn *fehlt d.*
1468 Wāneer dat *d.* ghetruwen]
gooden *Pa.*
1472 miin *fehlt,* da an wir *b.*
bilch *P.* mijn / Da sold wir bil-
lich aen moegen leeren *Pa.*

Daz onsz onsz groszer homut wol mucht smertzen.
Her spricht ouch selber: »leert an myr,
1475 Daz ich byn samft und demutich von hertzen.«

Eynveltichs lam du biste   *b 122 v*
Onsculdich hizu comen,
Sam orcund der baptiste,
Und haesz der werlde sunde abghenomen.
1480 Daz hat ghetaen diin demut grosz und mynne.
Ave, du wertes ochsterlam,
Dem dynent da de hohe seraphinne.

Sueszer heer, diin sterben   *P 35 v : Pa 14 r*
Und tot hat ons gheworben
1485 Daz hymmelriich zu erben.
Du bist daz lam, daz vur ons ist ghestorben,
Daz seben horne haet und oghen seben,
Daz daz besyghelt buch untslosz,
Daz vol an beyten syten was beschreben.

1490 Uns haet ave behentlich
Von eynem lov verbolghen
Eyn lam ghemachet entlich,
Dem hondert tusent meechde altziit volghen
Und vier und vyertzich tusent by ghezale.

1473 wol *fehlt,* solde *Pa.*
1474 sprach *b.* selber *fehlt d.*
1475 Daz] Want *b.* deuotich *d.*
1476 Entlijch heer du *Pa,* Evol-
diches lam *d.*
1477 Recht sam eyn lam hie
comē *Pa.*
1478 Als *d.* Vnde orcunde den
baptisten *Pa.*
1480 deuoti *d.* Du weers
demuetich sanftmuetich vnde
schemel *Pa.*
1481 du] dan *Pa.* oosterlam *Pa,*
hoechster lam *d,* houchste lam *b.*
1482 Dy dyenen daer *d.* Den
alle die meechde volgen in dem
hemel *Pa.*
1485 ons to *d.*
1489 wol *b.* gescreben *Pa.*
1494 vier und *fehlt Pa.*

1495   Ave, du wunnentlighe houf.
        Ave, du lieb geselscaf alzumale.

        Sunt Jan der haet ghescreben,
        Wye daz her hayt ghescouwet
        Mids durch den hymmel sweben
1500   Eyn adler, susz ons mynschen haet gedrouwet:
        We, we, we dem, de wonen uf der erten!
        Von diszem wee wort wyer erloest,
        Doe ave wart gesprochen zu der werten.

        Cund ich nu recht usz grunden,   *P 36 r : b 123 r*
1505   Waz diszẹ / dry wee beduten;   *Pa 14 v*
        Es mach siin wee der sunden
        Und wee der onsald, de ist in den luten,
        Und wee der swynder groszer piin der hellen, –
        Oder ouch *wee* damyt ons fleysch
1510   De werelt und der tubel susz can qwellen.

        Riichtum, wollust mit salden,
        Ons vaterlighes erben
        Haet ons diszẹ we onthalden,
        Bisz ave ons ghenate must irwerben.
1515   Ave, das ist von wee in duytsch ghesprochen,
        Sam ich hye vuer ghesprochen haen,
        Susz haet ave al dry disz wee irstochen.

1500 die *oben nach* aar *d.* der
vns sus *Pa.* mynschen *fehlt Pa.*
1501 in der eerten *Pa.*
1502 siin wir *Pa.*
1504 gegrunden *Pa.*
1505 wee *fehlt Pa.*
1507 den] ons *Pa.*
1508 swynder] fenijnder *b, fehlt*
k.
1509 ouch *fehlt Pab.* daz wee
PPa. damyt] die vns *Pa.*

1510 susz] mit *Pa*, vns *k.*
1511 Richen *k.* Recht ellendich
vertreben *Pa.*
1513 das *bk.* werscrebē *Pa.*
1514 Bisz] E *Pa.* cund *Pa.*
1515 das *fehlt k.* jn duytsch von
we *b.* gesprochen in duytsche *Pa.*
1516 Als *d,* As *k.* hye vuer] ye
b, vuer *Pa.*
1517 Dus *b.* al dese dry *Pa.*

Ir kraft is nu gheswachet,
Des wyr sint al ghevryet.
1520 Daz hat ave ghe/machet   *d 197 v*
An dyr vil werter meyt ghebenedyet.
Wol an, laest ons myt ave sy dan grueszen.
Ave, ave, vil suesze meyt,
Sint ave kan al wee und truren buszen.

1525 Si ist mit recht gheliichet   *P 36 v*
Orspronc aller ghenaten.
Wer ave zu ir sprichet,
Dem kan sy alle selicheit beraten.
Vurwaer en weren wyr nicht rechte doren,
1530 Wyr riefen / ave al gheliich,   *Pa 15 r*
Sint ave luyt so susz in iren oren.

Trut vrou, von diszem woorte   *b 123 v*
Scach Zacharias wybe,
Doe si diin stem erhorte,
1535 Daz sich ir kynt irvrout *in* yrme lybe.
Wye waz diin grusz, daz han ich nicht ghelesen.
Ich denk und dar ouch saghen wol,
Sy waz ave; wye solt sy anders wesen?

1519 Des wyr sint] Vnd wir
syns *k.*
1521 reyne *k.*
1524 ave] se *db.* wee] leyt *b.*
1518–1524 Irre gheyn ist nu mech-
tich / Vns voerbas zu verwinnen /
zwei Verse fehlen / Ja weer sijn
haef der setzen in der schonen /
Dem werden al des duuels list /
Gaer costliiche steyn in sijnre
cronē *Pa.*
1526 Den oorspr͞oc̄ der *Pa.* van
alre *d.*

1528 zoberaten *k.*
1529 voer waer *nach* wir *Pa.*
1530 Wir solten dicke / aue saen
Pa.
1531 ave] es *b.* sus sues *Pa.*
1535 an *P.*
1536 nicht] ne *Pa.*
1537 Aen ich geleuben zicherliich
Pa, Ick en doer aeck nyet sagen
wael (*nyet oben*) *d,* Ich denck vnd
sagens ouch waill *k.*
1538 Soe *Pa,* Es *b.* waz] ys *k.*

Wol an nu, werten bruter,
1540 Und sprechent al gheliiche:
Ave, du gotes muter,
Ave, du keyserin von hymmelriche,
Ave, ghewalteghe ghebyeterinne
Des hymmels und der erten,
1545 Des meers, der hellen und daz da ist inne.

Sy hait den heer ghetraghen,   *P 37 r*
Da wyr vur muszen dinghen,
De ir kan nicht versaghen.
Last uns dan ave saghen *unde* singhen.
1550 Se trugh den sceppher aller creaturen.
Laest ons mit ave bit/ten yr,   *Pa 15 v*
Daz se uns wort *zum* jungsten tagh wil vuren.

Ave, vil susze weerte,
Vorsty̅n von hymmelriche,
1555 Mit hertzlicher begherte
Susz gruesz ich dich mit ave sicherliche.
Ave, vil susze minnentlighe maghet,
Ja ave hondert tusent werf,
Sint ave dir sus hertzlich wol behaghet.

1560 Miin susze meysterinne,   *b 124 r*
Nu val ich dir zu vueszen
Mit hertzen und mit sinne

1539 nu werten] ir liben *Pa,* ir
werten lieben *b.*
1540 Laest ons nv saen gelijch *Pa.*
1544 vn̅ der hellen *Pa.*
1545 der hellen] der eerde *Pa,*
dar zo *k.* alle dz *Pa,* al dat *d,*
als da *b,* alles dat *k.*
1547 vore̅ *Pa.*
1548 nyt kan *k.*

1549 sprechen *b.* vn̅ *Pdbk.*
1550 alre dinger vnde alre crea-
turen *Pa.*
1552 voert *d,* vorte *k.* zu *P,* to
d. vnz word *nach* dage *Pa.*
1556 Susz *fehlt k,* Soe *Pa.*
1558 hondert] dusent *Pa.* werf]
stunt *k.*

Und bid dich durch des Gabrielis grueszen,
Daz du in dyme dyenst so sturs miin leben,
1565   So wy ich god erzornet haen,
Daz myr durch dyne gute daz werd vorgheben.

Es ist dir alles kundich   *P 37 v*
Miin hertz und miin ghemute.
Wye snoed ich byn und sundich,
1570   So haen ich doch gelaszen durch diin gute
Daz liebste miin / mit bitterlicher *smertzen*;   *Pa 16 r*
Und werlich weer is nicht ghescheen,
Ich tet es noch mit willentlichen hertzen.

Nu hilf dan vrou ons beyten
1575   Zu dyme zarten kinde,
De du hasz hye gescheyten,
Daz yetzlich da den anderen weder vinde.
Si is diin dyrn, ich byn diin armer slave.
Ich byd daz sy ons leste wort,
1580   Maria mater, virgo semper, ave.

1563 Und bid] Bidde ich *k*.
dich] vch *b*. myt *k*. des *fehlt*
dk.
1564 so *fehlt db*. styues *k*.
1565 wy] waz *Pa*.
1566 myrt *k*. gute] bede *Pa*.
daz *fehlt dk*. ir geben *Pa*.
1567 al wol *Pa*.
1570 genete *Pa*.
1571 smertze *P*.
1572 Und *fehlt k*. werlich]
sicher *Pa*. das *b*.

1573 des *b*. willigem *k*.
1575 Zu] Bi *Pa*.
1576 hy haiss *k*.
1577 een yegelick *d*. da *nach*
anderen *b*.
1579 bid] gheer *Pak*.
1580 Aue mater semper virgo
Aue Amen *Pa*, Maria mueder
joncfrou altijt Aue amen *d*, Maria
virgo mater semper aue amen *b*,
Aue mater virgo semper aue *k*.
Darunter dreimal Amen P.

Marien *genaat**

Aller duvel twingherin *P 40 r : Pa 17 r : k 12 v (b 99 r)*
Und aller enghel vrouwe,
Ervucht miin turre tumme sin.
Sam in dem mey die bluemliin von dem touwe
1585 Uysz truygher erten lustliich kunnen brechen,
So laysz uisz tummen hertzen
Mich hondert lieter dir zu lobe sprechen.

Vliisz und sin ghestellet
Han ich zu dime lobe.
1590 Al ben ich nicht ghesellet
Mit meysterscaft, ich sehn doch, daz zu hobe
De narren ouch der heren cleyder traghen.
Sold nicht eyn tummer sprechen,
So must wir toren nummer word gesaghen.

1595 Eyn setenloys psalteri *P 40 v : b 99 v*
Luyt selden susse notten.
Wie schoon is sangz materi,
Man kan uph harphen, ghigen noch uph rotten

---

* ge*aat *P. Überschrift fehlt*
Pabk, Onser vrouwē zwans *d.*
1583 Veruucht *d,* Erlucht *k.*
dumme durre *k.*
1584 Als *d.*
1585 kunnen] comē *b.*
1587 Mich *fehlt,* leit *k.*
1588 Woird ende syn *d,* Vlislich
myn synne *k.*

1590 Al] Aen *k.*
1591 das doch *b.*
1592 gecken *d.*
1593 Muchte *Pa.* nicht eyn]
geen *d.*
1596 suyß an noten *b.*
1597 is sangz] dat is sijn *d.*
1598 gigen harpen noch myt
roten *k.* ghigen *fehlt d.*

Nicht gespiln, wen se sint seitenlere.
1600 So ist is mit mir tummen,
Ich spreech vil gern, nu is die kunst mir vere.　　*Pa 17 v*

Melancoli betwirkelt　　　　　　　　　　　*d 198 r*
Mich hait also verirret,
Beclemmert und bezirkelt
1605 Und *mich* miin sin so wunderliich verwirret;
Wen ich miin armes leben ubertenke,
Mich tunct wie ich in ydelheit
Von tagh zu tagh ye me und me mich senke.

Alz ich susz wart *gepirkelt*
1610 In minen sinnen toughen,
Miin herz daz liit und virkelt
Uph und nider. Gern soltz sich irhoughen;
Gern wer is uysz der sunden putz gheleydet.
Nu hait die werelt menichfalt
1615 Den hanen voys ym leyder *vur* gebreydet.

Recht sam eyn sprenzel vlieghende　　　　*P 41 r*
Ist schrancliich durch die busschen,
So sluyflich betrieghende
Ist mir de ziit *versuymeliich* entwuschen.
1620 Miin sunden haen ich / weynig noch ghearnet,　*Pa 18 r*

1599 Nicht *fehlt d.* spoelen wol
b. wen] as *k.* sy sonder seyden
weren *d.*
1600 Sust *k.* is *fehlt k.*
1601 vil] so *Pa, fehlt d.*
1603 so *k.*
1605 ich *P Pa,* Vnd ich byn ouch *k.*
1606 Wen] Als *k.*
1607 ich mich *Pa.*
1608 ye] e *k.* mich *fehlt Pa.*
1609 gepirke¹t (¹ *von anderer Hand*) *P.*

1610 sinnen] herten *oben d.* Jn
meins gedanckes ougen *b.*
1611 licht *k.*
1612 Hin vnde heer *Pa.* sold *d.*
1615 vnr *P.* ym *nach* leyder *Pa.*
1616 als *dk.* vlegen *k.*
1617 strauclich *k.* die *fehlt d.*
blusschen *Pa.*
1618 bedregen *k.* Soe listlijch
bedrigende *Pa.*
1619 Kan myr myn zyt *k.* ver-
suymliich *Pd,* versumētlijch *Pa.*

Und miin ziit de ylet hin.
Si rastet nicht, des bin ich fur ghewarnet.

Ich fuert von anxt und zitter   *b 100 r*
Sam eyn vertorben pechter,
1625   Dem siin ziins wirt bitter.
Miin sinsher hat gesatst myr eynen wechter,
Den grimmen tod, der nummermee wilt slaphen.
Her waht und dar ayn anxte
Wol babest, keyser, kuningh murtlich straphen.

1630   Alsus han ich gezimmert
Uph iisz al miin *ghebuwe.*
Nu is die zun durchglimmert;
Nu vind ich nicht wen stedentlighen ruwe.
Wol hyn, ich wil dis rete lazen varen
1635   Und sprechen von der zuser meyt,
Die mich mit eyner bete mag bewaren.

God selb hait se irwellet   *P 41 v*
Uz etlen kunnigzkunne.
Her hat siin zorn ghevellet
1640   Und quam in se sam durch daz glas / de sunne. *Pa 18 v*
Susz wart de tochter muter und bleib maget.
Daz mucht keyn mund volsprechen,
Wie rechte lutzliich wol si im behaghet.

Reyn luyter cuysch gheformet,
1645   Menschliich in ingelz wise

1624 Als *d,* As *k.*
1626 my gesat *dbk.*
1628 ayn anxte *fehlt d,* jn anxt *k.*
1631 iisz al] dat ijs mijn *d.*
ghehuwe *P.*
1632 is] dat *d.*
1633 wen] dan *dbk.*
1634 dis] die *k.*

1636 kan *d.*
1640 als *d,* as *k.*
1641 was *k.*
1642 mach *db,* kunde *k.*
1643 *fehlt d.* Wie rechte wol
das se hait got behaget *b.*
1645 in ingelz] nach goltes *b.*

Is se und hait gestormet
Daz hymmelriich, so daz der alte grise
Eyn kindliin wart und quam zu ir geswentzet,
Zartliich sam eyn jungher schrantz.
1650 Mich wundert niht wart gutlich da geslentzet.

Al scoenheit uberschonet   *b 100 v*
De wunschel hymmeltocke.
Riichliich ist se gecronet
Mit sterren zwelb; die son daz ist ir rocke;
1655 De maen de ist gezatst zu iren vueszen.
Gabriel hab ummer tank,
Daz her so rechte liepliich se kund gruesszen.

Cund ich nu Nythartz tichten   *P 42 r*
Und Wolferams von Esschenbach,
1660 So wolt ich / gern uisz richten   *Pa 19 r*
Wye die zarte reyne meyt zu leben plach,
Doe al de welt von gade *was* gesondert
Durch den bisz, *den* Adam beysz,
Wol bi vunf tusent jaren und zwey hondert.

1665 Ir boten se sant stete
Zu got im hymmel toughen.
Ich meyn ir reyn gebete,
Daz treib dan sweben susz vur gottis oughen,

1649 als *d.* schainz *Pa.* Mich
wondert des gar sere *k.*
1650 Worde nyt goitlich dae ge-
plentz *k.*
1651 vber schoenheyt *b.*
1653 Die wonnecliche hemelsche
docke *k.*
1654 daz *fehlt k.*
1655 de *fehlt k.*
1657 so kond *vor* so *b.*
1658 nit hertz *Pa,* her nyters *d.*
1661 zarte *fehlt d.* maget reyn *k.*

1662 Do alde ganze werelt lach
verloren *Pa.* wzis *P.*
1663 dem *P.*
1664 vnde zwey hondert iaren
Pa.
1665 sant sy *dk.*
1666 zoegen *b.* In hemel to
gaede togen *d.*
1668 dan *fehlt dk,* da *Pa.*
sweben susz *fehlt d,* swadem
soysß *k.* Das kond da zweben
schoen *b.*

Sam honich tou ubir den angher *vluyszet.*
1670 Ir bet waz vur den sunder,
Des bittens ir noch hute nicht furdruysset.

Alsus so herten degelich
Die reyne meyt ir leben.
Ir bet *was* so behegeliich,
1675 Sam ich in vita Cristi vint beschreben,
Daz is de / himmelgeiste tete swermen   *d 198 v*
Zusamen uber eynen houf
Und baten got daz her sich wold *erbermen.*

Preslich wart da *getrucket*   *P 42 v : b 101 r*
1680 Midliidlich gottes hertze,
Want Barmung / in gezucket   *Pa 19 v*
Had inwendig, so daz de grose smertze,
Da al gestorben luyte noch in weren,
Im begann zu jamern.
1685 Barmung sag daz und sprach alzus ir meren.

»Lieber heer erberme dich,
Lays zincken dinen zoren.
Ghedenk wie rechte onselich
De onselige minschen sint geboren.
1690 Wil doch ir snote menscheit uber mirchen.
Durch waz bin ich geschaffen,
Wiltu nach mime rate nummer wirchen?«

1669 Als *d.*   vluyszit *P.*
1670 worden sunder *k.*
1671 bedes *k.*
1672 so *fehlt Pak.*   volherde *Pa.*
1674 wᵃs (ᵃ *von anderer Hand) P.*
1675 Als *d,* As *k.*
1678 erbarmen *P.*
1679 gerucket *P.*
1681 had om getucket *dk.*

1682 Had *fehlt dk.*   inwendig
fehlt k.   so *fehlt d.*
1683 luyte *fehlt b.*   noch weren
in *Pa,* noch jn bleben weren *b.*
1689 onselige] armen *k.*
1690 Wils *b.*   snote] rechte snote
Pa, krancke *b.*
1691 Waer om *d.*
1692 Weultu *b.*

Eyn witerret begonde
De Warheit al da keghen.
1695 Rechtverticheit ouch konde
Antworten wol und scherflich witter weghen.
»En ruech niht her, waz Barmung hat gesprochen.
Denk an, du sprechęs: ›der effelbis
An Adams kunnę eweliich wirt gewrochen‹.

1700 Nummer lais dich zarte heer   *P 43 r*
Ghesprochen wort ontraden.
Daz zemt och / wol und iz diin eer.   *Pa 20 r*
Wir ratens beyd, wemz frummen mach of *schaden*,
Rechtverticheit und ich uisz ganzen truwen.
1705 Ghewer ons disser bete.
Is mag dir mughliich nummermee geruwen.«

»Ach zwester du sprechęs nicht wol« –   *b 101 v*
Sprach Barmung da wider.
»Got ist so wisz, daz her nicht sol
1710 Durch dinen rait den minen werfen nyder.
Tetę herz, daz wurte nummermee belachet.
Irbarmte her sich nummer,
So wer ich doch durch nichtes nicht gemachet.

Du weis doch selb swester miin,
1715 Ich war ewich vertorben,

1694 al da] daer en *d*, ouch da *b*,
dar ent *k*.
1695 ouch] wol *b*.
1696 wol *fehlt b*. und *fehlt d*.
schriftlich *b*.
1697 ruech] dynckt *d*.
1698 an] dat *d*.
1699 An adam *durchgestrichen*,
eweliich aen adam wirt *Pa*.
1700 dich *fehlt Pa*. zarte *fehlt b*.
1702 och] dir *Pa*, *fehlt k*. diin]
diir *b*.

1703 schatē *PPab*.
1706 dir] v *d*. mughliich *fehlt*
d. nūmer *b*, nyt *k*. berouwen *k*.
1708 do da *b*, all dar *k*.
1711 Deed he dat ten word
(word *oben*) *d*, Duet er das es
wirt *b*, Dede her dat her worde *k*.
1712 sich ouch *k*.
1713 wurd *Pa*. doch durch] om *d*.
1714 selb *fehlt k*.
1715 Ewich wer jch *b*.

Tet her niht genaad ansciin
Den armen diet, daz minschlich is gestorben.
Siins ratis ist is durstich und begerende.
So ted her ouch gar *ubil*,
1720 Wer her ym gotlichz troistes nicht ghewerende.«

»O herre miin nu hore   *P 43 v : Pa 20 v*
Miin antword« – sprach Veritas.
»*Rechtverticheit* verlore
Iren nam und ich darzu, nu merche daz.
1725 Wiltu diin vurgesprochen wort nicht halten,
So mugh wir zicher sprechen,
Daz wir sint beyd geschaffen zu onsalten.«

»Miin wort uz truwen gronde
Comen« – sprach Rechtverticheit.
1730 »Ich hort zu eyner stonde,
Vil lieber heer, daz du zelb hais gheseyt:
›Ego sum via, veritas et vita.‹
Waz sold daz word gesprochen,
En wiltu mitten werken ym nicht volgen na?«

1735 Itzliich hielt siin reten stiip,   *b 102 r*
Untz *got* sich hat genedicht.
Da hub sich eyn groisser kiip,
Sam Bernardus ofte hat gepredicht.

1716 Dey he *d.* genat aen scijn   1724 darzu *fehlt Pa.*
Pa, genaten schijn *bk.*   1727 beyd seint *b.*
1717 dier *d.*   1730 hortz *Pa.*
1718 Siinᵉ (ᵃ *von anderer Hand*)   1731 Vil *fehlt d.* Dattu herre
P. is *fehlt Pa*, sy *k.* durfftig *k.*   seluer hais geseyt *k.*
1719 ubil] vbl *P*, ongelijch *Pa.*   1734 En *fehlt b.*
Er teet ouch v̄mer gar vbel *b.*   1736 Untz] Bis *Pak*, End *d*, Vnd
1720 ym *fehlt Pa*, sy *k.* des   *b.* gotz *P.* hait sich *b.*
gotlicks *d.*   1737 Due huef sich daer *d.*
1721 nu *fehlt Pa.*   1738 Als *d*, As *k.* ofte *fehlt d*,
1722 hij sprach *Pa.*   vns da von *b*, ouch *k.*
1723 Rechu'ticheit *P.*

Do quam der Vrid und ginc da liepliich *zwischen*.
1740 Her jah: »begebt *ur schelten*.
De sach hat schande, die sich damit wil mischen.

Nu *bliibt* von dissem krighe   *P 44 r: Pa 21 r*
Jen unsen her, ir beide.«
Itzligher jah zu prige:
1745 »Ons ist gar lieb, daz ons ons her got scheyde
Nahz beste / recht, want her hat wol verstanden   *d 199 r*
Onser beiter rete.
Wir geben gern ons recht in sinen handen.«

Vil bald der vater sante
1750 Dis questi syme kinde,
Went her ym wiis bekante.
Siin bieten was, daz her de fughe vinde,
Da mit her si mit fruntschaft mughe scheyten
Und jetzliich recht behalte.
1755 So mag her siin gelobet von ym beyten.

Siins vater bot her tete
Uz tugentliichem grunde.
Her hort irre beiter rete,
Da in her sich gelimpliich fughen kunde.
1760 Her jah: »wie gar contrari sint diz sachen.

1739 liepliich *fehlt k.* zWitschē *P.*
1740 *fehlt d.* Her] Ee *b.*
sprach *k.* vrschelde *P.* Her
sprach in vil aef von dissem *Pa.*
1741 die *unten P.*
1742 bliib^t *P.*
1743 Jen] An *Padbk.*
1744 Eycklich *k.* sprach *Pak.*
1745 ons$_3$ *fehlt b.*
1746 Na dem *k.* hatz *Pa.*
1747 Al vnser *b.*
1748 Wir geuen vme recht gerne *k.*

1751 wiisheit *Pa.*
1752 Vnd geboit dat *k.* de
fehlt b.
1753 mit her] myt sy sich *k.*
mughe *fehlt k.*
1754 een ytzlich *d.*
1755 geloft halden *d.*
1756 Msijns *Pa* bot] bete *b.*
1759 sich so leifflich vynden
kunde *k.*
1760 sprach *Pak,* sacht *d.* gar]
recht *k.*

Ydoch hoph ich an gotte,
Daz ich is wol zum guten end sol machen.

Trulich wirt mir nu banghe,   *P 44 v : b 102 v : F 3 r*
Want / Barmung de spricht *zwaren:*   *Pa 21 v*
1765   Versagt miin vater lange
Ir bet, so is se eweliich *verlaren.*
Da jegen spricht die Warheit und Rechtverticheit,
Daz se gan beid zu nichte,
Wa got de woorte brichet, de her had geseit.

1770   Eyn jetzliich behalte siin macht
Und laist uch beid ghenugen.
Ich han eynen list ertracht,
Damit ichz wol bescheidlich so wil fughen,
Daz ir noch beide blibent onvertorben.
1775   Nu horent miin sentenci:
Ein guter tot mois hie um siin gestorben.«

Cunstliich mit kurtsen worten
So wiste her daz urteil.
Se alle, die daz hoorten,
1780   Nam wunder ho daz ummermee eyn vurteil
Sold mughen siin, daz yeman solte sterben.
Se kunden nicht begrifen,
Wie man damit mucht gods genat irwerben.

1762 wol] noch *k.* zum gutten
end] zu gute noch *Pa.* wil *d.*
1764 de *fehlt Pa.* spricht nw *k.*
zwarn *Pb.*
1765 Vn sagt *Pa.*
1766 eweliich] al *d.* verlarn *Pb.*
1767 die *fehlt k.*
1769 breket die woerd *db.*
zobricht *k.*
1772 hertacht *F.*
1773 wol *fehlt d.* so *fehlt dk.*

wil bescheidelich so wol *b.*
1774 blibet beite *PaF.*
1775 Nv hoeret mynē gueden
raet *d.*
1776 Een bitter doet *d.*
1778 vortel *F,* virtell *k.*
1779 So dat om allen die (om
oben) *d.*
1780 ho] wie *PadkF.*
1781 mughen *fehlt b.*
1783 Wer da myt *b.*

Vil ernstich si ouch vraghten, P 45 r
1785 Wie man mucht gut irkennen
Den tot, went / zi verzaghten Pa 22 r
Von anxt, wen si ym grulich horten nennen.
Her sprach: »der sunder tot ist ongehure,
Aber der tot der *heileghen,*
1790 Der ist eyn dur des lebens costlich ture.

Man suech eyn, der uys minnen b 103 r
Sterb der tot onsculdig.
An alle smits von binnen
Der sunden mus her *siin* und gar verduldig.
1795 So mag ym der tod zwar *niht* behalten.
Her sol den tod durlochen.
Dadurch sol Adam gan zer hogen zalten.

Beheglich waz diz mere
Ym allen, die si horten,
1800 An ym waz leider vere
Eyn *sulcher* man. Yedoch mit kurtsen worten,
Die Warheit socht durch ertriic waz se kunde.
Do kund si nicht ghevinden
Eyn kint von eyme taghe sunder sunde.

1805 Ernstlich mit truk behangen P 45 v
Liep Barmung durch den himel,

1784 ouch *fehlt k.*
1787 gruwelich yn *k.*
1789 Aber] Mer *d.* der] eyn *k.*
heilghē *Pb.*
1790 Der *fehlt k.* liebens *Pa.*
1791 suechte *k.*
1792 der *fehlt k.*
1793 smits] sund *d.*
1794 sijn *links am Rande P.*
und gar *fehlt,* vngeduldich *k.*
He muet gaar sijn den sunder so
verduldich *d.*

1795 der tot ym nūmer *Pa.*
zwar *fehlt k.* niht *links am
Rande P.*
1796 durch houwen *Pa,* doer-
baren *d.*
1799 si] es *b.*
1800 beyten *F.* Ydoch so waß
dort vere *b.*
1801 sulchē *Pd.*
1802 durch socht *Pa.* wz se
mucht vnd kunde *Pa.*
1806 all den hemell *k.*

Ob se mucht recht irlanghen

Yeman, *die* den sunder uz / den schymel   *Pa 22 v*

Durch rechte min mit siner tot wold couphen.

1810   Se vant nicht sulchen / minner.   *F 3 v*

Do had se oug den weg um nicht geloufen.

Nye houf so sere betrubet

En wart gesehn von luten.

Keyen vreud wart da geubet.

1815   Doe sprach der Vrid: »waz sol diz leyt betuten?

Ir / weist nicht waz ir triiben oder tenken.   *d 199 v*

Der da gab den wisen rait,

Siin gotliich troist sol uns de hulf ouch schencken.«

Eynveltech sprach der here   *b 103 v*

1820   Und wold den rait nicht strafen:

»Zwar nu berout mich zere,

Daz ich den mensch uph erten han ghescaffen.

Wie sold ich mich siins ummerme verbliden.

Ich han im selb gemachet

1825   Und moesz nu piin des totes durch yn liden.«

Durch al die werelt socht er   *P 46 r*

De togent/liiche maget.   *Pa 23 r*

Die zarte cuusche tochter

Von Syon ym so hersliich wol behaget,

1830   Daz her si bald zu muter wold irwellen.

1807 mucht recht] mucht jcht *bF,*
icht mucht *Pa,* mocht *k.*
1808 Yeman] Einē *b,* die *links
am Rande P.*
1809 Durch] Om *d.* min] lieb
Pa, fehlt F.
1811 oug] doch *b, fehlt k.* nicht]
sust *b.*
1813 Er *k.* gheheissen *Pa.*
1815 leyt *fehlt Pa.* betrutē *F.*

1816 triben solt off *k.*
1818 gutlijch troist *Pa,* gotlick
tracht *F.* hulf] vreude *k.*
1821 barmt *b.*
1823 siins *fehlt d.* v̄mer mee
seins *b.*
1825 durch] voer *d.*
1827 tuegentrijche *b.*
1829 die *oben nach* Syon *d.* so
fehlt b. heirlich *k.*

Durch ir volmachte gute
So wold her minschliich sich mit ir versellen.

Itzunt der heer doe riefe
Gabriel den engel.
1835   Her hyesz ym, daz her liefe
Zu der vil uiszirwelten lylienstengel,
Die da so bloyendę wert vor allen blumen,
Und saghet ir dissę mere:
Diin kuning der wilt itzunt zu *dir* kumen.

1840   Cuning Davids propheci
Mit dem wort ervullet was.
›Obviaverunt sibi
Misericordia et Veritas,
Justicia et Pax osculate sunt.‹
1845   Barmung unt Waerheit muten sich,
Rechtverticheit dem Vrede custe an dem munt.

Trulich *gern* der engel *teeth*   *P 46 v : b 104 r*
Siin bootschaft doe mit vlehe.
Her was ghesant zu Nazareth –   *Pa 23 v*
1850   Daz ist eyn stat und liit in Galilee –
Zu eyner maght dez man was zus ghenennet:

1831 Durch] Om *d.*
1832 sich mynslic *d.*
1833 To hant *d.* doe *fehlt k.*
1835 Her hyesz] Vnd poet *b.*
1836 vil *fehlt k.* lylien *fehlt F.*
1837 so *fehlt b.* wert] ist *b,*
wext *Pa.*
1838 saidde *k.* ir *fehlt d.* Got
sprach saight ir *b.*
1839 Dyn lelie conync *F.* der
fehlt dk. wil *oben Pa.* to haens
d. ir *P.*

1845 ontmuten sich *d*, begoute
sich *b.*
1846 an] voer *dk.* den *d.*
kust den vreden *k.*
1847 mit cortl *durchgestrichen
nach* gern *P.* teech *P.*
1848 yle *bk.*
1849 Her waz *verschmiert und
wiederholt Pa.*
1850 by *F.*
1851 dez] oer *d.*

Joseph von her Davids huysz.
Der maghet naam Maria was bekennet.

»Ave plena gracia!« –
1855 De grusz *cund* leyt vertriben.
»Der her mit dir« – sprach her der na –
»Ghebenediit bistu voir allen wiben.«
Do daz die maghet hoortẹ wart se irschrecket.
Se tacht: waz meynt dis gruze,
1860 Sint ich doch reyne bin und unbevlecket?

»Trur nicht, bliib onverzaghet« –
Antword her zu den stunden.
»Maria, reyne maghet,
Du hasz an god genade liepliich vonden,
1865 Wan du solt an dem libe diin aen schamen
Eynen sun ontfahn und beern,
Und sold ouch Jhesus heyssen im by namen.

Vernement disse mere,   *P 47 r*
So mughd ir uch wol troisten.
1870 Gar groisz sol siin / disz here   *Pa 24 r*
Und sol ghenant *siin* son des alrehoochsten.
Ym sol ouch geben got, eyn heer der heren,

1854 gracia plena *bk.*
1855 cund *wiederholt u. durch-*
strichen nach leyt *P.*
1856 sy *oben nach* heer *d.*   mit
dir ist *b,* is myt dir *k.*   sprach her
derna *fehlt k.*   der na] da *b.*
1857 bistu *fehlt d.*
1859 sprach *b.*   waz meynt] woe
is *d.*
1860 doch *fehlt,* byn reyn *k.*
1864 an] vn *k.*
1865 an] jn *dbk.*

1866 dragen vnd geberen *k,* eñ
dragen *d.*
1867 Eñ suld den jhesus heitē by
namen *d,* Vnd er sol jhesus heissen
ye bij namē *b,* Vnd solt yn ouch
heissen ihesus by namen *k.*
1869 ouch *Pa.*   Joncfrau das mach
dich troisten *b.*
1870 diin ere *d.*
1871 siĵ *rechts am Rande P.*
1872 eyn *fehlt d.*

Den stoel Davids siins vaters.
In Jacobs huysz *so* sol her ouch regneren.

1875 Ich meyn in der ewicheit,   *b 104 v*
   Siin riich sol siin an ende.«
   Da sprach die zuese reyne meyt:
   »Wie mach diz scheen, sint ich nye man bekende?«
   Her jah: »der heilger geist comt in dir swemmen.
1880 De cracht des alrehoochsten,
   Die sol mit syner schaden dich umschemmen.

   Nu hye um soltu weysen
   Waz uysz dir wirt gheboren.
   Heylich sol man is heyssen,
1885 Gotiz sun, dazu bestu ircoren.
   Vur got sint nicht onmogheliich al *geschichten*,
   Gethanken, wort und wirche.
   Daz mugt ir sen an Liisbeth uwer nichten.

   Mirch, se hait kint ontfangen   *P 47 v*
1890 *In* iren / alten taghen.   *Pa 24 v*
   Is sint sex / maent irghanghen,   *d 200 r*
   Wan se keyn kint naturliich muchte traghen.
   De goids genait is groysz uph allen orten.«
   Doe sprach de suber muter:
1895 »Sich gotis dirn; mir schee nach dinen woorten.«

1874 so *unten* P, *fehlt* k. sall er
ewich k.
1877 Da] Doen *Pa.* zuese] vil *b.*
1878 sint] want *d.* nie] mē *Pa.*
1879 seid *d,* sprach *k.* der cumt
Pa.
1881 Die *fehlt* k. schoem *d,*
glantz *b,* scheden *k.*
1885 Gotz son er ist *b.*

1886 geschichte *P.*
1888 Daz *fehlt* k. machstu *bk.*
deiner *bk.*
1889 kint *fehlt* k, een kynt *d.*
1890 An *P.*
1891 vmb gegangen *k.*
1892 machte *k.*
1893 uph] yn *k.*
1894 suete *d.*

Vrou dich du ganze kristenheit
Des demuteghen woortes.
Wan mit dem woorte sloisz de meit
In sich den turen hort weert alliz hoortes,
1900 Damit wir uysz der hellen sint gecoufet,
So wa wir selber willent,
Alsament die da cristen sint getoufet.

Liepliich, gotliich zugater   b 105 r
In minschenform getrucket
1905 Had doe der alte vater
Siin enichz *kint* in iren liib ghesmucket.
Zus wart se zwester, muter, bruyt und zwanger
Von iren alten vritel.
Wie mucht ir do in vreuden werten bangher?

1910 In disse vreud Maria   P 48 r
Ufstont und ginc mit ile
In die stat von / Juda,   Pa 25 r
Durch daz gebircht in eyner kurtser wile.
In Zacharias huysz ghing zi zu richte
1915 Und gruesz die sy vant swanger,
Elysabeth ir uyszirwelte nichte.

Es scach, doe Liisbeth horte
Gruysz uysz Marien munde,
Daz sich daz kint beroyrte
1920 In yrem liib und vreute sich der stunde.
Dis wunder kund der heyleger gheist betriben.

1897 deuotigen *d*, oytmodigen *k*.   1909 langer *b*.
1899 weert *fehlt k*.   1910 vreud] vrey *d*.
1902 Zu samen *Pa*.   1915 swanger *fehlt b*.
1904 mynslicker form *db*.   1918 Die gruet *d*.
1906 kintz *P*.   1919 geroerde *d*.
1907 muter swester kint *Pa*.   1921 Das *b*. do driben *k*.
1908 iren] eyme *k*.

Se rief mit groyser stemme:
»Ghebenediit bistu voir allen wiben!«

Roefende mit lyber zucht
1925   Sprach se alsus ir meren:
»Ghebenediit is die vrucht
Diins lybes, weerte muter mynes heren.
Wen kumt mir, daz du zu mir comen ruches?
Do ich diin groese hoerte,
1930   Irhyef an vreuten sich daz kint miins buches.

In lieber seliger acht   *P 48 v : b 105 v*
Dir diin geleube traget,
Want is sol siin al vol/lenbracht,   *Pa 25 v*
So was dir von dem here ist gesaget.«
1935   Doe sprach die meyt volmacht in aller doeghent:
»Miin zeel macht grosz den here,
Miin geyst in got, miin heyl sich ouch irhogent.«

Bruyter *unde* swester miin,
Ir lieben cristen alle,
1940   *Seht* uns meysterinne fiin.
Wie honich zucker, suesliich sues aen galle
Sint al ir wort, ir werch und ir gheberte.
Nie minsch bleib ungetroistet,
Die ernstliich hulf und troist aen ir begerte.

1926 so is *Pa.*
1928 rueches comen *Pa,* komen
zo myr roeches *k.*
1930 eñ *d,* in *bk.*
1932 geleu betraget *d,* geloub
betraget *bk.*
1933 et is *db.*
1934 zo gesaghet *b.*
1935 in *fehlt k.*
1937 sich *vor* in, ouch *fehlt d.*

1938 vnd *Pdbk.*
1940 Seht] Sēht *P,* Zeint *d,*
Seint *b, fehlt Pa.*
1941 sueslich *fehlt k.*
1942 al *fehlt b.* und *fehlt k.*
geneirte *k.*
1943 ongetroest *dk.*
1944 Ernstliich] vlieslich *b.* aen
ir *fehlt d.*

1945 Von balsem wurtz noch salben,
Daz ye so geheylsam waz,
En vint man ninderthalben
In Galienus buechen noch in Ypocras,
Daz enęghe archedi so goit mugh wesen,
1950 De den toyt eyn uyr *ghevrist*,
Davon ir hulf ons ewęlich hait genesen.

Se ist eyn swinde rouberin,   *P 49 r*
Stolzer wen ye keyn ander.
Want si twanc *me* / mit yre min,   *Pa 26 r*
1955 Wen Hector, Julius Cesar ǫb Alexander
Met *heres* craft ye tete, des *geloubet*.
Ir myn zouch uysz dem hymmel
Den helt, de sint de helle hait beroubet.

Eya daz waz eyn minne   *b 106 r*
1960 An argelist, aen schimfe,
De ym waz ernst zu sinne,
Do ym bevil so liepliich ir gelimfe,
Daz her durch sy den hohen hymmel ruymte,
Und wold den tod e smachen,
1965 Ee her des minsten minschen zeel versuymte.

1945 wortel *d.* van *oben nach* noch *d.*
1946 Daz ye] Noch nye *k.* also *Pa.*
1947 andert haluen *k.*
1948 in *fehlt nach* noch *k.*
1949 aerdsedye *Pabk.*
1950 De *fehlt Pa.* stond *Pak.* ghebrist *P.*
1951 Davon] Dan ein *b.*
1953 Starker *db.* wen] dan *d.* ye keyn] eynich *k.*

1954 me *rechts am Rande P,* fehlt *Pa.*
1955 Me wen *Pa,* Dan *d.* Cesar *fehlt Pad.* Hector *nach* Cesar *b.* ob] vnde *Pa.*
1956 here⁹ *P,* oere *db.* hersscrafft *k.* geleubet *P.*
1959 eyn] die *Pa.*
1961 ernst] gar *b.*
1963 durch her *Pa,* om oer *d.*
1964 toet gesmachen *b.*
1965 minsten *fehlt Pa,* mynschen mynsten *k,* armē menschen *b.*

Tru, barmherzich, ghenedich,   *d 200 v*
Biderb, stet, eerliich, sellich,
Liepliich, schoon, lustlich, sedich
Waz se und also mynnentliich bevellich,
1970   Daz yr keyn liep uph erten mucht gelichen.
Durch daz wold mit ir cosen
Ir trut, der keyser aller cunincriichen.

Bilch mughlich und behoerlich   *P 49 v*
Keert her zu yr siin minne,
1975   Wan se ge/tacht nye torlich.   *Pa 26 v*
Her sprach zu ir: »schoon bistu miin vriendinne.
Schoen bistu sam Jehrusalem und zeerlich,
Und zam eyn *ordenunghe.*
Der vyant spitzen bistu ouch verveerlich.«

1980   Ernstlich mind her si toughen
An argelist, an trighen.
»Abkeer von mir diin oughen« –
Sprach her – »wan si mich abehant doen vlieghen.«
De worte waren lustliich und nicht ydel.
1985   Salamon hait beschreben sye
Inz mynnenbouch in den sexten capittel.

Nu hye bi mach man merchen,   *b 106 v*
Waz wunders myn can tryben.

1967 Troostlijch steet eerstlijch
vnd zelijch *Pa,* Berff eerlick zee-
lich *d,* Steet erlich zelich lieplich
b, Girne stedelich selich *k.*
1968 Schoin lustich vnd zedich *b.*
1969 also] ouch gar rechte *b.*
minlich *Pa.* bevellich *fehlt b.*
1970 ertrick *d.*
1971 Durch] Om *d.* mit *fehlt*
b. cosen] wesen *d,* toesen *b.*
1972 druter *k.*
1973 mogentlick *d.*

1977 eerlich *d.*
1978 oudernoughe *P,* kiꝑ in
stride *d.*
1980 houghe *b.* sy her *Pa.*
1981 dregen *k.*
1982 Kijer aff *d.*
1983 af haen *d,* aff hant *k.*
1984 *fehlt Pa.* die waren *d.*
1986 In dat *d,* In der *k.* in
den] dat *k.*
1987 Nu mach mē hij an *b.*
1988 wordes *k.*

Si twang den groyssen sterken
1990 Altissimum, daz her must bi yr bliben.
»Ich sol dich grifen« – sprach de starche mynster –
»Und tun in miinre muter huysz,
Und bynnen de slaefcamer myner winster.«

Eyns slyef de suesse vrouwe.   *P 50 r*
1995 Ir liep quam heymlich clophen.
Siin houbt was vol von touwe,
Siin langhez haer waz vul der nachtes drophen.
Er jach: »stant uph / myn swester, miin vriendinne,
Miin tub, miin umbesmutste.   *[Pa 27 r*
2000 Ontsliesz diin turliin, lieb, und laysz mir ynne.«

Doe sprach de hymmel tocke,
De bluem ist aller meyden:
»Ich haen geleyt miin rocke.
In welher wiis sol ich mich witer cleyden?
2005 Und ouch han ich ghewesscen mine vuesse,
We sol ich de ontreynen?«
Diz antword gab de werte reyne suessze.

Ich wolte gern beschriben
Ir liepliich vrundlich cosen.

1990 ouersten *d.* dat hey er
moist bliben *k.*
1991 zarte *bk.* meister *db.*
1993 En bynnen *k.* myner] alre
d. weenster *d,* vinster *Pak.*
1996 rouwe *d,* trauwe *b.*
1997 Vnd syn lange hair *k.*
waz *fehlt k.*
1998 sacht *d,* sprach *k.*
1999 miin *fehlt vor* ombesmetste
d.
2000 turliin] dur myn *k.* lieb
fehlt d.

2002 De bluem ist] Eyne blome
k. een bluem *d.* ob allen *k.*
2005 Und *fehlt k.*
2006 ich *fehlt,* die *eingesetzt nach*
sold *d.*
2007 diz *und* gab *fehlen,* Ant-
worde *k.* reyne *fehlt d.* werte
reyne] vyserwelte *b,* reyne werde
k.
2008 gar gern *b.*
2009 Ir *fehlt,* Crefftlich *k.*
vryntlick lieflic *d.*

2010 Doch moysz mir vil untbliben.
     Is vuecht sich ob ich distel manc de rosen
     Zusamen an eyn krenzliin wolte vlechten.
     Miin tummes, stumphes hertze
     Den tyeffen hohen syn nicht can betrechten.

2015 Cantica hant begriffen   *P 50 v : b 107 r*
     Hie von nicht wen de *prose.*
     Wer mir der syn gesliffen
     So scherf, daz ich vernemen mucht de glose,
     So spreech ich gern den sin von eynd / zu orte.   *Pa 27 v*
2020 Daz ist mir leyder verne,
     Dez moysz ich nemen hie und dort de worte.

     Tochter vil werte gute,
     Von Syon reyn gehure,
     Wye waz dir doch zu moete,
2025 Doe du ufted den gryndel dyner ture?
     Waz dir nicht trulich bang zen selben stonden,
     Do du spreches disse woorte:
     Ich haen miin liep gesocht und niet ghevonden?

     We waz minnentliicher stem
2030 Rief uysz diin suessze kele:
     »Ir tochter von Jehrusalem,
     Sagt *minem* lieb, daz ich von minnen quele.«
     Und du beswoers si maygt an allen wantel.

2010 Nv muz es mir *Pa.* ent-
biben *k.*
2011 Ich vrucht *k.* sich *fehlt k.*
manc] onder *d.* de *fehlt Pa.*
2013 tumpels *Pa,* plumpes *b.*
2014 Das dissen hohen sin *b.*
bekrechten *k.*
2016 wen] dan *d.* de] yn *k.*
profe *P,* prosen *d.*

2017 bescliffen *k.*
2018 So *fehlt b.* mucht] kund
b. glosen *d.*
2021 daer *d,* da *bk.*
2023 reyn *fehlt k.*
2024 doch *fehlt k.*
2025 vz tetz *Pa.*
2026 selben *fehlt k.* zo den *k.*
2032 mine *P.* leben *k.*

Ys ghing dir cleyn zu hertzen,
2035   Daz dir de wechter namen dynen mantel.

»Sagh aller wibe schoonste« –   *P 51 r*
Sprachent die liebe *meyden* –
»Daz du diin leyt sus kroenste
Und uns so ho besweres hi by eyden;
2040   Wer / ist diin liep und wie ist her ghestellet?«   *d 201 r*
»Her ist glenstet roet gevar« –
Spreechs du – / »und ouch uysz *tusende* erwellet.« *Pa 28 r*

Fiin luiter golt ghegossen   *b 107 v : F 5 r*
So is siin heubt des knaben.
2045   Wye palmzwie uysgeschossen
Sint ym sin haier noch swerzer wen eyn raben.
Siin oughen sint sam duben uph rivieren;
Siin *bouch* ist sam daz elphenbeyn,
Gar costliich uebersetzet mit saphiren.

2050   Recht sam eyn apteykergart
Der wurtzen sint siin wengel.
Siin lieben sueszen lippen tzart,
De sint sam mirre drufende lilienstengel.
Siin hend synt vol jacincten und granaten.

2034 Yr *P.*
2037 meyde *PPak.*
2039 hi *fehlt bk.* beyde *k.*
2040 Wer] Wie *db.* her] dat *d.*
2041 glentzich *Pa,* glenst *d,* ge-
lenst *bk.* vnd roit var *k.* ge-
varut *d.*
2042 Spreech *PPa.* ouch *fehlt k.*
cusende *P.* irvellet *Pa.*
2045 en palm die *d,* palmen *bk.*
is *oben zwischen* t *und* g *von* vit-
gescaten *d.* vysß gesprossen *k.*
2046 wen] dan *db.*
2047 *nach* 2048 *P, nach* 2049 *F.*
2047 sint] vnd *k.* als *d.*
2048 busch *P.* buich is wiit als
elpenbeen *d.* sam daz *fehlt b.*
daz] eyn *k.*
2050 als *d.*
2051 sint *fehlt d.*
2053 als *d.*

2055 Siin beyn sint marmer clummen,
   De schoen geschicket steent uph gulden platen.

   We rechte zartlich verwent   *P 51 v*
   Bin ich, so ich siins neme goum.
   Sam Lybanus is siin gedeent,
2060 Und her ist uiserwellet sam der cederboum.
   Her ist volmacht und al/zumael begherliich. *Pa 28 v*
   Ir techter von Ihrusalem,
   Sus ist miin liep, daz muchd ir wissen werliich.«

   Cuningin mich tunct din sin
2065 Swint vaclich vlamt und brinnet.
   Du *jehes usz* vurigher myn:
   »Habdyr gesehn nicht den miin ziele minnet?«
   Doe dir de wechter mueten in der gassen;
   Wan du so swind yn mintes,
2070 So meynstu, daz yn nieman muste hassen.

   Trouwen vrou mich tuncket,   *b 108 r*
   Turst ich is wol gezaghen,
   Min haet diin hertz ontfuncket
   So swind, daz mand mucht prueben an diin vraghen.
2075 De *min* tete dich vergessen aller grusse.
   Du vraechtes na dime liebt,
   Wan anders hetz du kynes sprechens muesse.

2055 als een *oben d.* marmelclū
d, mirmelen clūmen *b,* marmoren
calumpnen *k,* marmer clūme *F.*
2056 gestichtet *b.*
2057 vAve *Pa.*
2059 Als een *d.* all syn *k.*
ghedaeme *Pa.*
2062 *fehlt b.*
2063 Ich bin sein ouch ist er mein
vrient ongeuerlich *b.*
2065 vackelt *d,* flackert *k.*

2066 iehe° vs* *P,* sages *d,* vrages
b, spreches *k.* ons *d.*
2067 Haistu *b.* nyet gesyen *d,*
eyt geseyn *k.*
2068 entmoyt *k.*
2069 yn *fehlt F.*
2070 muchte *Pak,* muet *d.*
2074 mā *F.* an diin] aynne *k.*
2075 De *fehlt k.* min *fehlt PPa.*
2077 Wan] Mer *d.* kynes]
nenes *Pa,* gones *d.*

Vil suessze werte keyserin,   *P 52 r*
Wie recht subtiil behende
2080 Vurt her diin hertze mit ym hin.
Du meyntes, daz yn al die werlt kende.
Dir waz recht sam der Magdaleen Marien,
Der ir hertz begraben was,
Mit irme lieb do se ym nach lief / schryen.   *Pa 29 r*

2085 Se socht ir lieb und vanten
Und meynd her wer eyn greber.
Ir wiiplich hertz irmanten;
Si sprach: »sag, haestu miins hertzen troistgeber
En weg getaen? Wa haistu yn gelayssen?«
2090 Sus twanc dich recht siin minne,
Daz du ym volchtes durch gassen und durch straissen.

»Wer ghiit mir *dich* miin brueter« –   *F 5 v*
Spreechs du zu eyner stunde –
»Der sught de brust myner muter,
2095 Daz ich dich eyns alleyn dort uysszen vunde
Und ich dich cust an allerley versmahen.
Miin houbt liit uf slincke hant
Und mit den sezwen sol her mich umvahen.«

2081 Du meynsten d. al die]
alle *Pa*, alle de *F*.
2082 Dir] das *b*. Als *d*. der
fehlt d.
2083 Der] Als *b*. her *bF*.
2084 sy ym doe *F*. Se lief da
her myt kermen vñ myt screyē *b*.
2085 vant yn *k*.
2086 Und] Se *b*. her] es *b*.
2087 oer manten *d*, maent yn *k*.
2088 Si sprach *fehlt*, Saegh mir
Pa. sag *fehlt dk*. haistu saigh
b. troist *fehlt b*.
2089 Ewech *k*.

2090 dijn *d*.
2091 durch *fehlt nach* und *dbk*.
2092 Wer gebet *b*. daz *PPadbk*.
2093 eyns *nach* du *Pa*.
2094 myner] mir *b*.
2095 dar buyssen *k*.
2096 cust] cund *Pa*. erley *fehlt*
k. versmahen] auelain *b*, ver-
saen *k*.
2097 die slynker *d*, sein slincke *b*,
syne sclyncke *k*.
2098 rechter sulde *k*. Eñ *dan*
myt beyden armen sold *d*. Vnd
sein rechter hant sol mir *b*.

Eyn minlich bliches glester   *P 52 v : b 108 v*
2100 Spilt in siin hertze toughen.
      Her jah: »miin bruyt, miin swester,
      Du haist gewont myn hertz mit *eym* diner oughen.
      Diin bisiin ist miin / hertzen hoochste lustel.   *Pa 29 v*
      Wie schoen sint dine tittel,
2105 Noch besser wen den wiin so synt diin brustel.«

      Nu *merch* wie her diins ruechet,
      Du muter aller tughende.
      »Ghemint und uysgesuchet
      Hab ich *sie* selb von miinre kinscer jugende,
2110 *Und* hab *se* mir zu eyner bruyt irwellet«
      Spricht her in der wiisheit buch.
      Wa / wart ye liep mit grosszer liep irsellet?   *d 201 v*

      »Trulich hab ich mich bereyt
      Zu siin eyn trut des schonen.
2115 Si glorificeert die adelheit« –
      Spricht her – »und had miins godliich eyn bywonen.
      Zu myner discipliin ist se gesinnet,
      Eyn erwelster myner werch.
      Ich al der werelt heer han se *gheminnet*.«

2099 myntlich *b*. blides *k*. Een
mȳnētlick blijkens *d*.
2100 ym syn *k*.
2101 seid *d*, sprach *k*.
2102 eyn *PPab, fehlt dk,* dynē *d*.
2104 sittel *b*.
2105 wen] dan *dk*. den *fehlt k*.
so *fehlt dk*.
2106 me^r^ch (e^r^ *von anderer
Hand) P*, mach *Pa*.
2109 sie] diz *P*, dijns *Pa*, dy *d*,
dir *b*, dich *k*. kuyscher *d*.

2110 Vnb *P*. hab *fehlt d*. se
links am Rande P.
2111 her *fehlt Pa*.
2112 groszer] sulcher *k*. gessel-
let *bk*, erwellet *d*.
2114 bruyt *k*.
2115 Si *fehlt b*.
2116 spricht her *und* had *fehlen k*.
2117 Su *P*.
2119 ghemennet *P*, genēnet *d*.
Vysß aller werlt hayn ich sy ge-
mynnet *k*.

2120	Reyne muter lobesam	P 53 r
	Du kundes den wilden tzemmen.	
	Der zornigher lew wart eyn lam	
	Aen dime liib und liesz siin grulich grymmen.	
	Do her zu kinde weerten sich *wolt* / schicken,	Pa 30 r
2125	Do scre her nach kindez art.	
	Daz schreyen kund siin toden welf irqwicken.	

	In Ecclesiasticus	b 109 r
	So vint man beschreben staen,	
	Daz du selber sprechez sus:	
2130	»Uysz dem mund dez hochsten bin ich vort ghegaen,	
	Vor geboren ye keyn dinc wart lebende.«	
	Susz weers du, ee dan god gheschuf	
	De werelt, vur siin gotliich oughen swebende.	

	»Sam eyn nebel han ich ouch
2135	Bedect al vleisch bedechliich.
	Ich macht ym in den hymlen *houch*,
	Daz da uphghing eyn *licht* gar onverbrechliich.
	Miin troen ist *yn eym* clum der wolken zwirchel.
	Ich haen ghewoent int hoechste.
2140	Alleyn hab *ich* umgaen dez hymels zirkel.«

2121 die wilden *k.*
2122 die wart *d.*
2123 In *db.*
2124 Do er sich *b.*   wol *P, fehlt*
Pa, solde *k.*
2125 Vnd er schree *b.*
2126 irwecken *Pa.*
2128 Vynt man so *k.*
2129 Daz] Daer *d.*   so *Pa.*
2130 vitgegaen *db.*
2131 Wor *P, fehlt d.*   geborn *P.*
ee ye *Pa,* eer ye *d.*   eynich *k.*

2132 wan *Pa.*
2135 Bedect *fehlt Pa,* bedechtich
b.
2136 Eñ maeckten *d.*   ym *fehlt*
Pak. in *fehlt b.*   houf *P,* hauch
Pa, hoech *dbk.*
2137 ghing eyn] gyncken *k.*
light *P.*
2138 eyn eyn *P,* in eyn *Pa,* om
een *db,* eyn calump *k.*
2139 myt dem hoesten *k.*
2140 Ich *unten am Rande P.*

Trost is se an allen waen   *P 53 v*
Der cristenheit und standert.
»Des abgruntz tiifę *haen* ich durchgaen
Und in die vlut des meers haen ich ghewandert.
2145   Und ouch han ich« – spricht si, de meyt, – »ghestanden
In allen volk / und heidnen,   *Pa 30 v*
Met vorbarheit gheeert in allen landen.«

Was wil ich vorbaz reten?
Mit ir ist nicht zu schertzen.
2150   »Ich haen under getreten
Al der hohen und der nydren hertzen.«
So spricht de alreschonst onder den schonen.
»In allen desen socht ich *ru,*
Und in dem erb des *heren* sol ich wonen.«

2155   Ir wort sint nicht su straffen,   *b 109 v*
Se sint so recht behagel.
»De der mich hait geschaffen« –
Spricht se – »der woent in minen tabernachel.
›In Jacop woon‹ – saed mir miin truyt ziitkurtzel –
2160   ›In Israhel so erbe
Und in miin uyserwelten setz diin wurtzel.‹

Ich ben gemacht« – spricht de schoon –   *P 54 r*
»Von aenbeghen der werelt voer.

2142 und] ein *b.*   *b,* Allen hogeren vnd nederen *k.*
2143 *nach* haen, D' cristenheit...   2152 alder *Pa.*
han *wiederholt P.* vmb gayn *k.*   2153 ī *Pdbk.*
2145 si] sich *k.*   2154 h'zen *P,* hertē *db.*
2146 und] in *d.*   2156 So *P.*
2147 geent *k.*   2157 Die my *d.*
2148 Vurbas was wil jch reten *b.*   2158 Der woent spricht se *b.*
2149 Myt dijr *b.*   2159 ich saed *k.* truyt *fehlt d.*
2151 Al der houerdicher eñ nyder   2160–2161 *fehlen Pa.*
d, Al houerdie vnd al der nijder   2160 ert *b.*

Ghevesticht ben ich in Syon
2165 Und in der ewicheit ich ouch nicht ofenhoer.
In der heilger wonung diente ich voer hem.
Miin ru was in der heilger stat,
Und miin macht / is kreftich in Jerhusalem.«   *Pa 31 r*

Hoert cristen onser aller heyl,
2170 Wie se hait alles dinges gewalt.
»Siin arb ist in miin gotes teyl
Und in der heilghen volheit, so ist miin onthalt.
In eyn *gheeret* volc han ich *gewurtzelt* zo« –
Spricht si – »daz ich ben erhohet
2175 Sam eyn scoenre cederboum in Lybano.

Eyn wunnentlygher cypres
Uph Syon daz *gebircht* ho
Bin ich, und sam in Cades
Eyn dadelboum recht ben ich erhohet so.
2180 Ich ben recht sam eyn plantzung, de wirt zwanger,
Der rosen in Jherico,
Und sam eyn scoen olive an den angher.

Sam platanus, daz ist eyn boum,   *P 54 v : b 110 r*
Der dem wasser steit beneben,
2185 Bin ich erhohet, diz nim goum.
Sam kaneel und balsem han ich ruch / gegeben. *d 202 r*

2164 wz syon *Pa.*
2167 rast *dk.*
2168 Und *fehlt k.*
2172 so *fehlt Padk.*
2173 In eyn] Vnd yn *k.* gheeret
*rechts am Rande wiederholt (von
anderer Hand) P.* gewu`r`tzelt (`r`
von anderer Hand) P. zo *fehlt k.*
2174 si *fehlt k.*
2175 Als *d.*

2177 gebrcht *P.*
2178 und *fehlt k.* als *d.*
2179 palmenboem *k.*
2180 als *d.* war *Pa,* wir *k.*
2182 als *d.* jn *bk.*
2183 eyn platanus *k.*
2184 Der *fehlt k.*
2185 dat is myn goim *k.* erhoirt
k.
2186 Als *d.*

Ich can geben mynen ruches suesicheit
Sam *uyser/welten* mirren.   *Pa 31 v*
Und sam *storax* und galbanus ben ich ghemeyt.«

2190   Wie rechte lustlich is die sla
        Irre wort nach treten.
        »Sam unglera unt gutta
        Und sam eyn libanus schoen onghesneten
        Han ich bevucht, bewasent und gevrischet
2195   Miin wonung« – sprach de zarte.
        »Miin ruch ist fiin sam balsem onghemischet.«

        Si spricht gar troestlich alsus,
        Die maghet onbevlecket:
        »Recht sam eyn therebinthuus
2200   So han ich miin gezwi scoen uzgerecket.
        Is sint gezwi der eren und genaden.«
        Wer ir mit vlise denet,
        Dem can si alle selicheit *beraden.*

        Cunstlich can se sich rumen.   *P 55 r*
2205   Ir lob ob alles lob geyt.
        Se spricht alsus: »miin blumen
        Sint frucht der eren und der eerbarheit.
        Ich ben muter schoonre lieb und anxtes ouch

2188 Als *d.*   vysrweltē *P.*
2189 als *d.*   scorax *P.*
2191 na zo *k.*
2192 Als *d.*   unt] vel *k.*
2193 schoen *fehlt Pab.*
2194 berucht *b,* gefucht *k.* be-
wasset *b,* gewassert *k.*
2196 fiin *fehlt k.* Als *d.*
2199 als *d.*   cherbintus *b.*

2200 So *fehlt k.*   vytgetrecket *d.*
2201 die gezwige *k.*
2203 beraten *Pb.*
2205 ob] vur *Pa,* bauē *d,* ouer *k.*
ouch geyt *k.*
2207 der *fehlt nach* und *b.* eer-
licheit *Pa.*
2208 der schōēre liebde *Pa,*
schoenten liffden *k.*

Bekenningen / und heilichs hofs. *Pa 32 r*
2210 In mir ist grati lebens *und der* waerheit houch.

Recht sam eyn wiinstoc vil wert *b 110 v*
Han ich susszen ruch ghebracht.
Comt zu mir al de miins begheert,
Want in mir ist al hof des lebens und der maecht.
2215 Comt und wert irfult von mynre fruchten eym.
Miin geist is uber honich susz
Und ouch miin erb ist zuser wen der honichseym.

In daz geslecht der ewicheit
Ist miin gehuch gevurstet.
2220 Wer mich ist, den nicht versleyt
Keyn hungher; der mich trinct, yeme her *turstet.*
Der in *mir* wircht, sol nicht in sunden sveben;
Der mich hort, bliibt ongheschant.
Wer mich uyslucht, der had des ewich leben.«

2225 Sint du muterliich ›com her‹, *P 55 v*
Sarte vrou, *geroufen* hasz,
Und ich anders / nicht en gher, *Pa 32 v*
So leyt mich armen pelgrim uph de rechten strasz,
Daz ich miins alten irrens nicht en plege,

2209 und] des *d.* heilicheit hofs
Pa.
2210 vnder *P.* des leuens *d.*
2211 als *d.*
2212 haint vns *b.*
2213 al *fehlt b.*
2214 und] yn *k.*
2215 von] yn *k.* feym *Pa*
Comt ontwert v volck vyt mijnre
vruchten een *d.*
2217 ouch *fehlt b.* ist *fehlt k.*
dan *dk.*

2219 gevristet *k.*
2220 den] dan *b.*
2221 Keyn] Eynich *k.* yeme her]
ym *b,* den nyt *k.* tuʳstet (ʳ *von
anderer Hand) P,* erturstet *b.*
2222 mirch *P,* mich *bk.*
2225 so *oben nach* du *d.*
2226 gerouʳē *P.* to my *oben nach*
vrou *d.*
2227 Vnd deins mer anders
nicht *b.* nyt anders yn gher *k.*
2229 en] mee *Pa.*

2230   Sam ich han bis noch getaen.
        Her irt nicht al, der went uf halben weghe.

        Tures golt von Araby
        Mir ist leyder *kundich.*
        Daz ich dich liez und kosz daz bly,
2235   O wee, daz ich so spete ye wart mundich!
        Ich lies miin ziele vormunden sam eyn tummer
        Von myme snoten vleysce.
        Susz macht ich von dem wolf des schafes *mummer.*

        Vergessen was die ziele miin,   *b 111 r*
2240   Wen ich se nicht bevuelte.
        Sam in der misten de swiin,
        So lach ich in die sunden unde wulte.
        Ich leebte sam eyn beest in tummer wise.
        Nu helf mir sueze maghet,
2245   Daz ich nicht mee en ruech der wurme spise.

        Soe wie du wirfs diin luter,   *P 56 r*
        Den canstu balde locken.
        Du best en troistlich ruyter
        In groessen storm dem voer ver/selten cocken.   *Pa 33 r*
2250   Bid dinen sun, daz her mich wil verhengen,
        Daz ich verseilter marner
        Miin durkel schif mugh in die haben brenghen.

2230 Als *d.*   bis noch] vir *Pa.*
2231 irt] dwelt *d.*   al *fehlt b.*
al der] de da *Pa.*   kiert *d.*
2233 nu leid' *Pa,* gar leider *b,*
dat leyder *k.*   kundech *P.*
2235 ye so spede *k.*
2236 als *dk.*
2238 mumber *PPab,* mūmer *dk.*
2240 se] yr *k.*   bewelten *b,* en
wolde *k.*
2241 Als *dk.*   doen die swyn *k.*

2242 ich *fehlt b.*
2243 als *dk.*
2244 die suysse *b.*
2245 ruge *k,* acht *d.*
2246 wem *Pa,* wen *b,* weme *k.*
diin] den *Pa.*
2249 veer *Pa,* vern *d, fehlt k.*
bochen *b.*
2251 Daz *fehlt k.*   māne *d.*
2252 druege *d.*   mues *Pa.*

Ach balsem uyszgegossen,
Wie ist gar de heilge schrift
2255 Mit dime lobe durchvlossen!
Die *du* bisz ein oerspronc des lebens brunes drift,
Damit la siin miin arme ziel gezwencket
Von der onreynen sunden sumph,
Da ich *si* sam eyn swin haen *in* gesencket.

2260 Minnentliiche reyne muter,
Diin weerte gute machte
Von onsen heer ons bruter,
Der onse ziel so hohe und etel achte,
Daz her *von* / rechter liep durch se wold sterben,   *d 202 v*
2265 Ee her zi liez verloren,
Uf daz her zu gemael si mucht irwerben.

Eyn wunderliiches wunder,   *P 56 v : b 111 v*
Wunder aller wunder meyst,
Ir dri persoon bisunder
2270 Und eynich god du vater, son und heilge / geyst.   *Pa 33 v*
Wie rechte vruntlich, trulich, *vaterlichen*
Haestu mich onverdient ghespart,
Daz mir de toet den wech nicht hait irslichen.

2254 gar *fehlt k.*
2256 du] da *PPak, fehlt db.*
bisz ein] vyt den *db.* borne *k.*
lebenden *Pa.* brunes *fehlt k.*
2258 sunden *fehlt b.*
2259 als *d.* si *und* in *oben P.*
in *fehlt Pa.*
2261 gute] mûter *Pa.*
2262 enē brueder *d.*
2263 etel] wert *k.*
2264 vō *links am Rande P, fehlt*
Pa. durch se] om oer *d.*

2266 so gemahel se *b,* to enē mael
si (si *oben*) *d,* sy zo mail *k.*
2267 Eyn] Hy *Pa.*
2268 Wunder *fehlt Pa.*
2269 Ir] Die *d.* bi *fehlt k.*
2270 Und *fehlt b.* du *fehlt dbk.*
eñ die heilige *d.*
2271 truwelich naturlichen *k.*
vaterliche *P.*
2273 nyt yn hait *k.* onderslichen
Pa, onder snychen *d.*

Nu verleen mir sinne,
2275 Daz ich diin huld much werben.
Went ich gern durch diin minne
Daz *liebstę*, daz mir uph erten ist wil derben.
Gun uns, daz wir in himmelriich beydsamen
Eynander lieplich widerseen.
2280 Darzu helf uns diin suesze muter amen.

2274 die sȳne *db*.
2275 moes *b*.
2276 gern *fehlt b*.
2277 mir *fehlt k*. ste *links am Rande P*. dat ich op erden haen *d*.

2279 Eynander] Die een den ande'n *d*.
2280 diin] die *d*, du *b*. *darunter noch dreimal* Amen *P*.

Marien staat

Aenvanc al miinre salden, P 57 r : Pa 34 r : b 124 v
Miins heils und miins geluckes,
Nu la doch nicht vercalden
Daz vur, daz du in minen hertzen truckes;
2285   Aen laes is *rischlich* vaclen *unde* brinnen
In onleslicher wise,
Mit vuriger liebdt in steter truwer minnen.

Wol mich der lieben stunde,
Daz ich diin naem je hoorte.
2290   In mines herzen grunde
Is her daz sueste, daz ich ye becoorte.
Ach mocht ich yn so vast da in bezunen,
Daz mich alziit dochte,
Daz ich yn in miin ore hoorte runen.

2295   Eya daz weer eyn wonne P 57 v
Vuer *alle* vreud uph erten!
A heer god mir daz gonne,
Daz bid ich dich mit hersligher begerten.
Wie wol ich bin eyn ermer *ungevelger*,

Überschrift fehlt *Padbk.*
2283 doch] da *b.*
2285 ri*chlich *P.* vnd *Pab,* Mer
d. rijch *Pak.* vlackeren *bk.*
2289 diin] den *b.* ee *k.*
2291 her] se *d.* liefste *d.* ee *k.*
2292 yn] eyn *Pa.* daer in (om
durchgestrichen) so vast *d.*
2293 Soe dz *Pabk.*

2294 ym] sy *d.* ich en in *Pa.*
2296 alle *vor* alle *gestrichen P.*
2297 A *fehlt d.*
2298 bidden *k.* dich *fehlt d.*
hersligher] ernstelicker *d.*
2299 vngesielgier *P,* onseliger *d.*
Wie vil das truckes lijt jn (aen *k)*
meinen hertzen *bk.*

2300 Wen ich ir naam mach horen,
So / dunct mich, daz ich bin eyn rechter selger. *Pa 34 v*

Maria, das gedone
In minen herzen ludet
So wunderliichen scone,
2305 Daz ich genslich haef, daz is bedudet,
Se sol mich helfen uuz der hellen vure.
Diz ist eyn vuer zeychen,
Daz mir so wol ist mit dem naam gehure.

As wy daz lustliich schiessen   *b 125 r*
2310 Mit irre minnen strale
Brengt liepliich verdriessen,
Vroliichen rou und *lusteliiche* quale,
Und es unzunt *den* geyst an allent halben, –
Sus can die werte suesze
2315 Zu eynen mael beyd wonden unde salben.

Recht sam eyn vurich sunder   *P 58 r*
Ist ir gescutz gloyende.
Mit wunderliichen wunder
Ist ir genaet alziit neter vloyende.
2320 Daz mach ich ummer sprechen wol mit rechte,

2300 *fehlt k.* ir] den *b.* mach
horen] erhore *b.*
2301 ich *fehlt Pa.* So mois da
wijchen leyt vnd all mein smert-
zen *b,* So moesß da wichen alle
leyt vnd dar zo smertzen *k.*
2304 wūnentlich *b,* wonnenc-
lichen *k.*
2305 So daz *Pa.* mein *bk.*
2306 Daz se mich helphe *Pa.*
2307 ist mir *bk.*
2309 Auoy *PPa,* Adonay *d,* Awij

b, Aue *k.*
2310 Mynnenclicher strale *k.*
2311 Dz brengt *Pa,* Das macht *b,*
Dat macht myr *k.*
2312 Vnd zamftes wee myt *bk.*
lustliiche *PPab.*
2313 des *P.*
2315 eyen *Pa.* wonden eñ gans-
sen vn salben *Pa.*
2316 als *dk.*
2319 neter] vber *bk.*
2320 altzijt *bk.*

Sint se mir gan der salden,
Daz ich mach siin eyn dienre irre knechte.　　　*Pa 35 r*

Ich werd es zwaer nie werdich,
Daz ich darzu icht dochte.
2325　Geyn anderen staet begerdich
Von gode, daz ich selber wunscen mochte,
Dan ze mich in zu leben haet verlenet.
Deyt se sus mit mir sunder,
Waz deit se dem dan, die ir trulich *denet?*

2330　Ach wie is dem zu moete
Die irren troist je vuelten,
Die minnentliiche goete.
Doe ich lach in die zunden *unde* wuelten,
Sam die swiin, die in der misten lighen,
2335　Doe liez ir werte goete
Die son hieneder schinen uph der prighen.

Geyn groser vreud begeren　　　*P 58 v : d 203 r : b 125 v*
En wold ich nu von gate,
Den ich miin bloet mocht reren
2340　Dur iren wil, die mir sus groze genate
Aen ym sus / onverdienet hat geworben,　　　*Pa 35 v*

2321 sint] so *k.*
2322 muegh *b.*　vnd yr *k.*
2324 icht *fehlt Pa.*
2327 in] nv *b,* ir *k.*　vorleuet *k.*
2328 mir] dem *bk.*　myt my sus
sunder *d.*
2329 dan *fehlt k, vor* dem *b.*
dienet *PPa,* dienen *d.*
2332 Der *bk.*
2333 Doch lach ich *b.*　vn̄ *Pdbk.*

2334 Als *d,* Recht zam *b,* Recht
als *k.*
2335 ir] die *b.*
2336 hie *fehlt k.*
2338 Weuld jch von gatis hul-
den *b.*
2339 Wan jch in *b.*
2340 Dur] Om *d.*　Durch die
mich hait gevryet von schulden *b.*
2341 Vnd groiss genait an gate
hait erworben *b.*

Daz ich in minen sunden
Den grimmen tood nicht lang en bin gestorben.

Rechtvertighe streng richter,
2345 Ich weer ewich verlaren,
Ich snoodste alre wichter,
Und han mit rechte verdienet dinen zaren.
Sold ich diin strenge urtel moissen tragen,
Je doch wil se mir helfen,
2350 Ich weys du kuntz ir geinre beed versaghen.

Alleyn steyt al miin hafen
Aen dir, lieb suessze maget.
Ich han vulich verslafen
Den ziit, daz si *dir* clegeliich geclaget,
2355 Die diin vil lieber son mich had gegeben.
Erwerb mir, du moges wol,
Daz ich doch voerbas im zu wil mach leben.

Curzliich gesacht mit ernste,   *P 59 r*
Zuistu von mir diin hende,
2360 Al ted ich aller gernste
Eyn goedes werch, / es bliibt aen alles eynde.   *Pa 36 r*
Da wirt nicht uuz wen ich sta uph mich selben,
Sam eyn *roterloses* schip,
Daz vuer dem *wind* hin driib voer alle gelben.

2342 minen grimmen sunden *Pa.*
2343 grimmen *fehlt Pa.* lang en
bin] haen *Pa.*
2347 mit rechte *fehlt d.*
2350 du machs ir bete nicht ver-
sagen *b.*
2351 An dir lijt al *b.*
2352 Alleyn *b.* lieb *fehlt d.*
2353 vulich] so gair *b.*
2354 dir *fehlt Pd.*
2355 vil *fehlt b.* mich] mir
oben nach Die *d.*

2356 Nv helff mir du machs es
wol *b.*
2357 doch *fehlt b.*
2359 Deystu *b.*
2361 blijbt ain craft am ende *b.*
2362 Sint jch nicht stuyreß an
mich selben vijnde *b.* rote'loses
(' *von anderer Hand*) P.
2363 Als *d*, Recht sam *Pab.*
2364 windē *P*, winde *Pad.* hin
fehlt Pa. Das jn den vnden
wijcht vor allen wijnde *b.*

2365	Junferliich wiip und moeter,	*b 126 r*
	Bid dinen son und vater,	
	Diin vrietel und diin broeter,	
	Sint her wol weys wie swach wie sint algater,	
	Recht sam eyn raer, daz bught vuer allen winde,	
2370	Daz her uns coom zu hulfen,	
	Daz wir nicht werden sduvels ingesinde.	

Alzumael unsę hinder
Weys wol diin son gehure.
Wir sint al Adams kinder;
2375 Her machten uns; her kent wol onsę nature.
Bidstu vor uns, so mach uns nicht gebrechen.
Da uph setz ich al miin troist
Und wil vuerbas van dinen labe sprechen.

Prinsin van *ueber*lande,   *P 59 v*
2380 Hemelsce keyserinne,
Die diin genaat bekande,
Diin reynicheit, diin demoet und diin minne   *Pa 36 v*
Diin mildę barmung, diin hoer staet vol eren,
Die mocht vil lutzliicher sin
2385 Zu dinen laab mit woorten schoen floreren.

Laa seen, wie sol mir geben
Von dinen staet zu sprechen.

2365 Joncfrauw *b*.	2376 Bystu *b*.
2367 diin *fehlt nach* end *d*.	2377 Vff dich setz *b*.
2369 allen] den *Pa*.	2378 van] zo *b*.
2369–2371 Das er vnse leben hij	2379 verber *P*.
so stuyren will / Das wir nicht	2380 Du hemelsche *b*.
me sus wijchen / Zam der onrast	2381 Der *b*.
die nūmer me steyt still *b*.	2383 milde *fehlt*, barmungh grois
2372 Al vns gebreck vnd hinder *b*.	*b*. diin hoer *fehlt d*.
2375 Er schoeff vns *b*. her kent]	2385 Jn deinē *b*.
bekent *Pa*. wol] al *b*.	

Zwaar al die genę die leben
Moes *hoger* consten vil daran untbrechen,
2390 Die hoocheit dines *staats* zu vollen zagen.
Als wol is mogenliichen,
Du haes den macher alles staats getragen.

Entliich den graat diins stades   *b 126 v*
En kan man nicht volprisen.
2395 Du bist gesellin gades,
Went du haes mit *dem* alden, grawen grisen,
Den wisen, ewesenden got den vater,
Zuzamen unghesceyden
Eynen lieben eneghen son zugater.

2400 Nie kint wert von naturen   *P 60 r : Pa 37 r*
Sinen aldren geliicher.
Es was in eynre uren
Minsch von dir, god mit im, daz ist zicher.
Die godheit sich mit liip und seel vereynte.
2405 Es was mit god eyn wesen,
Eyn vleysch mit dir, eyn bloet und eyn gebeynte.

Aber hier en zwischen
Den heilgen geyst behoorte

2388 al die gene die] allen die da *b*.
2389 der *oben vor* hoger *d*. h°ger *P*. gebrechen *Pab*.
2390 staas *P*.
2391 Wantu hais frauw den heren *b*.
2392 aller dynck *d*. Vnd keyser alles staitz in dir getraghen *b*.
2393–2399 *abweichende Strophe b*.
2396 dem *fehlt PPa*. wisen *vor* grisen *Pa*.
2393–2399: Eya deins states wijse /

Onthohet der menschen tzaele / Sint du so ho von prijse / Von gate byst erwellet altzo maile / Vnd hait da zo ein kint myt ym gemeyn / Ghewarich got ghewarich mensch / Naturen tzwey jn ein persoen allein *b*.
2400 Die *(keine Initiale) Pa*. wert] mocht *b*.
2401 Den elteren sijn *b*.
2403 Wair got von ym vnd mensch von dir datz sicher *b*.
2404 zele vnde lijp *Pab*. verselte vnd vereynte *Pa*.

Daz *zusamen* mischen
2410 Diin bloet mitten ewegen gades woorte.
Ouch is her selb uus dinen son gevlossen
Und uis den vater beyde,
Eyn drit persoon in eynen got beslossen.

Durch daz die seraphinne
2415 Sint onder dich mit rechte,
Sint du best gesellinne
Der triniteyt, und se sint nicht dan knechte,   *d 203 v*
Die hoochste geyst und kreatur die leben;
Und diin minscheliicher staet
2420 Is ho boven den allen uph erheben.

O vrou men mach dich nennen   *P 60 v : Pa 37 v : b 127 r*
Selichste alre wibe,
Doe du voer waer mochz kennen,
Daz du in dinen iunferliichen lybe
2425 Al der *werelt* scepper droeges lebende.
Ach was grozer vreuden
Waz her dich aen underlaes doe gebende.

Mueterliiche heerscaphie
Haes du ouch ober gade.

2409 Daz] Diss werck *b.* su
zamē *P.*
2410 bluet ein myt *b.* gades
fehlt Pa.
2411 Der ouch ist selb *b.*
2413 An *b.* drie *Pab,* derde *d.*
2416 Want *b.*
2417 dan] wen *b.*
2419 Vil ho dein gloriose stait *b.*
2420 alden *d.* Ist vur sij alle
rijchlich vff erheben *b.*
2421 mois *b.* O vrou du moges
wol heissen *Pa,*

2422 Die selichst *b.*
2423 Da du voerwaer *zweimal,*
mochs weysen *Pa.* Sint wijr
vurwair bekennē *b.*
2424 moeterlijchen *Pa.*
2425 werlt *PPadb.*
2426 Eya was *b,* Ach waz vil *Pa.*
2427 dich vrou aen *Pa,* dijr frau
sonder *b.*
2428 Mueterliich *PPa.*
2429 ouch *fehlt,* aeuer *d.* ober]
grois an *b.*

2430   Her is in diin vaechdie
         Kintliich bereyt zu doen al diin gebade.
         Ouch haes du eyn natuer mit ym ghemeyne
         Sint her siin weerte minscheliicheit
         Von dinen zarten libe haet alleyne.

2435   Ja gades hoochste lere
         Da al gebade in heften,
         Als ym zu minnen sere
         Uz alre herzen, selen unde kreften,
         Die an die gads genade geyn minsch mach winnen;
2440   Die haestu von naturen.
         Eyn moeter moes hoer kint voer al dinc minnen.

         Nummer can minsch durchglosen   *P 61 r : Pa 38 r*
         Diin natuerliicher adel
         Mit riemen noch mit prosen.
2445   Du bist daz biesen chistel oder ladel,
         Da in der junge Moyses lach beslossen,
         Doe ym des coninges dochter
         Von Egypten int wasser vant gevlossen.

         Vrou der es recht wil merchen   *b 127 v*
2450   Du bist gefigureret
         Von vil der patriarchen
         Lang ziit bivuer, und oft geprofeteret

2430 altiit *oben vor* in *d.*
2431 bereyt *fehlt b.*
2434 Von] Vys *b.* haet] nam *b.*
2435–2441 *fehlen d.*
2439 Wilch men ain gatis hulff
nicht mach gewinnen *b.*
2440 Das *b.*
2442 *keine Initiale Pa.* Nycht
mach men frau *b.*
2443 Dein werte ho dein adel *b.*

2445 chistel] astel *b.*
2446 Daer *d.* in *vor* lach *d.*
2447 Da yn *b.*
2448 Von Egypten *fehlt d.* Vff
nam do er jns wasser *b.*
2449 Vrou di dat *d.*
2451 vil der] velen *b.*
2452 toe voerē *d.* Die langh
von dijr haint vur geprophetiert *b.*

Von mengen, die diin comst vil seer begerten.
Vuer waer se waren sellich,
2455 Die god diin hoge comst zu seen bescherten.

Symeon den alden,
Den ist es wol gelucket,
Daz her zu siinre zalden
Diin kint in sinen armen haet getrucket.
2460 Uuz volre herzen vreud sprach her deṣe reden:
»Nu laetz du nach dinen woord,
Vil lieber heer, den knechte diin in vreden.«

Truit lieb zarte vrouwe, *P 61 v : Pa 38 v*
Sint her von groser lusten
2465 Vergas al sinen rouwe,
Went her ym nur eyns dructen an der brusten,
So was diin vreud emmer unuissagende,
Doe du ym veerzich wochen
In dinen zarten libe weres tragende.

2470 Es was eyn wunder zwinde,
Liepliich gewracht behende
Von eynen jungen kinde,
Daz zich siins vreuden durch zwey ganze wende,
Der meist, der ye gebaren wart von wybe.
2475 Ich meynd Johan Baptisten,
Doe her noch lach in siinre moeter liibe.

2453 Do sij die selige kompst
so *b.*
2455 sijn *d.*
2456 den vil *b.*
2457 is dat wal *d*, ist gar wol *b.*
2460 her *fehlt d.*
2461 du *fehlt db.*
2462 den diener dein *b*, dynen
knecht *d.*

2463 tzarte liebe *b.*
2464 *zweimal* her *Pa.*
2466 nur *fehlt db.* getruckes *b.*
diin *d*, sein *b.* Went her en eyn
gedruct in sinen armen vñ an
sinen brusten *Pa.*
2467 ōmer meer behagende *d.*
2473 siins] deins kind *b.* ganze
fehlt b.

Cond her sus vroliich werchen   *b 128 r*
In siinre neechboer huise,
So is es goet zu merchen,
2480   Daz gans vol vreuden was siins selbes cluse,
Da der vil ho anachariit lach inne.
Ich meynt diin *meechdeliiches* liib,
Do her sich in becluset had durch minne.   *Pa 39 r*

Vil weerte vrouwe goete,   *P 62 r*
2485   Sellichste alre wibe,
Wie mocht dir siin zu moete,
Doe du voerwaer wel wist in dinen libe
Den hohen scepper hemelriics und erten,
Und *wordes* selb die vrouwe,
2490   Der oft diin herz zu denen seer begerten?

Mich duncket wunderliichen
Voer allen wonder wilde,
Wie god so sunderliichen
Erwelten eyn siinre gemachter bilde
2495   Voer al die anders, de her had / geschaffen.   *d 204 r*
Waz siin goet damit meynte,
Daz ist verborgen leyen *unde* phaffen.

Beheechliich gades tougen
In gotliichen behagen

2478 mueder huyse *d.*
2479 es *fehlt Pa.*
2480 siins selbes] dijn *d.*
2481 Da her ho *Pa.*
2482 meechliiches *PPa.*   Jch mein
frauw dijn zarte lijp *b.*
2483 beslasen *d.*
2485 Du selichst *b.*
2488 hemels und der erten *b.*
2489 worde⁸ *P.* da *durchgestri-
chen nach* Vnd du wurdst *b. nur*

vnde wordes *Pa.*
2490 Der oft] Daer of *Pa,* Den
aeck *d,* Da vff *b.*
2492 Voe *P.*
2493 wonderlijchen *Pad.*
2494 Erweltē jn seiner maget
bilde *b.*
2496 sijn *durchgestrichen,* gat
daer mede *d.*
2497 vñ *Pdb.*

2500 Was es voer gades oughen.
Anders cunnen wir nicht darzu gesagen.
Aber du mochs heisen wol die sellighe,
Daz du die soldes werden,
Da god durch helfen wold die onghevellighe.

2505 Es ist gar goet zu proeben,   *P 62 v : Pa 39 v : b 128 v*
E du diin kint geberes,
Daz dich mocht nicht bedroeben
Gein sach, so vol gotliicher vreud du weres.
Wie mocht anders ummermee han vertragen
2510 Diin meechdeliiche sceemde,
Daz Joseph uph dich kreych sulchen meshagen?

Nicht bi dir bliben langer
Aen heymlich von dir wenden
Wold her, doe du weers swanger,
2515 Went her wist wol, daz her dich nie *bekenden.*
Ouch hads du ym die sach noch al verswegen.
Saech mir doch liebe vrouwe:
Wie sachtz du ym nicht, wie is was gelegen?

Eyn dinc pliit man zu lesen,
2520 Da du itt um mochs lasen.

2500 se *Pa,* sii *b.*
2501 Wijr kūnen anders *b.*
2502 Dan du mochtz heissen selich
gar myt recht *b.*
2503 wesen *b.*
2504 wold all menschlich geslecht
b.
2506 E] Wie *b.*
2508 Man sach so vol *Pab.* ge-
lucher *Pa,* gelust vnd *b.*
2509 Wie vmmermee mucht
anders *b.*
2510 junfferliche *b.*

2511 Daz] Do *b.* up dir nam
Pa, nam an dijr *b.*
2512 zo blijben *db.*
2513 Mer *b.*
2515 bekende *P.*
2516 die sach noch al] die sachen
al gar *Pa,* zo sagen gar *b.*
2517 doch *fehlt d.* doch liebe]
vil werte *b.*
2518 woet myt dy weer gelegen
d. Wa vmb sprechstu nicht wie
es myt dijr was gelegen *b.*
2520 duß *Pa,* du dat *d,* du es *b.*

Du saechs wol aen siin wesen,
Daz her was seer *bedrucket* boven masen.
Do dachtz du licht, ob ich hem seecht wies were
Und hers dan nicht geleubde,
2525   So sold her na bedructer siin wen ere.

Du leyds mit sinen liden,   *P 63 r : Pa 40 r*
As diinre goet gezemde.
Vor waer zu mengen ziiden
Von naturliicher, meechdeliicher sceemde
2530   Worden beyd roet und bleych diin zarte wengel.
Doe her wold von dir striichen,
Ted ym got al dinc sagen mit eym engel.

Joseph vergas *al* rouwen,   *b 129 r*
Doe her die meer erhoerte
2535   Von siinre lieber vrouwen.
Es waren im ouch troisteliiche woorte,
Daz god von sinen wibę wold siin gebaren.
Wol dich zelger tzimmerman,
Daz du su gads kemerlinc bist ercaren.

2521 sages *Pa.*
2522 seer *fehlt db*, gar *b.* be-
drucket *P*, bedruct *Pad*, betruebt
b.
2523 licht secht jchs hem *b.*
2524 geleubde] en loeff dē *d*,
leubte *b.*
2525 noch *db.* betruebder *b.*
wen] den *Pa.*
2526 leeds dich *b.*
2527 Sam *Pa.* wol betzempte *b.*
2528 Vnt waer so *P.*
2529 meechdeliicher *fehlt d.* Von
rechter groisser junfferlicher *b.*
2530 Soe worden *db.* beyd *fehlt*
b. wangen tsairte *Pa.*

2531 van dy wold *d.*
2532 Led *Pa*, Doe deed *d.* mit
eym] durch zem *(zein?) b*, myt
dē *d.*
2533 als *PPa.*
2535 werder lieuer *d.*
2533–2536 Joseph al seiner swere /
Vergas do er erhoirte / Von sei-
ner bruyt dis mere / Want ym
deet kont der engel myt den
woirte *b.*
2537 bruyt *b.*
2538 Wol dijr *b.* zelger] du seli-
ger *Pa*, selige stūmer *d*, vil werte
b. tzimmer *fehlt d.*
2539 du byst *b.* su *fehlt db.*

2540 Conincliich gesinne
Noch riichliich gezouwe –
O engel keyserinne,
Der sunder troost und al der *werelt* vrouwe –
En hads du nicht, dunct mich zeem selben ziiten,
2545 Doe du uph eynen esel
Mit Joseph *hin* zu Bethleem moes riiten.

Troerliich was diin *wanderen,*   *P 63 v*
Went du zo zwaer waers wurten.
Doch moestu / mit melcanderen   *Pa 40 v*
2550 In comen zu der stat diinre geburten.
Der keyser wold, daz man ym solde schriben
Uz yezeliichen lande
Ganz daz gezal von mannen und von wiiben.

Alinc al die geslechten
2555 Wold her ouch claer bekennen.
Ghehorsam sinen knechten
Wert her, die man der heeren heer mach nennen.
Ich meynd Jhesus, diin lieb kint vol genaden.
Her quam mit zu siinre stat,
2560 Sam Augustus der keyser had gebaden.

2541 Noch] Vnd *b.*
2542 O hemels *b.*
2543 werlt *PPadb.*
2544 En] Das *b.* jch meyn *b.*
2546 in *P.*
2547 wandrē *P.*
2547–2550 Trurich wart dijr vnd
bangh / Do du moist hinnen wan-
deren / Der wech wart dir vil
langh / Yedoch woldstu doin myt
den anderen *b.*
2551 De^r (^r *von anderer Hand)*
P. bescriben *Pa.* Des keysers

bot der sich do lies bescrijben *b.*
2552 Vs alle der werlt lande *Pa.*
2553 eñ aeck van *d.*
2554 Alsamen *Pab.*
2555 claer *fehlt Pa.*
2557 Want *b.* Gen he den man *d.*
2558 Ich meynd *fehlt d.* dijn
kintlijn maget reyn *b.*
2559 ouch myt *b.*
2560 Als *d.* beualen *d.* Zam
arm vnd rijch zo taten all ge-
meyn *b.*

Trouwen vrou ghehure,   *b 129 v*
Al queems du in diin kenningh,
Daz coufen waz gar dure
Mit dir, went du enheddes nicht vil penningh,
2565 Und hads dich zu der vart nicht wol bereydet.
Durch daz had diin behoeter,
Joseph, eynen ox mit ym geleydet.

Wen du zu Betthleem quemes,   *P 64 r : Pa 41 r*
So wold her in verkeufen.
2570 Da du doe herbergh nemes,
Ach zarte vrou, daz waz in eynre leuffen,
Da die merctluit yr vee plagen zu binden.
Die stat was so *vol* volches,
Daz arme luit geyn herbergh mochten vinden.

2575 In der leuffen du weres
Eyn heyden mochtęs erbarmen.
Da du diin / kint geberes,   *d 204 v*
Da was geyn vuer, da du dich bi mochs warmen.
Hat Joseph ennich stroe zu houph getragen,
2580 Der du uph mochs ligen,
Daz was gar schoen, doch hort ichz nie gezaghen.

Nicht als die wiben pleghen
In arbeyt und in rouwen

2561 Trut koningin vrou *Pa,*
Truyt werte frau *b.*
2562 Als du quemes *Pa.* die
kēnyng *d.*
2565 Ouch werstu zo der *b.*
2567 Der joseph *b.*
2569 sold *d,* meynt *b.*
2570 doe *fehlt b.*
2572 da itzlich man siin vee in
plach *Pa,* Da yekelich man sein
besten plach *b.*

2573 vil *PPa.* lutes *b.*
2574 nicht herbergh *b.*
2575 deser *d.*
2578 dich] es *b.*
2579 ennich] ichtz von *b.*
getzagen *b.*
2580 Da *Pab,* Daer *d.* rauwen *b.*
2581 schoen] clein *b.*
2582 vrouwē *d.* Nicht als (zam
b) nature leert Pab.
2583 Zu arbeyt *Pa.*

En wert diin kint gecregen.

2585 Daz weys ich wol, ye doch can ich nicht scouwen,
Wie es gescach, was hulfes / vil gheleunet. *Pa 41 v*
Aen suntȩ Brigut uz Sweden
Die scriibt da von, daz ir sus wert verzeunet.

Maria, ist ir rede, *P 64 v : b 130 r*
2590 Had sich wol half untcleydet
Und lach in ir gebede,
So se sich was zu rusten had bereydet.
Do wart ir geyst gezuict in hoger gerte.
Als ze quam zu ir zelben,
2595 Doe lach ir kint da vuer se uph die erte.

Wol dich des hoen vondes,
Vil sueze maget reyne.
E du dich onderwondes
Zu handelen daz liebe kindliin cleyne,
2600 So viels du uph diin knien, werte moeter,
Im innentliich aenbedende,
Diin got, diin kint, diin vater und diin broeter.

Licht sam eyn vurich *glinster*
Glimdent *unde* sceyne,
2605 Nie nacht en was so vinster
Noch also kalt, daz spricht man al gemeyne,
Sam / der nacht was, doe Cristus was gebaren *Pa 42 r*

2584 geberet *Pab.*
2585 wol doch kan jchs nicht geschouwen *b.*
2587 Man *Pa,* Mer *b.*
2588 getonet *d,* erzoenet *b.*
2592 Zam se sich sust *b.* rasten *Pa,* rouwen *b.*
2593 jn der hoher *b.* begeertē *Pa.*
2594 Zam *b.* ze *fehlt Pa.*

2595 kint da] kindlijn *b.*
2596 etelen *b.*
2598 E *fehlt Pa.*
2599 daz liebe] dein zarte *b.*
2601 mȳnētlick *d.*
2603 als *d.* ginst' *P.*
2604 vñ *Pdb.*
2607 Als *d.* der nacht fehlt *b.* was₁ *fehlt d.*

Ach werte sussze maget,
Wie rechte swinde seer haet ym gevraren.

2610   In dinen zarten armen   *P 65 r*
Neemstu in minnentliiche,
Und woldes so erwarmen,
So arm was doe die coninc alre riiche.
Sold her ennege wendel duecher haben,
2615   Joseph die moest se schoren
Von sinen alden hasen doe beschaben.

Es was eyn dor geverte   *b 130 v*
Von bedden und von wigen,
Und uph der calder erte
2620   Hedstu ym ungern bi dich lasen *ligen*.
In sulchen doechen als her was gewonden
Leydstu yn in *der* cribben,
Da ox und esel *stonden an* gebonden.

Recht sam her in armoeden
2625   Wold siin unse voerreyser,
So lies her groessen jueden,
Wisen fariseen noch den keyser
Nicht wissen, noch den riichen lan/gen sleferen *Pa 42 v*
Siin werte ho gebuerte.
2630   Aber her ted es cundighen den scheferen.

2609 seer *fehlt b.*
2612 ȳ soe erwarmen *Pa,* dat so
verwermē *d.*
2613 doe *fehlt Pa.*
2614 soltes ouch enich *b.*
2615 Dye muest Joseph schoeren
d, Joseph der moist rijssen *b.*
2616 doe] seer *d,* gair *b.*
2617 dor] arm *b.*
2620 nyet gern om *d.*   bi dich

fehlt b. ligē *aus* lidē *verbessert P*
2622 dir *P.*
2623 die *oben vor* os *d.*   an
stonden *P.*
2624 sam] off *d.*
2627 Vnd wijsen paffen *b.*
2628 riichen *fehlt b.*
2630 Aber *fehlt Pa.*   dat *oben
nach* dede *d.*

Joncfrou togentriiche, *P 65 v*
In vroliicher wollusten
Is dich geyn minsch geliiche,
Went diin zart liebes kindel *souch* diin brusten
2635 Und upwaert sloech siin luitzliich euschen lachende;
Was swinder groser vreuden
Waz dich daz in dinen herzen machende.

Blider maget noch vroer
En wart zwar nye gevreyschet.
2640 Diin vreude was vil hoer,
Den du soldes *selb* dorren haen *geeyschet,*
Al hedstu selbe vreude sullen wellen.
Es ist miin meyste vreude,
Wen ich tenc wie du mit ym pleechs zu spellen.

2645 Wen du *yn* vruntliich custen, *b 131 r*
Diin alre liebste *vruntchen,*
Siin luitzliiche brusten,
Siin vuerhoebt, euschen, wengel *unde* muntchen
Und al siin zarte leedchen mit eyn ander,

2631 vil tuegentrijche *b.*
2634 vil lyebes *b.* kynt *d.*
souch *fehlt* P.
2635 sluech opwart *d.* lustliich
Pa. ougen lieplich *b.*
2636–2637 *fehlen Pa.*
2636 swinder *fehlt b.*
2637 das frauw *b.*
2638 noch] vnd *b.*
2639 En hoirt mē nye gewagen *b.*
2641 selbes *P,* selben soldes *Pa.*
geeyscheit *P,* geheischen *Pa.*
2642 willen wellen *Pa.*
2641–2644 Wen du se selb vys
hettes moegen sagen / Eya es was

ein vreud vur alle wunne / Das
du so mochtes handelen / Den die
nygent hemel erte maen vnd sunne
b.
2645 eȳ *P,* en *Pa,* om *d,* yn *b.*
2646 vrunthen *P.* Dein zartes
kint vnd dein vrunt *b.*
2647 Sein wengel vnd sein bru-
sten *b.*
2648 euschen *fehlt Pa.* vñ *PPad.*
nur Sein antlitz schoen vnd sein
munt *b.*
2649 leedchen] liip *b.* den ander
Pa.

2650 In vreuden bran / diin herze,   *Pa 43 r*
     Sam in den vure brinnet der salmander.

     Sus seetstu und speelden,   *P 66 r*
     Doe god siin engel sande
     Zem herden uph den *velden*,
2655 Die snachs gewachet hadden uph dem lande   *d 205 r*
     Ir schafen und beesten sam se plagen.
     Von anxs se seer erschrocken,
     Doe si die zwinde grose claerheit zaghen.

     »En wilt uch nicht erveren« –
2660 Sprach der hemelsce tolke –
     »Ich« baetscef uch guet meren
     Und swinde groze vreud dem ganzen volke.
     Sich uch ist huit gebaren eyn behelder,
     Der Cristus der heer sol siin
2665 In Davits stat« – sus sprach der uiserwelder.

     Troostliicher troost uph erden
     Unser ermer sundigen!
     Du lietz den ermen herden

2650 smaltz *b.*
2651 Als *d.*
2652–2658 *abweichende Strophe*
b.
2652 setze *Pa.*
2654 velde *P.*
2656 In *Pa.* eñ aeck oer beesten
als *d.*
2657 anxte *Pa.* verschricten *d.*
2652–2658: Sus hatstu lust vnd
welte / Du bloyende lilien sten-
gel / Da got sand in den velte /
Den armē schaeffern botschafft by

dem engel / Die da ir schaeff
wachten zam sij plagen / Von
wonder sij erschricten / Do sij die
swinde groesse clairheit sagen *b.*
2660 Sus sprach *b.*
2661 Ich kund *b.* godes *Pa,*
guy *d.*
2663 Sich] Sint *b.*
2664 Der *fehlt db.* die daer
heer *d.* sol siin] in dauids stat *b.*
2665 Des freut uch seer sus
sprach *b.*

Mit dem selben engel doe ouch *cundighen,*
2670 In was staet du soldes / siin ghevonden.   *Pa 43 v*
Daz waz in eynre cribben
Mit armen snoden doecheren gewonden.

Behegliich waz dese ziding   *P 66 v : b 131 v*
Den armen herdken alle.
2675 Ouch hoordenz eyn verbliding
In der luchten von engelscem gescalle.
Glori si gade int hoochste, waz daz gillen,
Und in der *erden* vrede
Den minscen, die da siin von goeden willen.

2680 Eerliiche zuesse maget,
Doe se da zu dir quamen,
Wie haet ym daz behaget,
Daz se diins liebes kint und dich beydsamen
Vonden in alzo ermliichen gewate,
2685 Da ym des nachs der engel
Von had gecundicht also groos genate.

Nie wunderliicher meren
Hoord men zu geynen stunden

2669 ouch doe *Pa.* cūdeghē *P.*
2666–2669 Troistlicher troist ge-
huere / Vf erten eynger troist
alleyn / Vns armē deyt zu stuere /
Woldstu den hijrtgijn kundigen
ouch gemeyn / Jn wilcher steed
du woltes sijn gevonden *b.*
2675 Sij hoirten eyn *b.* sy *oben
nach* hoorden *d.*
2677 gade *fehlt d.*
2678 erdē *(von anderer Hand)
links am Rande P.*
2676–2679 Der engelen jn der
lucht met schalle / Sij sangen glo-

ria gaten in den wolken / Vnd
vreed sy in der erten / Gepot-
schaft huyd den gutwilligen volkē
b.
2680 Eya vil werte maget *b.*
2681 dort zo *b.*
2682 daz] do *b.*
2683 to samē *d.*
2684 so armelicher were *b.*
2685 Daer om *d.* Da yn von
hat gekundicht *b.*
2686 Des nachts der engel also
rijchen mere *b.*

Den der herę alre heren
2690 Von armen herdchen arm/liich wart ghevonden;   *Pa 44 r*
Eyn armes kint in alzu armer wisen
Bi eynre ermer moeter
Und bii eynen olden armen grisen.

Es woldę ouch siin besneden   *P 67 r*
2695 Mit eynen steynen metzer
Nach e der juedscher seden,
Diin kint, daz alre e was selb eyn setzer.
Daz ist daz irst, *daz* her uns haet begabet
Mit sinen *duiren* bloete.
2700 Des si her huid und ummermee gelabet.

Doe men es sold besniten,   *b 132 r*
Zart liebe zuessze vrouwe,
Zu denselben ziiten,
Meynd ich, daz du hads zunderliichen rouwe.
2705 Du vruchtes licht, daz men es mocht verterben.
Went so du hads gehoret,
So plagen da som kinder an zu sterben.

Je doch du mochtęz wol dencken,
Wa hers nicht hengen wolte,

2689 Den da he' *Pa*, Zam das ein
heer *b*.
2690 Von armē schaefferen *b*.
2693 Vnd ouch *b*. armen oldē
Pad, armē grahen *b*.
2694 solt *b*.
2697 daz *und* was selb *fehlen d*.
selb *fehlt Pa*. das selb das was
der ee *b*.
2698 dz̄ *P*. begabet] geleret *b*.
2699 Durch *b*. d^uirē *P*.
2700 gelabet] geeret *b*.

7202 Zart] Twaar *d*. Vil zuysse
maget guete *b*.
2703 Ich mein zom *b*.
2704 daz *fehlt d*. Das dijr do
wart bangh vnd gar we zo muete
b.
2705 licht *fehlt d*. daz] ob *b*.
2706 Wantu ye licht hais *b*.
2707 sōmyge *d*. an] aue *Pa*.
Das jonge kind da wol von ple-
gen zo sterben *b*.
2708 Mer doch *d*. muchstu *b*.

2710 Daz ym geyn dinc mocht crencken.
     Oech / haeftez du, daz es genesen *solte.*   *Pa 44 v*
     Aber eyn groes verlanghen moest da wesen
     In muterliichen herzen,
     Untz an der ziit daz es waz gans genesen.

2715 Cund ich zu diinre eren,   *P 67 v*
     So spreech ich nu vil gernne
     Von den drienn grosen heren,
     Die uz yr eygen lant nach eynre sterne
     Zu dir quamen mit riichliichen prosenten.
2720 Han ich es recht ervaren,
     So quamen se al dri uz orienten.

     Teur costeliich geschire
     Brachten se in ir coffer;
     Gold, wiirrouch und mirre,
2725 Von al den drien wolden se machen offer
     Zu *diinen* lieb, suessen zarten kinde.
     Do men diin kint so *erden,*
     Doe moest diin vreude emmer wesen swinde.

     Wurtz nach costeliiche drencke,   *Pa 45 r : b 132 v*
2730 *Geliic* man pliit in cramen,

2710 Das kein dinck ym *b.*
2711 solde *P.* Wa bij er ouch wol genesen solte *b.*
2712 Mer *d.* sīī *Pa.* Doch mein jch grois verlangen da moist wesen *b.*
2713 In den *d.*
2714 Bis *db.* an der ziit *fehlt Pa.*
2718 quamē na *d.*
2719 quamen *fehlt d.* rijchen *Pa.* mit *fehlt,* brengend rijch *b.*
2720 vernamē *d.*
2722 Zeer costelick gezyere *d.*

2723 Beslassen *b.* se *fehlt b.* in *fehlt Pa.*
2724 Zam wijrouch golt vnd *b.*
2725 Vys allen drien bereyten sij yr offer *b.*
2726 Zu *fehlt d.* dienen *P.* zarten *fehlt Pa.* zuyssen werten zarten *b.*
2727 eerdeen *P.* Eya do mens so erten *b.*
2729 Supen *d,* Wintz *b.*
2730 Geliit *P,* Als *d.* Zam plijt zo sijn jn kramē *b.*

Weren da nicht, ich tencke.
Ich meynd daz sich der Joseph seer moest schamen,
Daz men dich vant in so grozer ellenden.
Si vonden irren heren
2735   In eyn uebelgedectes hoz aen *wenden*.

Sy knielten uf de eerte   *P 68 r*
Mit zucht *om eerlich* gruszen
Dich maght und muter werte.
Doe kusden sy diin kint aen beyden vuszen
2740   Und gaven ym den offer, den sy brochten.
Joseph must wonder haben,
Waz de dry grosze heeren alda sochten.

Fiin golt ghefigureret   *d 205 v*
Haet ons den koninc riiche.
2745   Der wyroech ons ouch leret,
Daz her ist god und heer von hymmelriche.
De myrra ouch bezeychent wol met rechte,
Daz god, eyn heer der heren,
Wil sterflich siin durch al mynschlich geslechte.

2750   Recht sam der wolf mit liste
De tummen schaef usz sporet,

2731 Du hattes nicht *b*.
2732 der *fehlt d*. Durch das her
Joseph sich muchte schamē *b*.
2733 Daz] Vnd *b*. in *fehlt, so*
rechte gair ellende *b*.
2734 Dein kint jn einer krippen *b*.
2735 wende *PPa*. Dort jn ein
huys ain duir aen dack ain wende
b.
2736 sHe knielden voer dich
neder *Pa*.
2737 *nach* om dich, *nach* eerlich
zu, *beides durchgestrichen P.* to

grueten *d*. V̄me dich weerdich-
liken tzuo gruessen *Pa*, Durch
zucht myt erlich gruyssen *b*.
2738 Du gruesten se lieplijch
weder *Pa*.
2741 wonder haben] zeer won-
deren *Pa*.
2742 rijch conīgen *Pa*. dry *und*
al *fehlen b*.
2743–2763 *abweichende Strophen
Pa*.
2749 durch] om *d*, vur *b*.
2750 als *d*.

Herodes, doe her wiste
Des nuwe *koninghs* bort und hat irhoret,
Vil bald her doe de wege̜ und wyse sochte,
2755 Wye her daz junghe lemmel
An syner muter brust ermoerden *mochte.*

Want doe de koninghe̜ waren   *P 68 v : b 133 r*
By ym und vraechten sere,
Und hatten gern ervaren,
2760 War daz gheboren ware̜ der juden here,
Sprach her: »dien suecht mit vliis in allen steden.
Wan ir en habt ghevonden,
So sacht es myr, ich wil en ouch aenbeden.«

Cunstlich mit speher liste
2765 Disz raet wart umghekeret.
God, der daz ufsatz wiste,
Den kunighen haet *bald* ghereveleret,
Daz se Herodes bete nicht gheweren,

2753 De̜ᵃ *P.* nuwe] mylden *b.*
koninghᵃ *P.*
2754 doe *fehlt, des b.*
2755 daz *fehlt b.* kyndken *d.*
2756 mochte *aus* muchte *verbessert P.*
2758 und] sii *b.*
2760 nye here *d,* heᵉn here *b.*
2761 Er sprach *b.*
2763 mijr das jch yn muech *b.*
2743–2763: Fifi des vulen boeben / Die nv solde sijn genennet / Got ewichlijchen ein betruebe / Herodes ist sijn naem ist / *45 v /* wol bekennet / Her moes ouch comen mit in deser reten / Nicht om ennigen toge̅t / Aen so pylatus comet in den crede
Recht sam fenijnde slengele / Die

mit gepitzen becken / Den lute̅ aen ir wengel / Vnd in ir antlichs vruntlich connen lecken / Vnd hinden na dan mit den zagel stechen / Sus conde dese bose tȳ̅ra̅ne / Ouch guetlijch dese coninghe zu sprechen
Went doe se bij ym waren / Doe vragheden se ym die mere / Saech wa is her gheboren / Alre iuden coninc vnd here / Her sprach daz vracht vlyslijch in allen steden / Wen ir ym haet ghevonde̅ / Soe saecht mir dz ich ym mach aenbede̅ *Pa.*
2764–2777 *abweichende Strophen Pa.*
2767 vil bald *P.*
2768 bot *b.*

Sint her nicht gutes meynte.
2770 Des musten kinder vil ir blotel reren.

Tyrannen her usz sande,
De ym ghehorich waren,
Dort in Juda dem lande,
Daz se de junghe knaben von zween jaren
2775 Arm und riich ermorden myt eym anderen.
Do musts du zu Egypten,
Vil weerte maght, mit dyme kinde wanderen.

Vil werte suesze moeter,   *P 69 r*
Der coninc alre riichen,
2780 Diin lieber son vil groter,
Wold eynen vulen snoden boebe wiichen,
Die her mit eynen wort wol het erslagen.
Daz ist eyn groos exempel
Uns allen, die ungerne veel vertraghen.

2785 Sus wold her in der joegent   *Pa 46 v : b 133 v*
Durch unsen wille liden.
Ach moeter alre dogent,
Du moest mit ym in *vreemde* lande riden.

2770 bluyt vys reren *b.*
2772 gehoirsam *b.*
2773 Juda *fehlt,* deen *b.*
2774 knechtē *d.*
2780 zarte son *b.* groter] guter *Padb.*
2781 Der wold *b.* vulen *fehlt,* boebe] menschen *b.*
2784 alle den ghenen die *Pa.* veel] willen *b.*
2764–2777: Comet vmmer al hier witer / Sprach her mit snellen worten / Der velscher / 46 r / bozer verreter / Sijn meninge was daz hers wolte doen morten / Vph

daz her vmmer von ym hette ghein hinder / Als afenbeerlijch na erscheyn / Doe her ermorten dete die iongen kinder Tyrannē her wz sande / Die als rasende rueden / Dort in juda den lande / Al die knabel kinderchen solte doden / Die mē binnē drien iaren vunde / Doe muestu (die *gestrichen*) suesse maget / Hin ghein egipten vlien mit dime kinde *Pa.*
2786 Om *d.*
2788 vreemden *P.*

Diin liidsamheit was gar ueber vloyende,
2790 Und *in* diin reyne herze
Waz demoet alziit stercliichen groyende.

Vrou doen du hads gelegen,
So ich haen horen sprechen,
Sam noch die vrouwen plegen,
2795 In dinen craam bi na al uuz sex wechen
Und du diin kint zu kerchen soldes tragen,
Du wolds keyn lam offeren,
Sam doe die eerber *riiche* vrouwen plaghen.

Eynveltiich und voerhuedich,   *P 69 v*
2800 Simpel aen alles vurtel
Weerstu und so demuedich,
Daz du wolts offren nicht den eyn par turtel,
Als plagen doe die alre armste wibe.
Diin / herz waz nicht zu grozer,   *Pa 47 r*
2805 Daz Crist gebaren was von dinem libe.

Nicht woldstu siin erheben
In geynreleyde dinghen.
Zwar al die ghene die leben
En cunden halp volsaghen noch volsinghen

2789 Dein groiss gedolt was
frauw gar *b*.
2790 Vnd an *b*. in *fehlt P*.
2791 altzijt lustlich bloyende *b*.
2793 So vns die schriftuyr leret *b*.
2794 Als *d*. Zam do die *b*.
2795 uuz *fehlt Pa*. Dein viertz-
zich taghe nach das sein kint ge-
beret *b*.
2796 Was vnd du ym zom Tem-
pel *b*.
2797 Nycht schatber was dein
oppherhand *b*.

2798 Als *d*, Sam soe *Pa*. riiche
unten am Rande P, fehlt Pa.
Want nye en hoird jch rijches dort
gewagen *b*.
2801 oetmuedich *db*.
2802 wolts *fehlt*, nicht opphers
mee *b*. nicht man eyn par tortel
duben *Pa*.
2803 Glijch zam *b*.
2808 die dort leben *b*.
2809 Die mochten nicht gesagen
noch gesinghen *b*.

2810   Die swinde grooz oetmoedicheit *diins* herzen.
        Wen ich daz recht bedencke,
        So mach miin homoet mich wol *billichs* smerzen.

        Turteltuben an ghalle   *b 134 r*
        Waz recht diin offer werte.
2815   Went al durch socht men alle
        Diin liip, diin zeel, diin herz und diin begerte,
        So sold man anders nut da vinden inne
        Dan al volmachte toegent,
        Tru miltheit, demoet, barmung *unde* minne.

2820   Reyn luiter cuysch gepuret,   *P 70 r*
        Von edelre substancii   *Pa 47 v*
        Waz diin liip ghenaturet
        Von der *wiiser* godliicher ordinancii,
        Daz vuer uph erten nie wart nicht so reynes
2825   Sam diin userweltes liip,
        Noch in demueticheit nye nicht so cleynes.

        In den uebersten grade
        Haestu des̨ toegent beyde,

2810 demûticheit *Pa,* oytmoet *b.*
dīj͘ *P.*
2811 betrachten *b.*
2812 wol *fehlt Pa.* bilchs *P.* So
mach von recht mein homoyt mich
wol smertzē *b.*
2813 Turtelbuben *P.*
2815 Wer *Pab.* al] es *b.* men]
myt *b.*
2816 vñ *nach* zele *Pa.*
2817 vinden nicht da ynne *Pa.*
dort anders nicht vinden *b.*
2818 al] gar *b.*
2819 Tru] Im *Pa.* oetmuet *db.*
vñ *Pdb.*

2821 substancīē *Pad.*
2822 Was frau dein *b.*
2823 wijser *links am Rande P.*
Myt wijsheit der *b.* ordinācien
Pad.
2824 Dat nye op erden wart so
reyne *d,* Durch das vff erten nicht
wart ye so reynes *b.*
2825 Als *d.*
2826 oetmuedicheit *d,* oytmoit *b.*
nye nicht *fehlt d,* niet nicht *Pa.*
so rechte cleyne *d.* en wairt ouch
nye so cleynes *b.*
2827 huechsten *b.*

Und ander al genade
2830 Vuer alle minsch, wen ich diin kint uus scheyde.
Du bist neest ym die meyst in allen wisen.   *d 206 r*
In stadę und in genaden.
In *allre* doecht men mach dich nicht volprisen.

Sanft deyt mich an dem herze,
2835 Daz ich von dir mach cosen,
Untsafen gulden erze.
Ich weys daz ich daz meer sold e uus osen,
E ich diin hohen lob cund vollen roemen.
Doch suigh ich da uuz vreude,
2840 Sam bien honich suighen uus den bloemen.

Truit vrou es ist wol billich,   *P 70 v : b 134 v*
Daz men / vreud da uuz suiget,   *Pa 48 r*
Da her uuz souch siin millich,
Der groze heer, der alle knie voer buiget.
2845 Her nam siins libes vuetsel *unde* zering
Uuz dinen zarten brusten.
Wa hoord yeman so luitzeliiche nering?

Uz dinen zarten libe
Gotliiche spise dribet.
2850 Des spreech ich mit *dem* wibe,
Die uuz der scharen rief, so Lucas scribet:
»Sellich es die buich, die hem heet getraghen,

2830 Weer *Pa.* wen *fehlt,* dein kint jch ein vysscheyde *b.*
2833 all*r̄ P.* duechden *Pa.* mach *mē b.*
2837 e solde *Pab.*
2838 Ee dan jch kund dein hohes lop vys roemē *b.*
2839 Doch] Des *b.*
2840 Als *d.*
2841 ist *fehlt Pa.*
2843 da freud vys *b.*
2844 der alle] da alle *Padb.*
2845 nam] soech *b.* libes] selbes *b.* vñ *PPadb.*
2848—2854 *fehlen d.*
2850 dē *rechts am Rande P.*
2851 so] zam *b.*
2852 Der buych ist selich *b.*

Jhesum unsen lieben here,
Und ouch die brustel, die her hat gesaghen.«

2855 Ist nut eyn vreemde mere,
Daz den hemelschen vorsten
Und al der heren here
So seer *nach* diinre zarter minnen dorsten,
Daz her quam uuz den hemel hie uph erten?
2860 Ja daz waz ym nicht genoech,
Her en moest eyn vleysch, ein bloet mit dir werten.

Ich han oft horen saghen,   *P 71 r*
Hed Adam nicht gebrochen,
Soe *heds* du nicht / getragen   *Pa 48 v*
2865 Den gadez son. Daz ist nicht wol gesprochen.
Wer weys die dief verborgen gades toughen?
Ich can es nicht geleuben;
Du wers so lieplich truit voer sinen oughen.

Her heds nicht lasen moghen   *b 135 r*
2870 Mit dir zich zu vereynen,
Doe her dich wold erhogen
Vor al geschaffen dinc, daz ist miin meynen.
Went e je creatur den anderen kende,
Weers du jegenwoortich im,
2875 Als du bist nu und wesen suls aen ende.

2853 Jhesum dein kint *b.*
2854 Die brustel ouch selich sint
die ym zo laben plagen *b.*
2855 Ist das nicht *b.*
2856 dem alweltigen fursten *b.*
2857 al der] aller *b.*
2858 seer] gair *b.* nach] mach
P Pa. zarter *fehlt d.*
2859 Der heer *b.* den *fehlt Pa.*
2861 Er wult *b.*

2862 oft] of *Pa,* aeck *d,* ouch *b.*
2864 hed *P.*
2867 can] mach *b.*
2869 Hier vmb het nicht laesen
muegen *b.*
2870 Got myt dijr sich tzo einē *b.*
2875 Zam du nv byst *b.* nu
fehlt d. Als du bist vnde nŭ
vnde bliben sols *Pa.*

Es ist voer godẹ, so hoerd ich
Eyns eynen meister lesen,
Alziit nu jeghenwoordich.
Men spricht da nicht, es waz, ob *es* sal wesen.
2880 So waz ouch vrou alziit die hoghe graci,
Daz du siin moeder soldes siin,
Die jewesende gads predestinaaci.

Sum toren und affen   *P 71 v*
Als ich und miins / geliiche,   *Pa 49 r*
2885 Die willen ummer claffen,
Daz von den sunder had die togentriiche
Die ho genaat, daz se is gades moeter;
Und het wir nicht gesundicht,
Daz Cristus wer gewoorden nicht onsẹ broeter.

2890 Waz sprichen wir arm doren?
Haet ym unsẹ sunt gedwungen?
Wir solden bilch unsẹ oren
Stoppen, da man spreech mit zulchen zunghen.
Unse sund had uns eweliich verlaren,
2895 Und willen glorieren,
Daz her durch unse sund wil *is* gebaren!

Sicherliich aen zwibel,   *b 135 v*
Der ich is vriliich schriben,

2877 priester *b.*
2878 nu] ym *b.*
2879 es *rechts am Rande P.*
Was men da spricht das ist ob
was sol wesen *b.*
2880 vrou *fehlt d.* die] dein *b.*
2882 Die ewige *d,* Die yegen-
wortich *b.*
2883 Siin (?) *Pa,* Sūmyge *d,*
Sȳmen (?) *b.* und *fehlt b.*

2884 Zam *b.*
2885 ummer] toerlich *b.*
2889 nicht weer geworden *Pa,*
wer nicht worden *b.*
2890 claffen *b.*
2893 mit] van *d.*
2894 ewich vns *b.*
2895 Wie mueghen wijr vns dan
ruemē *b.*
2896 es *P.*

So waer als is die bibel,
2900 Hed her uns *al* verlaren lasen bliben,
Siin vreudę en weer zu meere noch zu minre.
Es waz nur siins selbes doecht,
Die aen beghin is alre doecht beginre.

Coenliich von onse sunden   *P 72 r*
2905 En quam uns nye nicht goedes.
Cunden wirz recht ghegrunden,
Es ted alleyn die miltheit / sines moedes,   *Pa 49 v*
Siin barmung und siin ubergroze minne,
Daz her eyn minsch wold werden
2910 Von dir zart liebe zuesse coninghinne.

Reyn uzerwelte maget,
Diin ho volmaecte togent
Haen im so wol behaget,
Daz her wold siin diin kint in siinre joegent.
2915 Alsus bestu oersach al onser salden.
Uns sund had uns verdoemet,
Und durch dich siin / wir ewelich behalden.   *d 206 v*

2899 zam *b*.
2900 *fehlt Pa*. el *P*.
2901 en *fehlt*, wer des to merre
nochte mynre *b*.
2902 En *P*. Es was men *Pa*.
nyet *d*. Es teyt allein sein tue-
ghent *b*.
2903 alles guetz *b*.
2904 Curtzelich gesacht von sun-
den *bk*.
2905 Uns nye geschach ycht gue-
des *bk*.

2906 Och kunden *k*. ouch recht
b. durch grunden *bk*.
2907 die *fehlt*, mildicheit *k*.
2908 grois obermynne *k*.
2909 eyn *fehlt bk*.
2910 Von dir lieb zarte *Pa*, Van
der zarter sueter *d*, Von dijr vil
suysse werte *b*, Van die vyll soesße
werde *k*.
2914 dijnre *Pak*.
2915 Alsus so *d*. oirspronck *bk*.
2916 verdreben *b*, verdorben *k*.
2917 Und *fehlt bk*. nv ewelich *b*.

Jetzliicher mach wol merchen,
Daz *nichts* die luit verdoemet
2920 Wen sund unde bose werchen.
So ist is ouch eyn nar, de sich beroemet,
Daz du durch unse sunden bist erhaben.
Suessze werte moeter,
Wir solden dich bilchs eweliichen laben.

2925 Sam eyn dor druger acker,   *P 72 v : b 136 r*
Der dou can machen vuchtich,
Sus cunstu machen wacker
Miin laen versleefert / herze seer unduchtich   *Pa 50 r*
Wie hart daz es in sunden is versteynet,
2930 So dic ich aen dir tencken,
So dunct mich wird es etswas gereynet.

Toughen und verborghen
Is in miin herz eyn cluse.
Beid abens und morgen
2935 Bistu da in die werdin von den huse.
Ich vuel da oft dyn minnentliich gesweime.

2918 Hetzlijcher *Pa*, Een ygelick *d*.
Yckelich hie recht visß mircke *k*.
2919 nicht *PPadb*, neyt *k*.
luye *d*.
2920 Dan *d*. suld vnse *Pa*.
2921 geck *d*.
2922 sijst *Pa*.
2922–2924 Das tu erhaben byst durch onse sunden / Wijr seulten billich ain vnderlais / Vil suysse werte maght (maget werde *k*) dein lop (hogen loff *k*) vyss kunden *bk*.
2924 prisē eñ lauen *d*.
2925 Als *d*, Sehet *k*. dor druger] tueren *bk*.
2926 dou] den *k*.

2928 lau *d*. Mein armes turres hertz gar onduchtich *bk*.
2929 das *fehlt*, jn den sunden sij *bk*.
2930 Wan jch an dich gedencke *bk*.
2931 *nur* Mir werden etswaz ghereynt *Pa*, So dunckt my woe dat wat is gereynet *d*, So wirt es v̄mer jchtes was gereinet *b*, So wirt yt vmmer getzwat gereynet *k*.
2933 in *fehlt k*.
2935 die] dijn *Pa*, *fehlt b*. Bistu wirdynne da jnne *k*.
2936 da von *Pa*, daer aeck *d*, da vft *b*, da jnne *k*. menscheliiche *Pa*.

Wen du mir nicht gunnes,
So dunct mich is die werdin nicht da heime.

Wenne ich an dir tencken,
2940   Daz can miin zeel ergetzen
Und so in vreuden sencken,
Daz mich dunct, daz mich geyn dinc mach letzen.
Und wen mich daz eyn stormer wint ontweyet,
So bin ich sam eyn weterhaen,
2945   Daz hin und her mit allen wint sich dreyet.

Soe moes ich lighen vechten   *P 73 r*
Mit wilden / fantasien,   *Pa 50 v*
Mit idelen gedechten,
Mit dommen, doren, kinschen geckernien,
2950   Und vergessen diins lieb zuesse werte,
Da mich al miin troest aen liit.
En is daz nut eyn jemmerliich gheverte?

Aenvanc al miinre *zalten*,   *b 136 v*
Miin troisterin, miin moeter,
2955   Wen du miins nicht wilt walten,
So bin ich sam eyn cranckes schiph aen roeter,
Daz in der wiider wilde zee hin tribet

2937 des nicht *Pa*, nicht des *b*.
2938 dy werdyn en is daer *d*, dat die wirdyn nyt sy *k*. zo heyme *b*.
2942 daz *fehlt*, mich sulle nummer dynck geletzen *k*.
2943 daz] dan *bk*. vmb weyet *b*.
2944 als *d*.
2945 Die hem hin vnd weder *Pa*. wint sich] winden *Pa*. Die sich myt allen wynden drayet *d*.
2946–2952 *abweichende Strophe bk*.
2951 Daer doch *d*. mich *fehlt d*.

2946–2952: So wirt mir wee vnd bangh / Wan jch sus bin ontstellet / Die tzijt (die *k*) wirt mir langh / Mein sin ontsteyt mein hertz das wirt gequellet / Wan jch dich nicht en vind mein troesterinne / Da heym jn meinē hertzen / So kan jch vreud nūmer (nummerme *k*) gewinne *bk*.
2953 zaldē *P*.
2956 als *dk*. swaches *bk*.
2957 Das in den vnden hin vur winde trijbet *bk*.

Aen cabel und an ancker
Und nicht en rust, e es verlaren blibet.

2960   Miin alre liebste vrouwe,
Des wil doch nicht *gehenghen*.
Miin crancheit aneschouwe.
Aen dine hulf en can ichs nindert brenghen.
Ich rouf zu dir mit *herzen* und mit kele;
2965   Nu stuer also miin leben,
Daz ich die haben der sellicheit nicht fele.

Erwerb mir dese bede,   *P 73 v : Pa 51 r*
Daz in miins herzen grunde
Diin sueser naem bliib stede,
2970   Und nummer da uz coom nach ur nach stunde,
E her mit miinre zelen da us scheyte;
Und daz dan si miin leste woort:
Maria vrou, nu wes du ir geleyte.

Nach bid ich cuninghinne,
2975   Sint ich ben uebergebende
Durch diin zarte minne
Die liebste, die ich uph erten hie haen lebende –

2959 rouwet *b*, roget *k*.
2960 vysserwelte *bk*.
2961 Wils des *bk*.   doch *fehlt*
Pa. gehinghē *P*.
2962 ouerscouwe *Pa*, du an-
schauw *b*, doch ane schauwe *k*.
2963 Want ain *bk*. can] mach
bk.
2964 hezē *P*.
2965 also] alle *Pa*.
2966 der seliger haben *bk*.
2967 Erhoir *bk*.
2970 Und *fehlt*, Nummerme *Pa*.
Vnd nicht en kom da vyss wer

tzijt ob stunde *b*, Vnd nummerme
da visß kome zijt noch stunde *k*.
2971 O her bis (sijs *k*) myt mir
wan mein ziel sal (van myr *k*)
scheiten *bk*.
2972 Vn *P*. dan *fehlt bk*.
2973 vrou] mueter *bk*. west in
oer *d*. nu fehlt, sij jn mein ge-
leiten *b*. nu *fehlt*, muße myn
sele geleyden *k*.
2974 Nu *bk*. dich konyngynne *k*.
2976 vil zarte *b*.
2977 das liebste das *bk*. hie
haen] weet *d*, ye hat *bk*.

Ich nen se nicht, du kenst wol iren namen –
Daz du uns beyden helfes,
2980 Daz wi diins kindes huld erwerben, amen.

2978 Ick en nuem *d.* kens sij
wol bij (myt *k*) namen *bk.*
2979 beyden *fehlt Pa.*

2980 *darunter noch einmal* amen,
dreimal Amen *P; zweimal Amen
Pa.*

Marien danz

Aber wil ons glimmeren   *P 75 r : b 137 r : Pa 52 r*
Der lichter sonnen glesten.
Vogel zuit man zimmeren
Ir *nystchen* hie und dort uph groenen esten.
2985   Der somer siin gezelt hat uph geslagen
Zu wold und uph den velde,
In bosch, in heyt, in anger und in haghen.

Wer sold sich nu niich frouwen?
Der anger steyt besprenzet
2990   Mit bluemliin mach man schouwen,
Da die brinnende sonne weter glenzet.
In den gebirchten lustliich weterhellet
Der cleyner vogliin singen,
Die gen der ziit sich weter haen versellet.

2995   Eyen jetzeliiches vogelchen   *P 75 v*
Suechet nu zyn gatel.
Se *zittern,* sleen / yr vlogelchen   *d 207 r*

Überschrift fehlt Pabk, Onser vrouwen dansch *d.*
2981 *Initiale verwischt Pa.*
2983 Die vogel *dbk.* sůnneren *Pa.*
2984 nyschē *P,* nisten *Pad,* nisgin *bk.* groenen *fehlt d.*
2986 uph den] ouch jn *b.*
2988 sich]se *Pa.*
2991 Da schoene gar die lichte sonne glentzet *b,* We schone die lichte sonne weder glentzet *k.*
2992 Zo dem *k.* da lustlich *b.*
2994 Dē *P.* ziit] mei *d.* Die sich myt vreuden nv haint weter sellet *b.* Die sich nw haynt myt freuden widder gesellet *k.*
2995 Eyn itzlich cleines *bk.*
2996 nu *fehlt Pa.* das suecht *b.* getal *Pa.*
2997 zitter *P.* zittern sleen] vederslaen *d.*

Von grozer lust, daz leret ym ir atel.
Ja al ir *libel* vroliich jubileret
3000 Zu lobe irem scepher,
Eyn yezliich sam natoer ym hat geleret.

Man suit die luiter bachen   *Pa 52 v*
Durch den wisen ringelen,
Die gros geruych machen,
3005 Da se ueber den cleppen hin clingelen
Von den hohen velsen hyn zu dale.
Vil mengen suesen tribul
Uns discanteert die liebe nachtegale.

Al dinc steyt nu nach wonne   *b 137 v*
3010 In vreuden und in loste.
Uns haet die heyse sonne
Vertreben hin des calden winters vroste.
Des freut sich von naturen al daz lebet,
Mynsch, vogel, tyr, visch, worme,
3015 Was leufet, criichet, swemmet oder swebet.

Reyn minnentliiche herzen   *P 76 r*
Die gades min begeren,
Mogen wol vroliich scherzen,
Wen se dese huebsce zirheit contempleren,

2998 leret ym] lent syn *k*.
2999 libel *links am Rande P*.
3001 *fehlt Pa.* als *dk*. om die
natuer *d*. hait *fehlt k*.
3002 *Keine Initiale Pa.*
3003 Hin durch *bk*. rotzē *Padbk*.
3005 ueber den cleppen *fehlt bk*.
hyn vleissen vnd klyngen *k*. hin
vliesen louffen vnd *b*.
3006 Von hohen (hohen *fehlt k*)
veltzen rijchlich hin *bk*.

3008 lieue suete *d*.
3009 nu] itz *b*.
3012 veriaget *bk*.
3013 nw lebet *k*.
3014 fisch deir *k*.
3015 crupet *d*.
3016 mynschen *k*.
3018 Mogen wol] Sii muegen *bk*.
3019 huebste *Pa*, schone *d*.
hoebsche schoenheit *bk*.

3020   Da mit daz se yr minre hat begabet
        In also zuser wise.
        Dez si her huit und ummermee gelabet.

        Ich meynd der minnen meyster,   *Pa 53 r*
        Die minnen hat geschaffen.
3025   Der sterche mynre heyst er.
        Vorwaer wer sint nach tummer vil den affen,
        Wenne wyr siinre zarter min vergessen,
        Die her uns hat bewiset,
        Und minnen daz die worme sullen essen.

3030   Ach zuessze keyserinne,
        Maria, moeter reynne,
        Helf mir, daz ich ouch minne
        Diin liebes kint – du bist miin troist alleyne –
        Und geeb mir, daz ich nu zu dinem labe
3035   Etswaz moghen zagen,
        Wie es gestalt is dort in dinem habe.

        Gar goet moes siin su schouwen   *P 76 v : b 138 r*
        Da du bist coninghinne
        Ghecroont voer allen vrouwen,
3040   Und da die engel al sint huisgesinne;
        Da her *is* here, der groser und der *stercher.*
        Wie schoen moes siin siin pallas,
        Sint also rechte lustlich is siin kercher.

3020 daz *fehlt k.*
3025 mīne *Pa.*
3026 nach *fehlt b.* dummer me
k, voel dūmer noch *d.*
3027 wenne] dat *k.*
3028 ertzeiget *b.*
3030 werte *bk.*
3034 Und geeb] So gunne *k.*
mir *fehlt d.* nv alleyne *Pa.*

3035 Een wenych *d.* ghespre-
chen *bk.*
3036 sij *bk.* da *Pa.* syme
hoiffe *k.*
3040 al *fehlt b.*
3041 es *P.* der *fehlt vor* starker
b. sterche^r *P.*
3042 syn pallas syn *k.*
3043 also *fehlt d.* rechte *fehlt k.*

Recht sam ellend ghevangen   *Pa 53 v*
3045 Sin wir al hie uph erten.
Im mach wol seer irlangen
Mit minnentliicher, herzliicher begerten,
Die in den boech des lebens sint gescreben,
Nach daz nu Jherusalem,
3050 Da die burgher eweliich in leben.

Als wirt recht willen merchen,
So sint es al mirakel,
Gadz wunderliiche werchen.
Nu loech wie menghen hoebschen tabernachel
3055 Suit man oft von den wulken scoon gemalet.
Daz deit der sonnen hitze,
Die so daz wasser in der lucht uph halet.

Cunstliich steent se geweben   *P 77 r*
Und meysterliich geformet.
3060 Cursliich *se* sich uph heben
Und ouch gar rischil werden ze zustormet
In alzu cleynen stunden *unde* curzen,
Daz man se suit zubrechen
Und al hie neder uph der erden sturzen.

3065 Ja iz daz nicht eyn wunder,   *b 138 v*
Daz von / des regens giessen   *Pa 54 r*

3044 als *dk.* in *oben vor* ellend *d.*
3045 hie alle *k.*
3046 Sy mag *k.* wol seer] vil
wol *bk.*
3047 hertzlicher mynnenclicher *k.*
3050 in *nach* da *bk.*
3051 wir *b.* willen *fehlt k.*
3054 siet *d,* merch *b.*
3055 oft *fehlt dk.* gemaket *Pa.*

3057 so *fehlt b.*
3060 se *rechts am Rande P.*
3061 ouch *fehlt b.* ristlich *Pa,*
rijsch *d,* rislich *bk.*
3062 vñ *Pdk,* vnd in *b.*
3064 bald sij neter *b,* balde weder
nydder *k.*
3065 Ja] En *d.*

Und von dem dou von onder
Daz gras uz truigher erten sol ontspriessen,
Und uz den dorren bumen allegater
3070 Riser und gezwige,
Cnoppen, bloemen, louber *unde* blater?

Al diz ist hie beneden;
Wie machs dan siin dort ouben?
So uns die meyster reden
3075 Und so wir ouch gemeynliichen gelouben,
So sint da zeen hemel oder *speeren.*
Die zwey haldent sich gar stil,
Die ander acht sich alziit umme keren.

Planeten siin da *seben*;   *P 77 v : d 207 v*
3080 Yezliich leuft yr gezwenze
Mit iren speer gar eben.
Da uben leuft von alre sterren glenze.
Der ist eyn groses creys, geyn cleynes pirkel.
Da in steyt polus articus,
3085 Recht mitten sam eyn centrum in eyn zirckel.

Luna die maen steyt under;
Darnach der Marcurius,

3068 dorrer erdē *d.* sol] mach
bk. ont *fehlt b.*
3069 drugen esten *k.* Vnd vys
den turren esten gruyne rijse *b.*
3070 twige *dk.* Getwige loub
vnd blaeter *b.*
3071 louber blomen *k.* vñ *P.*
bluemē knoppē eñ blader *d,* Gar
mēnichfalt jn also suysser wijse *b.*
3072 Alsus so ist *b,* All sus ist yt
k. hij neden *bk.*
3073 Wie mach es *bk.*
3074 So] Als *dk,* Zam *b.*

3075 so] aeck als *d,* zam *b,* als *k.*
3076 al] al dort *b.* oder] vnd *k.*
sprerē *P.*
3077 sych haldent *bk.* gar *fehlt*
bk.
3079 se^{bē} *P.*
3080 yr] siin *dbk.* gewoente *d.*
3081 seiner *bk.*
3082 von *fehlt Pabk.* dan alre
Pa.
3083 Daer *d.* kriich *d.*
3085 als *dk.* in den *dbk.*

Dan Venus / ouch bisonder; *Pa 54 v*

Dan Sol die *son*, die meyster saen uns sus:

3090 Yezliich had sinen zunderliichen louffe;

Dan Mars, dan der Jupiter,

Dan Saturnus, dan al der sterren houffe.

Eyn jezliich von desen *b 139 r*

Naturliich omme rennet.

3095 Der niinde, so wir lesen,

Steyt stil und is daz firmament genennet.

Die hoge wasser nennen ym die meyster,

Die boven den hemelen sint.

Ouch saen se der cristallen hemel heyst er.

3100 Nu siet wie rechte liepliich *P 78 r*

Had hers gheordeneret.

Die son ontstelt uns diepliich

Der sterren al, wen se *da* her flammeret.

Der vinster nacht moes vlien gen occidenten,

3105 Wen uns des morgens rote

Dort her uphbrichet schoen uuz orienten.

Aber der zeende hemel

Is boven desen allen,

3089 Dar na die sonne *k*. zwaer *nach* son *PPa*. die meister zwair *k*. die *zweimal vor* meister *Pa*. saen uns] sprechen *bk*.

3091 dan der] daer na *d*, dan *b*.

3092 dan al] und al *b*.

3098 oben ande⁹n *b*, ober den anderen *k*.

3099 Ouch spricht men *bk*.

3101 he *d*.

3102 ont *fehlt b*.

3103 al *fehlt d*, licht *bk*. wen] als *k*. d' *P*, daer hyn *d*.

3104 gen] zo *k*. Die duysterheit (heit *oben*) muet to den occidenten *d*.

3106 gedringet *b*, vff drynget *k*. schoen *fehlt d*.

3107–3113 *abweichende Strophe bk*.

3107 Mer *d*.

3107–3113: All deser hemel speren / Die hij (hij *fehlt k*) sint vur (vur syn *k*) genennet / Der tzheende so (als *k*) vns leren / Der meister der Empireü (em-

Da uz die geyst *und* schemel
3110 Mit Lucifer alsament sint gevallen,   *Pa 55 r*
Da in die goede engel sint confirmet.
Dar sullen siin die selligen,
Die von begin got dar zu had getyrmet.

Da tryt miin truterinne
3115 Ym allen voer die danze.
Da sint in eynre minne
Die stolse minnenknecht, die werten scranze,
Die hie so ritterliichen haent ghevochten
Under der minnen banner,
3120 Die uph den caren vritagę wert ontfluchten.

O god wie rechte lustliich   *P 78 v : b 139 v*
Sint da die oughenweyten!
Den danz gebruict man rustliich,
Da al die engel sleen die hemel seyten,
3125 Da sanctus, sanctus, sanctus wirt gesunghen,
Dominus, deus, sabaoth
Aen underlaes mit al der engel zunghen.

Minliich wirt da *gheslenzet*
Von mannen und von vrouwen.
3130 Da geyt / miin vrou gecrenzet   *Pa 55 v*

---

pir:: *k)* ist bekennet / Vnd myt
den seligen geisten ist getzyeret /
Hait (Dis hait er *k)* allein vmb-
uangen / Jn ym men clair die
gotheit speculieret *bk.*
3109 v schemel *P*, onschemel *Pa*,
van schemel *d.*
3113 getyrmet] ghet *Pa.*
3114 t(c?)rygerÿne *d*, troesterinne
b.
3116 irrer mynne *k.*

3118 hie *fehlt,* so heirlich *k.*
3119 der minnen] den *d.*
3120 Die da *k.* caren] gueden *d.*
3121 O] A *Pa.* rechte schoene *bk.*
3123 Jn meisterlichen doene *bk.*
3124 Da *fehlt bk.* al *fehlt Pabk.*
suysse hemels *bk.*
3127 Sōder *d.* al der] aller *k.*
3128 gleslenzet *P.*
3129 vnd] aeck van *d.* von
fehlt b.

Mit sterren zwelb, daz lustlich is zu schouwen.
Da is volmachte vreude an verdriessen;
Da suit man liepliich bliche
Von lieb zu lieb gar minnentliiche sciessen.

3135　In meysterliichen doene
Singt man da die montetten.
Miin vrou, die werte scone,
Can da den nuwen habetans voertretten.
Wie huebscliich suez daz ludent da die phifen
3140　Die symbul und die seyten!
Vorwar daz can geyn minschliich sin begriifen.

Nie *luitzliicher* geberte,　　　　　　　　*P 79 r*
Nach lustliicher *vroude*
Geyn minschliich hers nie gerte,
3145　Nie oor en hoert, nach nie geyn ouch en schoude,
Den da myn vrou dem rey leyd voer yn allen.
Der an den tanz mach comen,
Vorwaar dem is daz lot int schoonst ghevallen.

Wie es dort ist geschaffen,　　　　　　*b 140 r : Pa 56 r*
3150　Daz ist uns gar uncundich.
Waz mach man anders claffen,
Es wert *uph* herten nye geyn minsch so vundich,

3132 ain all *b*.
3133 mȳnē blicke *d*.
3135 doene] wijse *bk*.
3137 Mein frauw wol nach prijse
bk.
3139 Wie haefslick suet *d*, Ja wie
gar suys *b*, Eya we soesße *k*. daz
fehlt bk.
3140 eñ zeiden *d*.
3141 es kan *b*, id yn kan *k*.

3142 lu'tzliicher *P*.
3143 wonnentlicher *b*, mynnenc-
licher *k*. vreude *P*.
3144 Geyn] Nye *bk*. mensch-
lich *b*, mynschen *k*. nie] en *b*.
begerde *k*.
3148 loth gar schoen *bk*.
3149 sij *bk*.
3151 man mach *Pa*.
3152 vph *links am Rande P*.

Ym en moest kunsten vil daraen untbrechen
Al hets ym got / verzeunet,   *d 208 r*
3155   E her dazselb mit woorten uz solt sprechen.

Sol man uns leken luden
Hie icht von uzsaghen,
So mus ment uns mit ruden,
Seeliichen belden zu den sinnen traghen,
3160   Uph daz es von uns gropliich wert begriffen
Nach minschliicher wise,
Went uns der sin is plumph und ungesliffen.

Tamboeren und bordunen   *P 79 v*
Machen da grooz geschinre.
3165   Trumpetten und besunen,
Die connen so ervrouwen gades minre,
Daz da uz vroer herzen wirt gesungen
Daz vroliich alleluja
Mit luder / stem von alden und von junghen.   *Pa 56 v*

3170   Eyn *min* can so durchvlechten
Durchwurzlen und durchzunen
Ir hers und ir gedechten,

3153 Der konst en moist ym vil *bk.* gebrechen *bk.*
3154 Als *P.* getonet *d,* erzewget *k.*
3155 Eer *db,* Ye *k.* sold vitspreken *d.*
3156 leken] tūmen *bk.*
3157 Hier yet van wat *d,* Etzwas hij von *bk.* uz *fehlt d.*
3158 mit ruden] beduten *b.*
3159 Seenlichen *Pa,* Sientlichen *b,* Etzliche *k.*

3160 Uph *fehlt bk.* von *fehlt d.* gropliich] so ruytlich *b.* so rutlich werde van vns *k.*
3161 meisterlicher *k.*
3162 vns dye sin sijnt *bk.*
3164 Machen da] Die machen *b,* Da machent *k.*
3166 minre] dyener *d.*
3169 alden *zweimal Pa.* und *fehlt k.*
3170 Eyn] Ere *k.* miin *P.* se *Pa.*

Daz se nicht vil en dorven heymlich runen,
Went se en vuerten geynre cleffer zwetsen.
3175 Eyn *yetzliichz* vreud bisunder
Die andren al can sunderliich ergetzen.

Cursliichen al vol sprochen: *b 140 v*
Min hat der lieber scharen
Al troeren aeb ghebrochen,
3180 Went se ir liep aen underlaes aen staren.
Se vuerten da nicht al der nyder prueben.
Da is waz vreud can machen
Und nichtes nicht, daz yeman mach betrueben.

Wennt ich uebertrechte, *P 80 r*
3185 Wye mynre vrouwen goete
Da dienen al geslechte,
So is mich alzu herzliich wol zu moete.
Wie liepliich gern daz tru/lych uph ir warten *Pa 57 r*
Die minnentliiche wibe,
3190 Die reynne meechd, die lieben suesszen zarten.

Mit lelywisen rocken
Sint se mit yr vercleydet,
Die zarte hemeltocken

3173 heymelick *vor* en *d, fehlt b.*
3174 Went *fehlt,* Sij en warten b.
3175 Eyn *fehlt k.* yetzliich^z *P.*
sich *oben vor* bisonder *d.*
3176 Die sy al can *d.*
3178 Miin *P,* Mijn vrou *d.* der
lieben] al der *d.*
3179 Alle creaturen *k.*
3181 nicht der arger nijder spoe-
ren *b,* nyt die argen vnd ir spü-
ren *k.*
3182 waz] al *d.* fro *k.*

3183 nichtes nicht] nyet myt allē
d. was vreud *bk.* mach] muegh
b, kan *k.* stoeren *b,* zostören *k.*
3184 Wa *k.* jch es *bk.*
3187 also *d.* So wirt mir so
rechte (also hertzlich *k*) wol *bk.*
3188 daz se *Pa.* Wie truwelich
(dat *k*) sij myt vließ vff sij (vff
sij *fehlt k*) warten *bk.*
3189 Die vysserwelte frauwen *bk.*
3190 Der meyden schaire der
(die *k*) *bk.*

Mit gulden cronen costliich *gar* bereydet.
3195 Die sum tragen ouch cranz von roten lelyen.
Daz sint die ir wertes liip
Durch got uph erten hie haen laen martylien.

Behegliich *unde* costliich
Die biechter geent gegerwet,
3200 Recht sam eyn anger lostliich
Der in des meyen bloet groen steyt *geverwet.*
Ahu, wie rechte vrolich geent se springen,
Wen se mit miinre *vrouwen*
Eyn nuwes liet zem danze moghen singhen.

3205 Eya du zueser nardus,   *P 80 v : b 141 r*
Du balsam uzgegossen,
Wie moes nu sunt / Bernardus   *Pa 57 v*
Diin susszer ruch siin herze han durchvlossen.
Wie liepliich zart wirt nun an ym gewrochen,
3210 Daz her zu dinen labe
So mennich luitzliich wort hat hie gesprochen.

Nu daer ir werten goeten,
Nu danzet *unde* springet!
Yr stolzen wolgemoeten

3194 gar *fehlt* PPad.
3195 Sōmygē *d.* Ouch haint sij krenser von purpur vaī lylien *bk.*
3196 yr vyll *k.*
3197 Durch got *und* hie *fehlen d.* hie vph erten *Pab,* haynt vff erden *k.* doin martylien *b.*
3198 vn̄ *Pd.* Begerlich (Bevellich *k*) gar vnd schoen *bk.*
3199 Die] Vill *b.* priester *bk.*
3200 als *dk.* der anger groen *bk.*
3201 Der *fehlt b.* steit schoen *b,* schoyn steyt *k.* geureuwet *P.*

3202 Ahoe *Pa,* Och *d,* Eyach *b,* Ach *k.* wie *fehlt Pa.* lustlich *bk.*
3203 vrouē *P.*
3204 to den danse *d,* zo dantze *bk,* zem danz em *Pa.*
3207 moes *fehlt d.* nu *fehlt b,* ym *k.*
3208 rijch *Pa.* nv hain *b.*
3209 zart *fehlt d.* nu *fehlt k.*
3211 hij hait *b,* hait ee *k.*
3213 vn̄ *Pdbk.*
3214 Ir stoltze werte luyten *b.*

3215   Lachet, jubileret *unde* singet,
        Sam David der psalmiste had gescreben:
        »Singt den here nuwen sanc,
        Went her hat wunders vil mit uch getreben.«

        Eerliiche togentriichen,
3220   Yr schar der merteleren,
        Die hie so ritterliichen
        Ur etel bloet durch gades min dorst reren,
        Wie lustliich steent ur antlitz nu und blosen.
        Ur cleyder steen und glimmen,
3225   Sam in dem somer steen die roten rosen.

        Daz yr ye haebt gheleden,   *P 81 r*
        Daz dient uch nu zu zalten.
        Yr habet wol / gestreden;   *Pa 58 r*
        Yr haebt die eer und ough den sigh *behalten.*
3230   Yr gaet bi miinre vrouwen dort gecronet.
        Ur ritterliiches streden
        Wirt uch nu honderttusent valt gelonet.

        Ja die fromen zwelb paten   *b 141 v*
        Die hie vor an der spitzen
3235   Gegen die viant traten,

3215 Nv lachet *bk.* vñ *Pdbk.*
3216 Als *dk.*
3219 Cerlijchen *Pa.* Eya vil
tuegentrijche *bk.*
3222 werte bluyt *bk.* min]
hulde *b,* willen *k.*
3223 ansicht *d.*
3224 Ur] Eñ *d.* cleyder schoen
geverwet *bk.*
3225 winter *b.*
3226 Dar *P.* ye] hie *Pabk.*
3227 komt *d.*

3228 aeck wal *d,* vil wol *bk.*
3229 becregē *vor* behalten *P.*
3231 In *PPa,* V *d,* Vwer *k.*
vechten *bk.*
3232 hondert *fehlt k.* tusent
fehlt Pa.
3233 die] yr *k.* fromen *fehlt d.*
paten] fursten *bk.*
3234 Die sich vur jn den spitzen
bk.
3235 Den vyanden bieten tursten
bk.

Die solen davoer uph den richtstoelen sitzen   *d 208 v*
Zem jungsten dagẹ – daz ist eyn grozes vurtel –
Und selen helfen wisen
Die rechtvertighen strengen gadesurtel.

3240   Costliich can sich ouch ziren
David mit dem profeten.
Mit riichliichen saffiren
Sint uebersprenst yr cleyder bla gesneten.
David mach nu siin dochter wol geleret
3245   Von antlitz zu antlitz zeen,
Da von *se* al hant oft geprofiteret.

Truyt vrouwe alre vrouwen,   *P 81 v : Pa 58 v*
Wie moez siin hers durchflammen,
Wen her dich mach anschouwen,
3250   Daz du gebaren bist von siinre stammen,
Da al der werelt heyl is durch geberet.
Vorwar es ist geyn wonder,
Daz her in gadẹ da seer von glorieret.

Ahu, ir patriarchen,
3255   Yr lieben alten vater,

3236 davoer *fehlt bk,* da voren
Pa. richtstoelen] tzwelff stuelen
bk.
3239 strengen *fehlt d.*
3240 sy *k.*
3242 ritterlichen *b.*
3243 auer spryngt *d,* vber satz *b,*
vbersat *k.*
3245 ansicht *beidemal d.* Myt
freuden grois anschouwen *bk.*
3246 se *rechts am Rande P.* al
fehlt b. oft *fehlt k.*
3248 herts *zweimal Pa.*
3251 is vā *d,* durch ist *Pa.*
3253 Dz her davon *Pa.* da von

seer *b.*
3254–3260 *abweichende Strophe*
bk.
3254 Al *d.*
3256 seer guet *d.*
3258 gulden *d.*
3254–3260: Alsus mein frauw ain
schertzen / Ervrouwet ouch myt
rechte / Der patriarchen hertzen /
Want sij an sehen die bloem vys
yrme geslechte / Ontsprossen ho
vnd also wijt gebreydet / Das se
dees gantze werlt / Vnd hemel-
rijch myt yrre tzierheit cleydet
bk.

Es is gar goet zu merchen
Wie vro, wie bliid, daz yr nu siit algater,
Nu yr mit uren goltfaren cleyden
Bi miinre vrouwen swenzet,
3260 Da Adam uch so lang had von gescheyden.

Trouwen yr muecht wol grueszen   *b 142 r*
Liepliich die maget reynne,
Die uch daz leyd cond buessen,
Das Adam had gedaen uch algemeynne.
3265 Vorwar, / ir mucht wol vroliich mit ir haben;   *Pa 59 r*
Yr muecht yr bilch dienen
Und alziit eren, dancken *unde* laben.

Wa nu yr alt ermiten,   *P 82 r*
Yr munche und ir phaffen
3270 Und ir annachoriten,
Ur antlitz, die so bleych weren geschaffen,
Die steen nu alziit vroliich *unde* lachen.
Wie is dis sus verandert?
Can diz die liebe zart algater machen?

3275 Ir habet zwar ur horden
Und *matten* wol ghevlochten.
Yr sit al nu ludę worden,

3261 Trulich mueghd ir *bk.*
3262 Liepliich] Vur wair *bk.*
3265 Des muegt ir billich *bk.*
vroliich] vreud *b.* haben] hoef-
fen *k.*
3266 Ir vmmermee ouch dienen
bk.
3267 vn̄ *Pdbk.*
3268 Waer sijnt nv ghi eremyten
d. Wa sint ir *bk.* alt *fehlt b,*
nw *k.*

3269 und *fehlt bk.* ir *fehlt d.*
werten *bk.*
3270 *oben d.*
3271 die da waren bleich *b.* so
fehlt k.
3272 frolich alzyt *k.* vn̄ *Pdbk.*
3274 die werte suysse frauwe *b,*
die soesse werde frauwe nyt *k.*
algater *fehlt bk.*
3276 natten *Pk,* vr natten *Pa.*
3277 al nu] vernuwet *bk.*

Yr laest al wold yr vliegen durch der luchten.
Wa sint nu ir gryse grawe locken?
3280 Yr danzt nu mit den vrouwen
Mit custeliichen, purperverwen rocken.

Nu loufet und trincket
Nach / uwers herzen wonne, *Pa 59 v*
Daz uch miin vrouwe schincket
3285 Uz den clingenden lebendigen bronne.
Se is der bron beslossen mit den siegel.
Se macht daz yr al staret
In der claren ewigen gotheit spiegel.

Maria bron besiegelt, *P 82 v : b 142 v*
3290 Lustliich, beslossen garte,
Al hemels heer sich spiegelt
In diner scoonheit, uzerwelte zarte.
Mit ganzer vliis recht liepliich uph uch waren
Cerubin und ceraphin
3295 Gar dienstliich mit al der engel scharen.

Wie *rechte* swinde weitliich
Is diin pallas geziret.
Ach got, ob daz bescheitliich
Mit woorden uuz mocht siin geblaseneret,

3278 Sij sint verwonnē gar (zwair *k*) die myt vch vochten *bk*.
3279 nu] gedraen *b*, worden *k*.
3280 danzt nu] habent *b*, houet *k*.
3281 Von *b*.
3283 uwers] al vrs *b*.
3285 clingenden] claren *d*. lebēden *Pa*. Want sij vch schincht (vsß *k*) des lebens brūne *bk*.
3286 Se is der bron] Besclossen vnd bezeichnet *k*.
3287 Ouch hait sij das erworben *b*, Sie hait vch erworuen *k*.

3288 Das ir da schouwet (beschauwet *k*) Clair (Clair *fehlt k*) der gotheit spegel *bk*.
3293 uch] dich *bk*.
3294 Ser cherubin *Pa*. Die seraphin vnd cerubin *bk*.
3295 Seer *d*. hemel scharen *b*.
3296 rechte *durchgestrichen vor* rechte *P*. Wie schoen wie (vnd *k*) wol nach prijse *bk*.
3298 Och got das vns die wijse *bk*.

3300   Wie zartliich daz *diins* dort wyrt wargenomen
In daz nu Jherusalem,
Daz sunt Johan sach von dem hemel comen.

Licht steyt die stat und schimmert
Von gades claerheit alle,
3305   Sam teur / gesteynte glimmert   *Pa 60 r*
Recht sam se weer von jaspus und cristalle.
Ouch had deşe stat yr muren, schriibt derselbe,
Sunderlingen gros und houch,
Und consteliicher porten haet se zweelbe.

3310   Ich moes miin woorten nemen   *P 83 r*
Uz sunt Johannes woorten,
Wie wol se mir nicht zemen.
Her scribet, daz in desen selbe porten
Siin zwelb hornic, da in daz men mach vinden
3315   Die zwelb naam ghescreben
Von den geslecht der israelsche kinden.

Ey loegh wie rechte rude,   *b 143 r : d 209 r*
Daz her diz uebersetzet,
Uf daz wir tumbe lude
3320   Zu bas versteen und werden des ergetzet.
Ouch wart es ym von got also verzeunet

3300 diin *Pk.*
3302 Da *Pd.* von] vyss *bk.*
3303 Lich^t *P.*
3304 goltes *b.*
3305 Als *dk.*
3306 sam] off *d,* ob *b,* abe *k.*
3307 yr muren *fehlt k.*
3308 Groes vnd hoe besonder *bk.*
3309 Vn *P.* costlijcher *Padbk.*
haet se] waill *k.*
3313 orten *b.*

3314 hurint *Pa.* Synt horich xij
steyne *k.* daz *fehlt bk.* mach
man *k.*
3315 naen *Pa.*
3316 der *fehlt k.* kinderen *Pa.*
3317 siet *d.*
3319 Vm daz *Pa.*
3320 Zu] Das *b,* Sie *k.* des]
ouch *bk.*
3321 so *d,* sus *bk.* afenbaere *bk.*

In daz eylant von Phadmos.
Daz ist ganz war, dez en docht nicht geleunet.

Recht quadraet steit gescheret   *Pa 60 v*
3325 Desẹ stat nach sinen woorden.
Dri poorten steent gekeret
Gen orienten *unde* drie gen noorden,
Gen suden drie *und drie* gen oxidenten.
Ouch han der stat moeren,
3330 Alzo her scribet, zwelb fundamenten.

In den so is gar eben   *P 83 v*
Die zwelb naem der paten
Und ouch des *lams* gescreben.
Freu dich, du zuesse moeter vol genaten,
3335 Daz ist von dinen zarten libẹ gecomen
Daz eynvelteghes lemmel,
Daz der werelt sund haed aeb genomen.

Behendicheit mir gebrichet
Al siin worden zu scriben,
3340 So her selbe sprichet.

3323 Da er was jn ellend mennich
jare *bk*.
3324 vierkant *bk*. gesieret *d*,
getzieret *bk*.
3325 Die *bk*.
3326 Dri] Die *d*.
3327 Gen] Ten *Pa*, Int *d*. vn̄
Pd. int noerden *d*. Zo ousten
vnd ouch (ander *k*) drie zo nortē
bk.
3328 Gen] Twen *Pa*, Int *d*. und
drie *fehlt P*. In suyten (Zo orient
k) drie vnd drie zo occidenten *bk*.
3329 der stat] sij ir rijche *b*, die
riche *k*.

3330 tzwelf guete *b*, xij kost-
liche *k*.
3331 so *fehlt k*. is] sint *bk*.
3332 Der tzwelf botten namē *bk*.
3333 Und *fehlt Pa*. lamˢ *P*.
3334 Ervrou *Pa*. du *fehlt Pa*.
Ervreuwe dich o (werte *b*) frauw
ain schamē *bk*.
3335 Daz] Sint *Pa*. zarten *fehlt*
bk. herkomen *bk*.
3337 alder *Pa*, al der *b*, alle der
k. vff sich genomen *k*.
3339 Sein word al vys *b*, All
visß syne wortte *k*.
3340 se *vor* selbe *Pak*. Zam er
vns dye selbe spricht *b*.

Doch meynd ich ummer bi den *sin* zu bliben,
So ich alre *nechste* can gerachen.
Miin hirn is mir zu itel
Von woord zu woord beid sin und riim zu machen.

[*Pa 61 r*

3345 Vrou miin, nu wil myr sture   *b 143 v*
In mynen herzen geben,
Lieb, sussze, reyn gehure,
Sint ich deṣe liet durch dich han angeheben.
Haen ich diin hulf, so mach mir nicht gebrechen.
3350 Du bis so vol genaten,
Wolstu, du solds eyn esel wol doen sprechen.

Sus scriibt der voorgenende,   *P 84 r*
Doe mit ym sprach der engel,
Die had in siinre hende
3355 Eyn maes von eynen *gulden* raren stengel,
Damit her viercant mas und ueberleyde
Stat, moeren und porten.
Doe was all eyns die lengtd und ouch die breyde.

Eyn lengt, eyn hoechst, eyn wide
3360 Had se von *maess* besessen.
Daz waz zwelb dusent scride
Recht quadraet mit den rare uebermessen.
Nu had / die maes der muren uzgesondert   *Pa 61 v*

3341 Ydoch so meyn ich *bk.*
ummer *fehlt bk.* by dem selben
b. zin *nach* sin *P.*
3342 es alre *bk.* nechst *PPadk.*
geramen *bk.*
3343 Wie wol ich nicht en setze *bk.*
3344 zu woord *fehlt Pa.* zu
machen] zo samē *bk.*
3345 Vrauw zart *bk.* myr *fehlt k.*
3347 Vil suysse *bk.*
3348 haen durch dich *Pa.*

3349 Wirt mir dein hulf *bk.*
3351 du soltz wol *b.*
3353 Die *Pd,* Der *bk.*
3355 guldē *rechts am Rande P.*
aren *d,* roten *b.*
3358 gelijch *bk.* ouch *fehlt b.*
3360 se] er *k.* maessen *P,*
moisse *k.*
3362 roeten *b.* mit den rare
fehlt d. al aber metzē *d.*

Den menscen maes des engels,
3365   Wol vier und veerzich cupitus und hondert.

Truit suesse vrouwe reyne,
Sus is diin stat vernuwet.
Von jaspus dem gesteyne
So sint die moeren al alum gebouwet.
3370   Inwendich is se schoenre vil und truter
Von purem golde reyne,
Recht sam se werę gelasen pur und luter.

Behegliich can her ziren   *P 84 v : b 144 r*
Die zwelb fundamenten.
3375   Von jaspus, von saphiren
Steen deerste zweyn und flammen sam se brenten.
Daz dritte, spricht her, han ich recht behalden,
Is von calcedonien.
Daz vierte es von riichliichen miralden.

3380   Ey got, het ich vernumfte
Zu merchen, waz ir meynte!
Von sardonix is daz vunfte.
Daz sexte is von sardius den gesteynte.
Daz sebendę ist geziret von crysolde,

3366 suesse] werte *bk.*
3368–3369 *fehlen Pa.*
3369 alum] om *d.* vmb vnd
vmb *bk.*
3370 guter *d.*
3371 golde] gutde *k.*
3372 ob *b,* als *k.*
3373 her] sii *bk.*
3375 vnd van *k.*
3376 Steen *fehlt bk.* dirste *Pa.*

und *fehlt bk.* flāmeren *b,* flam-
mineren *k.* ob *b,* als *k.*
3377 ichs *Pabk, t oben nach* ich *d.*
3378 cassidonyus *d.*
3380 eAy *Pa,* Eya *bk.* got *fehlt*
bk.
3381 ir] dis *Pab.* Wat dat be-
duten meyne *k.*
3382 is *fehlt b.*
3383 sardonis *k.*

3385   Daz achste von berykel,
        Daz niinde von top/pas gheliich den golde.   *Pa 62 r*

        Nye dinc so schoen en blincten,
        Sam yetzliicher wol *mirchet.*
        Crisopassus, jacincten,
3390   Von den zwey steynen sint gar schoen gewirchet
        Daz zeende und daz ylfte mit spheher listen.
        Daz zwelphte is geziret
        Mit den gesteynt, die man heist ametysten.

        Es wart zu geynen ziten   *P 85 r : d 209 v*
3395   So schonen stat gheschouwet.
        Zwelb costeliiche margriten,
        Da uz sin die zwelf porten schoen ghebuwet
        Und yesliich is doch sunderliich geziret
        Von sunderliichen pherlen.
3400   Wa wart ye me so ryches icht vysiret?

        Dis is die stat uns vater,   *b 144 v*
        Die her uns wil aen erben
        Uns cristenluit algater,
        Wa wirs mit wil nicht selb alhie verterben.

3385 berille *dbk.*
3388 Als *k.* ytlich mensch *bk.*
merchet *Pd.*
3389 vnd jacincten *k.*
3391 Myt speer lijst dat zweilffte
ys gezeret
3392 Dat zeynde dat eilffte *k.*
3393 den *und* die man *fehlen b.*
geheissen *b.* Sundelich na wirt
ye mer so riches yt viseret *k.*
3394–3400 *fehlen k.*
3395 So costlicher stat gebouwet
b.

3397 Da uz *fehlt PPadb.*
schoen] costlich *b.*
3400 rijchlichs *Pa.* icht] yet *d,*
ye *b.* versieret *b.*
3401 Dis (Ed *k*) ist vns erbe
schoen *bk.*
3402 Da wijr zo sint gebaren
(erkoren *k*) *bk.*
3403 Dort oben jn den troen *bk.*
3404 selb *und* hie *fehlen d.* Ob
das durch vns myt wil nicht wirt
verlaren *b,* Wa wir yt myt willen
nyt vurboeren *k.*

3405 Dese hat uns miinre vrouwen son gecoufet
Mit sinen teuren bloete,
Uns allen, die hie cristliich sint getoufet.

Ich der mich wol beroemen: *Pa 62 v*
Wer leebt nach sin exempel,
3410 Daz die da in sal comen.
In deser stat en is ouch geynen tempel,
Went her der schepher alre *creature,*
Unser heer god almechtich,
Is selb der tempel und daz lam gehure.

3415 Cleyn, ja nichtes nichtes *P 85 v*
Bederf man da der sonnen,
Die maen nach sulches lichtes.
Nu mocht eyn graber *vragen* onversonnen:
Wez seen se dan, wist ich alzu gherne?
3420 Daz licht uns heren gades,
Daz ist ir licht, daz lam is yr lucerne.

Tach und nacht steent ophen
Yr porten unbeslossen.
Sus darf man da nicht clophen.
3425 In iren licht die luyd gaen onverdrossen,

3407 cristen *bk.*
3408 Ja wer das (dyt *k*) lam kan mīnen *bk.*
3409 Vnd folgen sein exempel *bk.*
3410 Der sol die (diese *k*) stat gewinnen *bk.*
3411 Jn ir en ist ouch anders kein tempel *bk.*
3412 Went] Dan *b,* Wan *k.* ist aller *b.* creaturē *Pdb.*
3413 heer] vater *bk.* allweldich *k.*
3414 Is selb] Er ist *bk.*

3415 ja] ob *b,* vnd *k.* dar zo nichtes *k.*
3417 nach *fehlt,* der sternen lichtes *bk.*
3418 mucht licht *bk.* eyn graber] eyner *k, fehlt b.* vragē *rechts am Rande P,* vragen ein *b.*
3419 daz wist ich *Pabk.* alzu] vmmer *b.*
3420 Die son die got selber ist *bk.*
3425 die luyd *fehlt bk.* geent sij gar *bk.*

Die god da in zu comen wil verhenghen.
Die *coninghen* der lande
Sullen ir eer und glory da in brengen.

Vinster nacht en sold nummer *b 145 r*
3430 In deser / stat gewerden. *Pa 63 r*
Glory und eer ummer
Sullen da in brengen die luyd deser erden,
Und niht besmitst en wert da in ghenomen.
Die hie unmensceyt triben
3435 Und lugentael, die mogen dort niht comen.

Sus werden da erheben *P 86 r*
Die werte labesammen,
Die da sint geschreben
In den bouch des lebens und des lammen.
3440 Apocalipsis is des boeches tytel,
Da man uns diz in leset
In den eyn und zwinzichsten capytel.

Fantesyge lude
Als ich und miins geliiche,
3445 Die mochten nu gar rude
Dencken: steyt es sus in hymmelriiche?

3427 coninghin *P.* Die coningh
vnd fursten *bk.*
3428 Die sullent da bk. ir *fehlt*
k. da in *fehlt bk.*
3429 inster *Pa.* sold] yd *k.*
3430 sall werden *k.*
3431 Eer vnd glorie *bk.*
3432 Vnd all das vreuwet sol da
jn volherten *bk.*
3433 Was smitze hait das wirt da
(ynne *k*) nicht genomen *bk.*

3434 Vnd was nach fleische lebet
bk.
3435 da *Pa.* Vnd got nicht rucht
das mach da nyt jn (yn nyt *k*)
komen *bk.*
3438 Al die *bk.*
3439 Dort jn *bk.*
3443 Fantasierend *b.*
3444 Zam *b.*
3445 gheerute *Pa.*
3446 yn dem *k.*

Neyn, daz en scriibt her nut, der goet sunt Jannes,
Daz wirt so solden nemen,
Daz waz die meynung nicht des heilgen mannes.

3450   Recht sam die tumbe dyren
Nicht en cunnen begrifen
Die minsch/liiche maniren –   *Pa 63 v*
Wie sold man eynen esel leren phifen
Oder eynen ox discant leren singhen –
3455   Nicht me en moghen menschen
Ghesprechen uz die ho hemelsce dinghen.

Wir moghen nicht betrechten   *P 86 v : b 145 v*
Mit unser tumben reden,
So lang als wir noch vechten
3460   In der stridender kirchen hie beneden,
Wies in der sygender kyrchen si geschaffen.
Dese kyrch hie heyst mylitans
Und die triumphans, sus saen uns die phaffen.

Cursliich gesacht, al geyste,
3465   Die dort gotz antlitz schouwen,
Die minsten und die meyste,
Von kinder, meechden, mannen oder vrouwen,
Da zu die drie engelsce *ierarchien,*

3447 goet sunt] selb *b.*
3448 Das men es *b.* dat *oben
nach* wyr *d.*
3449 waz *fehlt Pa.* die] sein *bk.*
3450 als *k.*
3451 Die kunnen nicht *bk.*
3452 Die] Vns *b.*
3454 den ox *b.* leeren discante-
ren vnde singen *Pa.*
3455 Also en kūnen menschen *bk.*

3456 Nicht vyss gesagen die (die
fehlt k) gotliche dinghen *bk.*
3460 Jn deser *bk.*
3461 si] is *d.*
3462 hie *fehlt bk.*
3463 die *fehlt nach* Und *d.* Die
ander heist *bk.* sus *und* uns *feh-
len bk.*
3467 oder] vnd *b.*
3468 Dz *P.* ierachiē *P,*

Steen al onder der banneer
3470 Der lieben, zuessen, reynen meyt Marien.

Trotz al den helschen wormen,
Wen se eyns dorsten dencken
Enni̧ch / stat of huus zu stormen,   *Pa 64 r*
Da man yren standert uz suit blencken,
3475 Se mogen wol verliesen aen nicht winnen,
Da mynre vrouwen bannir
So vrisliich steyt und vlackert uph der zinnen.

Wer so alhie can striden   *P 87 r*
Gen alre leyd temptaci
3480 In welden und in liden,
Daz her behelt der zarter maghet graci,
Und vor den grosen drache *nicht* erzittert,
Der had hie wol gestreden
Und menliich und ritterliich gherittert.

3485 Sol ich die waerheit sprechen?   *b 146 r*
Wer sulchen *heubther* couset,
Dem mach / man nicht in brechen;   *d 210 r*
Wie vil schermutzing daz her ouch verlouset,
Her moes den zeegh behalten doch zem lesten.
3490 Ja wie sold her verliesen,
Die sulchen heubtherȩ hat zu sinen besten.

3469 Sij steent *b*.
3472 Wen] Dē *P*, Ee *bk*.
3473 Ein stat ob (ader *k*) slos *bk*.
3474 marien standert *bk*.
3475 aen] mer *d*, vnd *bk*.
3477 So herlich *bk*.
3478 Wy alzo hy *d*, Wer hij also *b*, Wer hie ynne also *k*.
3479 Jn aller ley *bk*.
3481 lieber *b*, werden *k*.
3482 nicht *links am Rande P*.
3483 hij wol gesegelt *b*, so woll geseget *k*.
3484 Vnd ritterlich myt eren wol gerittert *bk*.
3486 heubthe *P*, heupt heren *Pak*, heubtheer *d*, houbt her *b*.
3488 daz *fehlt Pab*. verloufet *d*.
3489 doch *fehlt bk*.
3490 Ja] Ey *b*, *fehlt k*.
3491 dem besten *k*.

Wen man daz waer sol saghen,
Wir mogen cuenliich / ringhen.   Pa 64 v
Weer wyr nut rechte zagen,
3495   Wir solden bilchs zu stride darnach dringen
Um menliich voir zu treden in der spitzen.
Went we den striit hie winnet,
Die sol dor dat vaterlant bezitzen.

Es hat gesacht der groser,   P 87 v
3500   Die rechtvertige richter,
Uns macher, uns erloser:
»Qui viceret possidebit hec« – spricht er,
Uns liebe heer, uns vater und uns brocter –
»Und ich sol ym eyn got siin,
3505   Und her sol mich eyn son siin« – spricht der goeter.

Nu loegh wie rechte goetliich
Troost her uns zu den crighe.
Doch moessen wir behoetliich
Striden, wil wir hoffen zu den zige.
3510   Suit her, daz wir uns selbes glori suechen
Und siin eer nicht en meynen,
Ich vuert, her sol uns stridens nicht vil ruechen.

3492 Voirwair mach men wol
saghen *bk.*
3494 Weñ *Pa.* vertzagen *d.*
En weren wijr nicht tzagen *bk.*
3496 Das mē vns vund altzijt jn
bk.
3498 aldort *Pa.* ouch dort *bk.*
des vaters lant *b.*
3501 macher] scheffer *bk.*
3502 vӯcerit *Pa.* hic possedent
b, hic possedebit *k.* hec] dit *d.*
3503 Vnᶻ *P.* Vns her got *b,*
Vnsse here *k.*

3504 ich *fehlt k.*
3506 syet *d.*
3508 Doch] Nv *b,* So *k.* behent-
lich *k,* behutlich *d.*
3509 Volherten willen wijr *bk.*
3510 Vnd syn ere nyt die vnser
soichen *k.*
3511 nicht sijn eer *b.* So mogen
wir ere gewynnen *k.*
3512 nicht vil] weinich *b.* Ayn
eme de vnsser verderlich will roi-
chen *k.*

Tougentliich und inwendich   *b 146 v*
Can uns unsę viant ruren.
3515   Her is so gar / behendich,   *Pa 65 r*
Daz her uns al unsę wege nach can spuren,
Und leecht uns menge heymeliiche laghe.
Vorwaer her slefet nummer;
Her schaft siin best bi nacht und ouch bi daghe.

3520   Reyn userwelte goete,   *P 88 r*
Wen du uns nicht woldęs helfen,
Zo hulf uns zwar geyn hoete.
Went wir geliichen al die jonge welfen,
Di ym selben nicht en cunnen betwinghen,
3525   Sę en moesen wiltliich loufen
Na alle dier, daz se seen vor hem springhen.

In busch, in dorn, in haghen
Willen se nicht verzien
Ir toorliich nachjaghen.
3530   Sus leeb wir ouch mit unsen fantasien,
Die uns al blintliich in die dorn doen loufen.
Dis can der duvel machen.
Her untsleyt siin mers, wer wil, der mach coufen.

3513 Togentlich *b,* Tougen *k.*
3514 Der vyant vns an *(*aen vns *k)* rennet *bk.*
3515 gar so *b.*
3516 can nach *Pa.* Das er vil wol al vns wege kennt *bk.*
3517 Vnd hait gestalt nv hij nv da *(*vnd dan *k)* sijn lage *bk.*
3519 by dem dage *k.*
3521 Ob du *b.*
3523 al *fehlt d.* Want wijr sijnt wol *(*wol *fehlt k)* gelijch dem jongen welffen *bk.*
3524 Die selb sich *bk.* vn *Pa.*

3525 wiltlich loufen] gumpel trijben *bk.*
3526 Myt alles das *(*alle dem *k)* sij vur yn her sient springē *bk.*
3527 vnd in hagen *k.*
3528 Sij willent nicht *bk.*
3529 Ir louffen vnd ir jagen *bk.*
3530 ouch *fehlt bk.*
3531 al] of *Pa.* al blintliich] deit *k.* doen *fehlt k.*
3533 Sijn mertz *b,* Synen kraym *k.* ontslyest er *bk.* wer] der *k.* da wil *bk.*

160

Satan, ich wold vil gherne,   *Pa 65 v*

3535 Daz ich dich oft verzornte,
Du sebenheubdegher verne,
Du alder roder drach mit zeen gehurnte.
Ach wie benides du die godsercaren,
Die daz sullen besitzen,
3540 Daz du mit diinre homoet haes verlaren.

Toe hin, toe hin diin merse,   *P 88 v : b 147 r*
Diin cramen und diin leufen!
Ich snoedste alre converse,
Ich haf zu gade, ich wil mit dir nicht keufen.
3545 Went tbeste, daz mir werden mocht zu deyle,
Daz weren grabe sunden.
Ich ken die war wol, die du trages veyle.

Wafen! si luit geschrouwen
Dort in den zeenden hemel,
3550 Da *die selligen* rouwen,
Daz ich oft zam eyn swar geladen kemel
Mit diinre merseryen haen gaen trossen.
Ich weer untladen nummeer,
Hed ich der reynre maghet nicht ghenossen.

3555 Ja wie daz ir der clagen
Siin noot / unde machen cundich,   *Pa 66 r*

3535 oft] oech *d*, mucht *oben Pa*,
fehlt k.
3538 Wie wol du benijdes hij
gaitz erkaren *b*, Wy woll du hije
byntz die gotz erkoren *k*.
3539 Sij sullen doch *bk*.
3542 vnd ouch *b*.
3543 armer snoed conuertze *b*.
3544 zu] in *b*, aen *k*.
3546 Das wer ein toet der zielen
bk.

3547 Jch weis (waill *k*) das du
nicht bessers (anders nyt *k*) dre-
ges veyle *bk*.
3549 Bys *b*, Vntz *k*.
3550 Da jn *b*.   de sellige *P*.
rogen *k*.
3551 jcht *b*.   oft *durchgestrichen*
Pa, *fehlt dk.*   als *dk.*   swar
fehlt k.
3553 Noch wer ich nicht ontladen
bk.

Dem can se nicht versagen.
Es wart uph erten nye keyn minsch so sundich,
Die ir genaat mit herzen dorst begheren,
3560 Her en wart schir getroostet,
Went waz se bid, daz moez ir got gheweren.

In dien daz eyn wil schouwen   *P 89 r*
Die sund und weterstreben,
Se wirft eyn gans berouwen
3565 Und deyt ym gensliich al siin sund vergeben.
Die se mit vurigher liebt can geminnen,
Daz mach die zeel vil reynre
Den in den vegvur hondert jaer zu brinnen.

Helft mir doch liebe broeter,   *b 147 v*
3570 Ir werten cristen alle,
Dancken der zarter moeter,
Die mich verloest hat von dem grosen valle;
Daz se sus onverdeent mich haet gerucket
Uz des duvels nette,
3575 Da ich in lach verworren und bezucket.

3557 mach sij *bk.*
3560 Vnd sij myt flies an rieffe *bk.*
3561 Sij moist ym troist vnd alles guet geweren *bk.*
3562 Itzlich der sund wil *b*, In iglich der sunden *k.* wil *fehlt k.*
3563 Vnd sich da *b*, Wilt vnd *k.*
3564 Soe wirts *Pa.* Dem wirbet sij beruwen *bk.*
3565 gensliich *fehlt*, alle sein mistait *bk.*
3566 Laist vns dan se myt steter liebe mȳnen *b*, Dar vmbe laisset vns myt steder leiffde sy mynnen *k.*
3567 Dat sal vnsse sele me reynigen *k.*
3568 Wen *bk.* tusent *Pa.*
3569 doch] nv *bk.*
3571 werter *bk.*
3572 vys dem swerē valle *bk.*
3573 myr suz ōuerdyenet *d.* sus *fehlt*, meins onverdienet *b.*
3574 Hin vys *bk.*
3575 Da ynne ich lach *k.* betrucket *Pa.*

E se lies eyn verdaumet   *Pa 66 v*
Von iren minsten knechten,
Es sold e siin verzaumet
Al hemels heer mit yr da voir zu vechten.
3580   Wol aen, laest uns ir dienen al geliiche.
Die ir mit trouwen dienet,
Den loent se mit eyn ganzen hemelriiche.

Se is al dings geweltich   *P 89 v : d 210 v*
Hieneden und dort ouben.
3585   Ir list es mennichfeltich;
Se pliit den duvel mengen rouf zu rouben.
Daz had se an *Teophle* wol gezeunet,
Der brieb und ingesygel
Ghegeben had, daz her had gods *verleunet*.

3590   Was se wil oder machet,
Daz moes yr son ouch willen.
Wen se eyns vruntliich lachet,
So can se sinen zorn gar liepliich stillen.
En ded ze zwer, der wegh wurd uns zu enge,
3595   Went al / is god barmherzich,   *Pa 67 r*
Hi is dabi rechtvertich *unde* strenge.

3576 Eya ir stoltze knechte *bk.*
3577 Nach iren dienste ringet *bk.*
3578 versament *Pa*, versuemet *d.*
Ir du des billich met rechte *bk.*
3579 Sint sij vch sulchen leen
hait vur (vor hait *k*) gedinget *bk.*
3581 Vnd ritterlich volherten *bk.*
3582 Sij loent vns myt den
schoenē hemelrijch *bk.*
3583 Sii jst nechst got *bk.*
3584 vnd ouch da *k.*
3585 konst *bk.*
3586 Sii kan die (den *k*) tubel
mēnicherley (mannicher wise *k*)

beroben *bk.*
3587 teophse *P.* wol *fehlt bk.*
3589 da jn er *b*, da myt er *k.*
had *fehlt bk.*   v *von* verleunet
aus g *geändert P.*
3591 moes] willt *k.*
3593 So can se] Das kan *d.*
wol *fehlt bk.*
3594 En] Vnd *Pa.* Deet sij
nicht *b.* wurd] wer *b.* zu] gar
dk.
3595 Wie wol *b.* al *fehlt k.*
3596 da by ouch *k.* vñ *Pdbk.*

Siin rechtvertige urtel   *b 148 r*
Sold nieman mogen dragen,
En hed wir nicht zu vurtel,
3600 Daz se uns siin genate can bejagen.
Die minnentliiche, zarte keyserinne,
Se can und wil uns helfen.
Danc haeb yr werte, liebe, suessze minne.

Cund ich zu iren labe,   *P 90 r*
3605 Wolt ich noch yetzwas claffen,
Wie dort in iren habe
Al geyst zu iren *dienst* sint geschaffen, ·
Wie die nuyn coor der engelscer partyen
In drien sint geteylet,
3610 Yezliiche drie *in eynre ierarchien.*

Recht sam heymliich raetgeben
So sint die hoochste geyste
Yr heymeliich beneben.
Deṣe schar, die sint nach yr die alre meyste
3615 Und warten / yrs gar liepliich *unde* schone.   *Pa 67 v*
Dese dri sint geheyssen
De cherubin, die ceraphin *und* trone.

Ir dienen ouch die crechtigen
Und die heersce heren

3599 zu] daz *Pabk.*
3603 liebe suesse w'te *Pa,* liebe
werte suysse *b,* vyll zarte werde *k.*
3605 Ich wold noch *d.*
3607 Alle geysten sijnt zo yren
lob geschaffen *bk.* dienſt *P.*
3608 die *oben b.*
3609 getzeychent *b.*
3610 Vnd itzlich *b.* yn yrer *k.*
in eynre (*wiederholt und durch-
gestrichen*) ierachien *P.*

3613 In hemelrich *k.*
3614 Die schair *b.* die *fehlt
Padk.* sint] ist *b.* alre *fehlt d.*
3615 vñ *Pdbk.*
3616 genennet *bk.*
3617 Die seraphin die cherubin
Pa, Cherubyn seraphyn *d,* Sera-
phin vnd (vnd *fehlt k*) cherubin
bk. und vñ die *P,* da zo *b.*
3618 In *Pa.*
3619 Myt al den *bk.*

3620 Und die geweltẹge mechtigen.
Desẹ drie sint recht sam se yr phitstum weren.
Die dritte schaar, die sendent yr genaten;
Virtuten und archengel
Und *slechte* engel, desẹ sint al ir baten.

3625 Seraphin, die brinnen   P   *90 v : b 148 v*
Und vaclen und vlammen
Von inbrustigher minnen
Zu gadẹ und zu der werter labesammen.
Eyn lichten invluys und eyn clares schouwen
3630 Han die lichte cherubin.
Die troon, die haen in gadẹ eyn suesses ruwen.

Togentliich volvuren
Die andren schar vorscreben
In alheit der / naturen   *Pa 68 r*
3635 Die ewigẹ ordenungen wol und eben.
Die drytte doen ouch urdliich yr gheverte
In gods gesatz und baadschef,
In sunderlingen deylen deser erte.

We sach ye hop so schone
3640 Und sulch huisgesinde,
Sam hat miin liep matrone!

3620 Vnd ouch die sterche mech-
tigen *bk.*
3621 als *k.* se *fehlt b.* fursten
Pa.
3622 schair die desen tzwey steyt
onder *bk*
3624 die *vor* slechte *P.* dese sint
al ir baten] heyssent (sy *k*) by-
sonder *bk.*
3628 Jn gate *b.* zu *fehlt nach*
und *k.* werter] zarter *Pa,* labe

fehlt k.
3629 Eynen *PPad.* Den *k.*
und *fehlt d.*
3634 edelheit *k.*
3635 ewige] nvigh *k.* wol *fehlt*
d.
3636 Die *fehlt Pa.* urdliich]
steetlicher *b,* stetelich *k.* yr *fehlt*
b.
3637 In] Die *b.*
3638 der erden *k.*

Mit liip und seel ich mich zu ir verbinde
Und wil uyz yren dienste nummer scheyden.
Men mach so seer nicht *yrren*,
3645 Sẹ en can eyn zu den rechten weghe leyden.

Se is eyn zicher haben. *P 91 r*
So wie in ir der setzen,
Wie ho die wachen waben,
Ym en mach sturm nach wint nach weder letzen.
3650 Die in ir siin ancker uz der sencken,
Al weer es dusent clafter dief,
Ich waar ym, daz her nummer mach ertrencken.

Ach mucht ich so uph erden *b 149 r*
Hie modden in der esschen,
3655 Daz ich eyn knecht / mucht werden *Pa 68 v*
Der cnecht, die yrre diener schutzel weschen,
Uph daz ich sam yr dienre wurd gelonet.
Daz wer mich werliich lieber,
Den ich zu Romen keyser wurt gecronet.

3660 Maria oblatysen,
Lebendich brodes forme,
Wil mir diin troest bewisen
Und haeb genaet ueber mich arme worme.
Laes myr doch siin eyn schambel yrre vuessen,

3642 und] myt *b.*
3644 Jch mach *b.* my *oben nach*
zo *d.* y'rē (' *von anderer Hand*)
P.
3645 Das sij mich nicht *b.* zom
rechten wegh *bk.* muegh *b,*
waill *k.*
3648 Wae hyn *k.* vnden *bk.*
3649 An ym *bk.* nach weder]
ob weder *b,* nyt *d.*
3650 Der sijnē ancker vys an dijr
(sye *k*) dar (lait *k*) sencken *bk.*

3652 waar ym daz] swore yme
dat dat *k.*
3654 modlen *bk.*
3656 Der die dort (dort *fehlt k*)
schutzel yrre diener wesschen *bk.*
3657 Vff dat myr als *k.*
3658 mir vil genemer *bk.*
3659 eyn keyser *k.* gewonet *k.*
3661 Lebens *b.*
3662 Wilst myr *k.*
3663 haiffe *k.*
3664 dyner vuesse *b.*

3665   Die dort mit uch regneren.
          Daz bid ich dich durch Gabrieles gruessen.

          Ecce sponsus venit!   *P 91 v*
          Wen daz woort wort untbunden,
          So helf mir daz *dan* lemmit
3670   Und oul in miinre lampen werd gevunden,
          Die ich haen leyder langhe uysgegossen.
          Wa du mir nicht en gebes,
          So word die dor mich voir daz heubt geslossen.

          Nu wil mir hie was geben,
3675   Mich armen broeter Hanze,
          Und stur also / miin leben,   *Pa 69 r*
          Daz ich mach comen dort an dinen danze,
          Ich und die alreliebste miin zuzamen,
          Die ich durch dich gelasen haen.
3680   Daz gun uns durch diin grose goete, amen.

3665 myt dy *dbk.*
3668 wort *fehlt b.*
3669 dat *P,* dan das *b.*
3671 langhe] toirlich *bk.*
3672 vn gebes *Pa,* hulffes *bk.*
3673 dor] poirtz *bk.*   in mich *Pa.*

3677 Das ich nicht werd verwijset
von dem dansse *bk.*
3680 Des helf *bk. darunter noch
dreimal* Amen *P,* amen Ay amen
Pa.

Aber spricht miin hertz mir in,   *P 92 r : d 211 r :*
Daz ich der zarter cueninghin,   [*b 149 v : Pa 70 r*
Der die lichtende cherubin
Und die brinnenden ceraphin
3685 Dienent und sint undertaan,
Hondert liet zu lobe beghin.
Nu sint miin tumme tore sin
So wiit gestreuwet her und hin,
Daz ich der const unwitzich bin,
3690 Doch wil ihz vriliich aenvaen.
Man spricht, daz man mit arbeyt win
Vil etel zilber uys den zin
Und daz man golt uz copher brin.
Ich hof, daz mich ir zarte min
3695 Sol geben stur und wils bestaan.
Sus heb ich aen.

Wa bliib wir cristen alghemeyn,   *P 92 v*
Daz wir die liebe maghet reyn,
Alten, jonghen, groz unde cleyn   *Pa 70 v*
3700 Mit ganzer vliis, mit ganzer meyn,
Nicht alziit laben tagh und nacht.
Went unser is doch nindert geyn
So vil als in der werelt eyn,
Wir en moesten vallen sam eym steyn
3705 Zer hellen wert, sam Adam scheyn,

Überschrift fehlt Padbk. gla*z *P.*   3701 Nicht] Mocht *Pa.*
3686 lyet ich *b.*   3702 vnser eyn *k.*
3690 ich *d.*   3704 als *bk,* wie *d.*
3700 rechter meyn *k.*   3705 hellen gront *b.* als *k.*

E uns ir guet ghenate bracht.
Und wen se nu eyns sprichet: neyn,
So moez der langeswanste heyn
Siin sagel slaen zwiischen siin beyn,
3710 Die uns so hesliich voer angreyn,
Recht sam eyn hont der ist versmacht
Und *hat* geyn macht.

Es solt bilch siin in ons ghetanc,   *P 93 r : b 150 r*
Wie wir in pinen aen verganc,
3715 In ewich vuer, in ewich stanc
Den duvelen und den wormen manc
Weren verdoemet ewelich,   *Pa 71 r*
E ir gebet so kreftęliic ranc,
Daz es durch den himel dranck
3720 Vil ho up aller enghel sanck;
Daz es so liepliich sues erclanck
In gates oer von hymmelrych,
Daz es ym minlich darzu twanc,
Daz her zu *yr* hineter swanc
3725 Und nam an sich de minscheit kranc.
Des moes se ummer haben tanc.

3706 En disser gode vns *k.* god *Pa.*
3707 Und *fehlt b.* eyns] ein mayl *b.*
3708 lange zwertze *dbk.*
3709 *nach* 3710 *Pak.*
3711 Recht *fehlt b.* als *k.* virswacht *Pa.*
3712 en *vor* hat *P.*
3713 blisch *Pa.* vnserem gedanck *k.*
3714 pynen vnd in twanck *k.*
3715 in] vnde *Pa.* In ewenclichen fure vnd stanck *k.*
3716 vnd den vnreynen manck *k.*
3717 verlaren *b.*
3718 E *fehlt k.*
3719 So wijt so verne vnd so lanck *k.*
3720 hohe bouen der *k.*
3721 es *fehlt d.*
3723 es *fehlt d.* dranck *k.*
3724 zu] zotz *Pa.* yer *P.* neder tzo ir *d.*
3725 mīschlichen *Pa.*

Daz *sprechent* mit mir al geliich,
Des bitten ich.

Mercht was ich uch toe bekant: P 93 v
3730 Eyn snider woendę in ueberlant.
Der was geheyssen und ghenant
Die beste meyster, die men vant,
Von alre consten die man wist.
Der had siin baden vuer ghesant,
3735 Daz er zu ir queem zu hant   Pa 71 v
End brecht mit ym al sulch ghewant,
Da uz her mit siins selbes hant
Wold schaffen mit speher list
Eyn rockliin, sam die vrouwen trant,
3740 Wen se von kinde zwanger gant.
Daz wold her machen so getant,
Daz es bleeb alziit ongeschant
In rouch, in nevel und in mist,
Uph alder vrist.

3745 *Aen* al voerzug undę aen verbeyt   P 94 r : b 150 v
Machten der meyster sich bereyt
Und quam zu der vil *susser* meyt,
Da ich voir von han gheseyt,
Und bracht mit ym al sulche plonder,
3750 Davon daz rocliin wert gheneyt.
So bald alz seez hat aengheleyt,
So waest zo schoen und so ghemeyt,

3727 sprechent *aus* sprichent *ver-*
bessert P.
3734 vuer] vys *b.*
3735 qweme zo yr *k.* altzo
hant *db.*
3738 Yr schepphen wold *b.*
3739 als *k.*
3740 von] myt *k.*
3741 Das er machtē also gedant

b. ghenant *Pa.*
3744 Zo aller vrist *bk.*
3745 Aen] Alu *P,* A *Pa.*
3746 sich der meyster *b.*
3747 zuter *P,* tzarter *Pak.*
3751 alz seez] als herz *d,* zam
sijs *b.*
3752 Doe wast *Pa,* Es was *b,* Was
it *k.*

Daz nye keyn minsch sach huebscer cleyt, *Pa 72 r*
Daz docht eyn yezliichen bisonder.
3755 Nu hora was der meyster deyt:
Uz iren roc her ym doe sneyt
Eyn roc, die her noch deechliichs dreyt,
Und liez ir cleyt doch ungezweyt
Ouben, mitten *unde* under.
3760 Daz waz wonder.

Reyn meyt und muter aen ghenoos, *P 94 v*
Dese̦ meyster dich zu trut ercooz.
Aen hamer, zang und aen *aenboez*,
So smyd her ganz der werelt cloez,
3765 Berch, tal, wasser, walt, gedurnte.
Her machten, daz eyn anger bloez,
Die von al man lach seyen loez,
Da nie keyn reghen uph en goez
Oder nie keyn vloet bevloez,
3770 Droech edel, fiin gecurnte.
Her ist daz eyngehurnte groez, *Pa 72 v*
Daz mit sines huernes stoez
Gar vrientliich die hel ontslooz.
Lieb zarte vrou, in dinen schooz
3775 Liez zich vangen daz verzurnte
Eeyngehurnte.

3754 Das sach *b*.
3756 doe *fehlt Pa*.
3758 doch yr cleyt *k*.
3759 Oûberben *Pa*. vn̄ *Pd*, vnd
ouch *b*.
3763 ain tzangh *b*. aen *fehlt
Padbk*. boez *P*.
3764 sneyd *Pa*.
3767 *nach* 3768 *b*.

3767 Der lach von alle man sayen
b, Von alle manne lach sehens *k*.
3769 aber en vloez *d*, vf en vloys
b, enbefloysse *k*.
3770 Droech gar *b*.
3771 Hoert is daz nyt (een *oben*)
eyngehurnte *d*.
3772 da myt *b*.
3773 vyentlich *dk*, flijsselich *b*.

Jesse du alre edelre stam,   *P 95 r : b 151 r*
Wol dem geslecht daz von dir quam,
Sint daz die werte lobesam,
3780   Die reyne maget aen scham,
Von dir ist uuzgesprossen;
Die uns den / wilden lewen gram,   *d 211 v*
Den vrou Eva unde Adam
Verzurnten, had ghemachet zam,
3785   Daz eer sam eyn *eynveltich* lam
Siin blut hat uuzgegossen, –
Der selver her, der Abraham
Ghebood, daz her siin kindliin nam
Und mit ym uph den berghe clam, –
3790   Und Moyses huerten in der vlam.
Die wolte in ir onverdrossen
Siin beslossen.

Ach sues untsafen gulden erdz,   *F 95 v*
Du leydster brinnende sam eyn kerds,
3795   Waz dreyp siin minnentliicher scherds
Mit dir, liep vrou, luitzliichs geverdz.
Du wurfs ym mennich liepliich loeter.
Ouch *wa* du ye die const ghelerdz,
Du quaems behentliich an smerdz
3800   Ghecrochen mitten in siin herdz.
Da creechstu al, daz du begherdz:
Her wert diin kint und diin broeter.

3777 alder *Pa.* etel suysse *b*,
vyll edeler *k*.
3779 daz *fehlt dk.* werte] zarte
Pab, zarte frauwe *k*.
3783 vnd ouch *b*.
3785 als *k*. eyveltich *P*.
3787 der] geboit *k*.
3788 Ghebood *fehlt k*.

3790 hort yn *bk*.
3796 liep] zart *b*. genertz *k*.
3797 mennich *fehlt k*. mȳnt-
lich *b*.
3798 wa *links am Rande P*.
3799 Du] Er *b*. ain al *b*.
3800 dijn *b*.
3801 Do *b*.

Du *croedst in* dich nie wiisęs noch swerdz,
Den du in demoet dich ernerdz
3805 Und in siinre min verzerdz
Diin herz. Wer hort je icht so werdz?
Durch daz erwelten dich zu moeter
Der vil goeter.

God siner groser gueten plach,   *P 96 r : b 151 v*
3810 Doe her die stete trouwe sach,
Die se ym leysten nacht und tach.
Zu zime redgesel her sprach:
»Nu hora waz ich dich verzel:
Nie me mir des geliichs gescach.
3815 Ich zervlies von minnen sam eyn bach
Durch ir demuetliich zart geclach.
Miin herz nicht langer liden mach,
Daz ich se sus in minnen quel.«
Siin gotliich hort her doe uph brach,
3820 Da in eyn minnenbriebliin lach,
Und sprach: »vil balde ir daz drach.«
»Gar gern«, der bod doe witer jach.
Der waz geheysen Gabriel,
Der redgesel.

3825 Recht seedliich, steet, nah wunsches gir,   *P 96 v*
Gheformt nach wiipliicher zir
Waz ir ghelaes und ir manir,
Doe Gabriel da quam zu ir
Und ir daz liebe briebliin wart.
3830 Her volchten sinen briebliin schir,

3803 croedsten *Pd.* kroedes   3807 erwelt *b*, erwelt er *k*.
dich *b*.   3815 von minnen] al *b*.
3804 Dan *b*, Wan *k*. du dich *b*.   3816 deuotich *d*.
oitmoit *k*.   3819 gotlich hertz *b*.
3806 icht *fehlt*, gewertz *b*.   3825 seedich *db*.

Recht sam al die wilde dir
Volghen den dorstighen pantir,
Wenne her geyt zu der rivier,
Durch sines zueses rueches art.
3835 Daz eyngehurnt, der lewe fir,
Ber, kemel, bufel, wilde stir,
Lupert, tyger, so doen ouch wir.
Lieb vrouwe zart, her vlo zu dir;
Wir volghen bilchs der slahen zart
3840 Uph aller vart.

Al heil, al salt und alles goet,   *P 97 r : b 152 r*
Und was uns weter leben toet,
Daz haen wir von dir, vrouwen vroet.
Her mach wol traghen hougen moet,
3845 Den se zu leben gibet stur.
Se hat den fenix uph ghevoet,
Die sich verbrinnet in der gloet.
Die esch, die waz gar wol behoet,
Da uuz her witer uph erstoet
3850 Und quam lebendich uz dem vur.
Se had den pelcaen uz gebroet,
Die da vur sinen jonghen boet
Siins selbes herz, daz man durch woet,
Daz da uz quam siin etel bloet.
3855 Diz machten al die maghet tur,
Die reyn gehur.

Coninghin ho uzerwelt,   *P 97 v*
Du haes des tygers zorn ghevelt.

3831 al] tuent *b.*   3843 dir] der *b.*
3832 Die volgen *b.*   3844 hougen] vrohen *b.*
3835 vnd der leuwe *d.*   3848 die *fehlt vor* waz *b.* waz
3836 bufel] wolf *d.*   gar] wirt *d.*
3838 Lieb zarte frauw *b.*   3851 Den pellicain hait sij *b.*

Wan man den dir siin jongen stelt,
3860 So wurdes zornich und ghequelt.
So wraechgir ist es und so crighel,
Daz es nach leufet ueber tfelt   *Pa 73 r*
Und wil es wrechen mit ghewelt,
Uns man eynen spigel stelt,
3865 Da keghen es sich uph onthelt.
Lieb zarte vrou, du bist der spigel,
Da kegen her so liepliich spelt.
Her sach in dich siin kindes belt.
Du bist daz costliich gezelt,
3870 Da in her lach, der frummer helt.
Du bist siner soenen rigel
Ingesigel.

Junferliich haez du uns ghebaert   *P 98 r : b 152 v*
Den vil stolsen, firen lupaert,
3875 Der an sich hat so edlen aert,
Waz dir her binnen siner vaert
Zem dritten sprongt nicht en erlengt,
Daz her daz voert zu jaghen spart.
Deşe haed diin meydliich milch ernart.
3880 Ouch haet ym siin natoer ghelart,   *Pa 73 v*
Waz sich zu ver von ym kart,
Daz her daz nummermee en vengt.   *d 212 r*
Ich meynd, lieb vrou, diin son vil zart:
Die spranc von dir eerst in den gart,
3885 Da her bi nacht ghevangen wart.
Dernach spranc her aent cruce hart,

3861 so *fehlt nach* und *b.*   3876 dir] die *d.*
3862 es *fehlt Pa.* daz velt *Pa.*   3881 van ym zu yr *Pa.*
3864 Byz *d,* Bys das *b.*   3883 lieb] zart *b.*
3868 dijn *d.*   3884 Der spranck tzom irsten jn *b.*
3871 vyegel *b.*

Da ym der etzing wart gheschenct
Mit gal ghemenct.

Aeb von dem crucę wert her gebort.   *P 98 v*
3890 Sinęn dritten *spronc* spranc her doe vort,
Daz waz voer der hellen port,
Die her gar gruliich had zustort.
Da in erlief her, die gebluemte.
Was vreuden hant se doe gecoort,
3895 Doe zotz ym quam ir huechster ort?
Hilf! hilf! wie liepliich waz daz woort,
Daz se von ym hant ghehoort,
Die her da uz bi namen nuemte.   *Pa 74 r*
Aber den hesseliichen moort,
3900 Den swerzen duvel, lies her dort,
Da her bliibt eweliich versmort.
Want homoet hat ym so verdoort,
Daz her sich liich got beruemte,
Der verdoemte.

3905 Pof diiner armer houerdii!   *P 99 r : b 153 r*
Pof dich aber und emmer *fii,*
Du scuumsel von dem vulsten blii!
Spreechęs du wert golt von Arrabii,
Dez gelans so schiinber blicket.
3910 Scham dich du stinckende partii!
Doe Cristus scre: »elii, elii!«
Darzu: »lama zabatanii!« –
Recht sam dez alten leewen scrii

3890 sprōc *links am Rande P.*   3901 Da er ewich blijbt *b.*
3891 hin zo der *b.*   3903 got gelijch *b.*
3893 in *fehlt b.*   3906 tfij *P.*
3895 zotz] czo *db.*   3907 vulen *b.*
3897 von ym] do von *b.*   3909 so *fehlt d.*
3900 her *fehlt Pa.*

Siin jonge welf von tood erquicket,
3915 So wurden wir doe alle vrii.
Doen had een end diin heerscefii.   *Pa 74 v*
Haeb danc du zuessze maecht Marii.
Diin naam ich bilchs ghebenedii,
Die uns uz der *vinstren* dicket
3920 Hat untstricket.

Lieb vrou, du haes ons ghewrochen.   *P 99 v*
Der duvel, der uns waente cochen,
Den haestu sinen stric zubrochen,
Sam David lang had vuer gesprochen:
3925 »*Laqueus* contritus est.«
Nu sitz her lesterliich gedochen
In der vlam und in der blochen.
Da geyt her reuchen *unde* smochen,
Griinsen, grimmen, buessen, stochen.
3930 Dez werchz her nummermee en chest.
Her kumt uns heymliich nach gecrochen
Und had den mond wiit uph gelochen
Zu aller ziit, nicht eyns zer wochen.
Wir wurden al von ym erstochen,   *Pa 75 r*
3935 Mucht her uns vinden uph den nest,
Her deyt siin best.

Eya vil suesse creatur,   *P 100 r : b 153 v*
Nu haet diin wiiplich beelt gehur
Von siinre hesliigher figur

3916 had] nam *b.*
3917 Des haeb *b.*   du] die *d.*
3919 winstren *P.*
3921 Liieb *P.*
3922 waent zo *b.*
3924 had *fehlt b.*
3925 Laqueus] Laquens *P,* Hait
loquens *b.*

3926 Nu ist her *Pa.*   vinsterlich *b.*
3927 Ind *P.*
3928 vñ *Pdb.*
3930 nõmer en gerest *b.*   tzest *d.*
3934 erslochen *b.*
3935 jn den nest *b.*
3939 helscher *Pa,* heiliger *d.*

3940 Unz seel erloset uz die snur,
　　　Sam eyn sperv uz stric der jeger.
　　　Lieb zarte vrou, miin zunge stur,
　　　Went ich zu sprechen e verswur,
　　　E ich zu loben dir untbur.
3945 Du bist daz etel fiin soldur,
　　　Damit der *houger* cofferslegher
　　　Zusamen heilten in dem vur
　　　Dat coffer mitten golde dur.
　　　Ich meynd diin minschliich natur
3950 Mit siner hoher godheit pur,
　　　Die al der werelt ist eyn plegher
　　　Und eyn dregher.　　　　　　　　　　　　　*Pa 75 v*

　　　Nye groser wonder wert ghewracht.　　　*P 100 v*
　　　Daz bilt, daz her had selb gemacht,
3955 Daz, daz nach naturliicher dracht
　　　Ym droech und zu der werelt bracht.
　　　Mucht man grozer wonder vinden?
　　　Her wold nicht etel siin gheacht
　　　Und wert eyn cleynes kindliin *nacht*,
3960 Daz mengen honger, mengen smacht,
　　　Mengen vinstren calden nacht
　　　Leyt liich anderen armen kinden.
　　　Sulchz werchz nie mee en wert ertacht.
　　　Siin wiise, gotliiche cracht
3965 Gab eynen meechtken sulchen macht,
　　　Daz se in eynre crib ym lacht

3940 den fuyr *b.*　　　　　　　　　　　　3954 vilt *Pa.*　her *fehlt Pa.*
3941 spreuwe *b.*　der strick *b.*　　　3955 menschlicher *b.*
3945 souduer *Pa.*　　　　　　　　　　3959 nᵉacht *P.*
3946 honger *P.*　　　　　　　　　　　3961 Megen *P,* Mēnyg *d.*
3949 *nach* 3950 *b.*　　　　　　　　　3962 liich] zam *b.*　armē andren *d.*
3949 Mein jch *b.*　siin *Pab.*　　　3964 Sijn vber wijse *b.*
3951 eyn *fehlt b.*　　　　　　　　　　3965 machtigen *Pa.*
3953 Die *Pa.*　　　　　　　　　　　　3966 ym *vor* yn *db.*

Und ghinc ym hend und vuese binden
Und bewinden.

Aen zwibel zwaer ir roter munt,   *P 101 r : b 154 r*
3970 Ir antlitz wiis, ir haerchen blunt   *Pa 76 r*
En hatten nicht siin herz *gewunt*.
Ir groze demoet waz ym cunt,
Durch daz ym minsch zu werden lusten,
Went her sach wol irz herzen grunt.
3975 Ir seel, die slant den diefen slunt,
Ir liip, daz prant den grozen prunt,
Siin min, die vant den selgen vunt,
Daz hir in iren armen rusten.
Volmachte vreud / in ir uph stunt.   *d 212 v*
3980 Siin luitsliich kiindsliich euschen bunt
Ir meechdliich herz hatten untzunt.
Ich meynd se ym zu menger stunt
Liepliich dructen an yr brusten
Unde kusten.

3985 Daz was die etel liebe daz,   *P 101 v*
Der al die werelt hat zu baz
Aen her alleyn der Sathanaz,
Da nie kein minsch goet punt von laz,   *Pa 76 v*
Der alles ergs is eyn vortzetzer.
3990 Dien wiechz me zu davon siin haz.
Waz hindert siin feniin geblaz,

3971 gewont *PPad.*
3972 oetmuet *d.*
3974 wol *fehlt d.*
3975 flont *Pa.*
3977 min die] minne *b.* seluen *Pa.*
3978 hir in iren] ir in *Pa.*
3980 kundslijch *Pa,* kuysslick *d.*

3981 hat em *db.*
3985 dWaz was d' rechte libte daz *Pa.*
3987 her] haer *Pa,* fehlt *d,* doch *b.*
3989 eyn *fehlt Pab.* vortsetz eer *Pa.*
3990 Den wechz zu mee *Pa,* Dem wiez tzo me *d.* Dem wiex do mee *b.*

Sint eyn meydel uns ghenaz,
Daz *nut* vunfzeen jaer alt en waz,
Un brach mit ghewalt siin metzer.
3995 Siin macht is crancker wen eyn glaz.
Wer haet su hulf daz reyne vaz,
Der derf siins achten nicht eyn graz.
Her ist eyn dor, eyn ner, eyn dwaz,
Eyn bose, velscher luighenzwetzer
4000 Und eyn ketzer.

O liebe, suessze vrouwe miin,   *P 102 r : b 154 v*
Du bis eyn saffir gen feniin
Und eyn vil heylsam medeciin
Engegen al des duvels piin.
4005 Unser wech wer durck und vinster,
Endeed uns die ghenate diin.   *Pa 77 r*
Wir sunder wisten nicht wahiin,
Nu erluchtet uns diin schiin.
Du bist eyn eteler rubiin,
4010 Der nachtes gibet claren glinster.
Du bis eyn reyn miralde fiin,
Da nicht unsubers bi mach siin.
Durch daz wert her diin kindeliin,
Die da von wasser machten wiin,
4015 Du ubersterche gades minster
Unde winster.

Mucht ich mit al der werelt zaal   *P 102 v*
Dich laben vrou zu eynem maal.

3993 nur *PPa.*
3994 bracht *Pa,* brach ym *b.*
3995 dan *Pa.*
3998 ner] geck *d.*
4002 byst wol *b.* saffirgen *Pab,*
safier tegē *d.* fijn *Pa.*

4005 durck] diep *d,* engh *b.*
4006 uns] on *d.*
4011 mealde *Pa.*
4012 mach bij *Pa.*
4016 Vñ *Pdb.*

Der gotliicher ghenaten waal
4020 Die vliest alleyn in dir zu daal,
Recht sam der dou in Jedeons huut,
Da god selb wil, daz man uuz haal
Des wassers, daz uns zund bezaal.
Sam golt is wert vuer al metaal,   *Pa 77 v*
4025 Vuer silber, coffer, isen, staal,
So bestu im vuer alle luut,
Du bist so huebsch, so schoon, so daal.
Doen diin gespuntz und zart ghemael
Sagh diner grozer minnen quaal,
4030 Wert her diin eyghen al zu maal,
Diin liep, diin vrietel und diin truut,
Und du siin bruut.

Ja vrou, der togentriiche Crist,   *P 103 r : b 155 r*
Der alle dinc zu vuren wist,
4035 Der hat mit godliicher list
Daz vuer geramet und ghegist.
Wen ym noch enger deed zu curtz,
Daz dan siin zorn wort gheslist
Von dir, die da siin moeter bist,
4040 Uph daz siin hantwerch nut zu quist
En ginc von sunden sam eyn mist.
Du biz, vrou, eyn abteker wurtz,   *Pa 78 r*
Die uns von aller sund ghenist.
Nie minsch ghenaten hat gemist,
4045 Die dich aenrief uph enger vrist.
Sam eyn vaz, daz vol wassers ist,

4019 genten *Pa.*
4020 in] zu *Pa,* von *b.*
4022 uuz] da wat *d.*
4027 so schoon soe hoefsch *Pa.*
4028 Doe her sach dijn *d.* und]
dijn *b.*

4029 Und dyner *d.*
4031 vrietel] liefgē *d.*
4036 und] vuer *Pa.*
4040 lantwerch *Pa.*
4045 enger] aller *b.*

Dem hilfet lichtliich daz mant sturtz,
Wie liise mant hurtz.

Nym nut miin sprechen, vrou, vuer erch.   *P 103 v*
4050   Went zwaer ich prueb daz wol und merch,
E ennich minsch, ley oder clerch,
Diin lop volspreech, man solt den berch
Goddert e mit halm durchboren.
Zu trotz dem duvel und zu terch
4055   Tred ich zem creys doch in daz perch,
Recht sam eyn cleynes cranc gedwerch,
Daz jegen eynem ruese sterch
Den camp nut geben wil verloren.
Went alz calander unde lerch
4060   Lustliichen zingen an den swerch,   *Pa 78 v*
So is der gouch siinz sangz nut kerch.
Sus wil ich enden ouch diz werch,
Al hetz der dubel bi siin oren
Beid gesworen.

4065   Vrou daz dich lobte berch und tal,   *P 104 r : b 155 v*
Pleyn, wasser, huebel und wal,
So weer es tusentvalt zu smal,
Went *al* daz lophz *het* eyn ghezal,
Und diin lop is untzelliich houch.
4070   Die gods genat schiint ueberal,
In al der ganzer werelt / bal,   *d 213 r*
Durch dich sam durch eyn claer cristal.

4047 Den hilffet schijr das men   4059 lewerch *b*.
es sturtz *b*.   4060 an] vff *b*.
4050 daz *fehlt b*.   4062 Sus] So *b*. ouch eynden
4051 E *fehlt Pa*.   ich *Pa*.
4054 Zu] Jn *b*.   4064 B°id *P*, Leyd *Pa*.
4056 alz *d*. blindes kranck *b*.   4066 und *fehlt d*. wal] tal *Pa*.
4057 eyn can ruesen *Pa*, eynē   4068 al *fehlt PPa*. het *fehlt P*.
rosen *d*, einē resen *b*.   4071 bal] wal *b*.

Diins lobs da um ich nut untfal.
Ich wil so doen, sam deyt der gouch,
4075 Alz droexel, star und weduwal,
Finckel, zisel und nachtegal,
Singen mengen suesszen schal.
So rueft der gouch ouch luid und hal,   *Pa 79 r*
Wie wol *siin* singhen nicht en douch.
4080 Sus wil ich ouch.

Saam daz vil grose meer undich   *P 104 v*
Is diin genood, vrou, aabgrundich.
Wie eyn gouchelspil verswund ich
Durch miin armes leben sundich,
4085 Alz in der sonnen deyt daz stop,
Weer mir diin genaet nut vrundich.
Eyn deyl diins lobz gern bestundich.
Vil zu ho *mich* underwundich,
Spreech ich al, doch deed ichz, cund ich.
4090 Nu ben ich leyder alzu grop,
Vil zu schaafs und gar zu rundich.
Weer mir Salmons wiisheit cundich,
Al dinc zu dinen lob untbund ich;
Und weer ich dichtens alzo vundich,
4095 Als her was der Vrouwenlop
Of meister Pop.

Troost, heil, ghenaedt, vreud, wun und salt   *P 105 r:*
Liit an dich, vrou, so menichfalt,   *[b 156 r: Pa 79 v*

4073 jch dair vmb *b*.
4075 Wen *b*.
4076 zisel] siskē *d*.   und *fehlt d,*
da zo *b*.
4079 siin *fehlt PPa*.
4080 So thuyn jch ouch *b*.
4081 vil *fehlt b*.
4083 Zam *b*.

4085 Zam *b*.   deyt] leyt *Pa*.
4086 dijn genaid mijr *b*.
4088 mich] nicht *Pd*.
4089 jch ye doch *b*.
4090 gar zo *b*.
4094 ouch so *d*.
4095 Recht zam er *b*.
4097 wun freud *b*.

Recht sam daz sant is ungezalt,
4100 Daz bi den oeber liit ghewalt
Uz der diefer sehen vloet.
Du bist der dorn of brinnende walt,
Da von uns Moyses hat verzalt,
Daz sam eyn vlam waz ganz gestalt
4105 Und bleyp doch onverbrant und kalt,
Wie wol es stont in vueres gloet.
Der wiser heer von jaren alt
Dich diner minnen wol vergalt,
Daz her den hymmel ruymte balt
4110 Und quam al hie in diin gewalt.
Doe woordes du sam Arons roet
Mit nier bloet.

Eyn chederboum, *ho* sam eyn mast,   P 105 v
Die al die werelt sonder last
4115 Beschermet vuer der sonnen glast,   Pa 80 r
Wiechz *dor* den harten adamast
Mit mengen lustliichen riisen.
Der heer, der alle dinc haet gepast,
Siin gotheit is der wursel vast,
4120 Siin edel seel des boumes ast,
Siin minschliich liip daz ist der bast.
Vrou, man sol dich bilcher prisen.
Du haez dese drii ze houf geprast;
Her ist daz heiltum, du die kast.
4125 Sus is der wirdt da heym eyn gast.
Du bist, sint her in dich nam rast,

4100 licht *b.*
4102 dz grose brinnende *Pab.*
4103 Dz van dir ons *Pa.*
4104 ganz waz *Pab.*
4108 Die *b.*
4111 Du wurdes sam *Pa.*
4112 mylder *b.*

4113 Eya *b.* hom *P.*
4115 vuer] von *b.*
4116 d^{or} *P*, daz *Pa.*
4122 billich *b.*
4125 ist her wirdt *Pa.* eyn] vñ
Pa.

Siin wirdin des alten, wisen,
Graeuwen, grisen.

Cund ich nach mines herzen geer   *P 106 r : b 156 v*
4130   Vernumft und const, siin, wiiz und leer,
Die mir sint leyder alle veer,
Vrou, diin hohes lop unt eer
En sold nummer in mich leschen.   *Pa 80 v*
Als is es mir eyn grose sweer,
4135   Daz ich subtiilre const untbeer,
Da um ich doch nut aeb en keer.
Jedoch laez ich den becheer leer,
Went ich schenck uz leeren vleschen.
Ich bid den dichtren, die dees meer
4140   Horen selen, durch unsen heer
Daz se se corrigeren seer.
En touch geyn spise, *wa* von se weer,
Die man vindet in der eschen
Ungeweschen.

4145   Vernement wol miin meynung gantz: *P 106 v*
Wie etel wiingart daz man plantz,
Her ardet alziit gern siin lantz.
Al steyt her in der sonnen glantz,
Die drauven smachen gern ir stox.
4150   Daz ich nu machten vil faublants
Und spreech veel geysteliichs gestantz,   *Pa 81 r*
Ich wurf liht bald eyn hazert kantz.
Der cuym eyn valck kent vuer eyn gantz,
Waz wil *der* machen vil gelox?
4155   Al truegh eyn sau eyn lobderantz

4128 Gra vnde grisen *Pa,* Des
grawē grijsen *d.*
4130 und *fehlt Pa.*
4132 O frauw *b.*
4140 unsen] got den *b.*

4142 Es *Pab.* wa *rechts am*
Rande P, fehlt Pad. von] wen *d.*
4150 samblants *Pab.*
4154 der] dir *PPa.*
4155 gelobde rantz *b.*

Und eyn esel *eyn* rosencrantz,
So zemd ym doch nut huebscher dantz.
Daz ouch eyn ox machten vil quantz
Und spreech her weer eyn schalker vox,
4160 Doch wers eyn ox.

Mer sold wir spreechens al untbern,   *P 107 r : b 157 r*
Da um daz wir nut wiis en wern,
Daz weer nut goet. Man sach doch vern
Und hur so etel wul wol schern
4165 Von den eynveltighen schafen,
Daz grose vorsten unde hern
Cleyder davon zu *draen / begern.*   *d 213 v*
Wes solten sich die luit ernern?
Wa von solden die wiisen zern,   *Pa 81 v*
4170 Solden al die doren slafen?
O flammerende morghenstern,
Got is eyn kertz, du eyn lucern;
Du bis die nus, her is die kern.
Ich bin eyn ner und lob dich gern.
4175 Da um eych ich doch keyn strafen,
Wil ich hafen.

Behentliich zu houf zu smucken   *P 107 v*
Und in eynen riem zu drucken
Eyn matery von vil stucken,
4180 Die man hie und da moes plucken,
Daz en is nut goet zu machen,

4156 eynen *Pb.*
4157 nut] kein *b.*
4161 Mar *P.*
4162 wijsen *d.*
4164 hur] hij *b.* wul wol] wul
vol *Pa,* wolle *b.*
4166 Das fursten vnd groesse
heren *b.* draen begern *von ande-*

rer Hand *P.*
4169 Vnd wa *b.*
4171 O *fehlt Pa.*
4172 eyn] die *b.* kerz] licht *d.*
4174 ner] doer *d.* und] jch *b.*
boldich *Pa.*
4181 goet] wol *b.*

Es en wil dan wol ghelucken.
Ich vuert me den bis der mucken,
Den der leev mich sold zu rucken;
4185   Damit meyn ich der swacher nucken,
Can ich nut zem end gerachen.
Daz eyn cruppel mit zween crucken   *Pa 82 r*
Vil von eynre hougher brucken,
Eyn frumer sold da gern na bucken,
4190   Daz er ym da uuz mucht zucken;
Und stunt eyn ner bii der bachen,
Der soldz lachen.

Eyntliich durch al der nider scimph,   *P 108 r : b 157 v*
Durch ir gepepel und gepimph,
4195   Ich nummermee miin red bewinph.
Al zoghen se mir mit dem zinph,
Ich achtenz cleyner wen eyn scaab.
Ich bid uch vrou durch al gelimph,
Went ich mit wil wil siin diin kimph,
4200   Untz daz ich uph den vusen stimph
Und daz ich so von alter crimph,
Daz ich ge hurken uph dem stab,
Daz diin loph nummer in mich dinph;
Wen mich die huit zugater scrimph,
4205   Daz al miin antlitz wort eyn rimph,   *Pa 82 v*
Und ich oft hesseliichen wrinph,

4182 weuld dan seer *b*.
4185 muckē *d*. Ich vuert mir der
zwacher mucken *Pa*, Jch furt ouch
durch des zwartzen nucken *b*.
4186 end *fehlt Pa*.
4190 rucken *b*.
4191 ner] doer *d*, na *b*.
4192 Hy sold *d*.
4196 ze min mit *Pa*. mit] bij *b*.

4198 uch] dich *b*.
4199 Sint *b*.
4200 *fehlt Pa*.
4201 Und daz ich] Die wijl jch *b*.
4202 kom hurcken *b*.
4204 Wen ich *d*.
4205 kinph *Pa*.
4206 oft] ouch *Pa*. jch dan vff
das hesslichs *b*.

Daz ich diin lop dan nicht laas aab
Untz in dem graab.

Nu daer, miin liebe suesse vrou,   *P 108 v*
4210 Sint ich durch geynre leyt gedrou
Diins lob ontbeer, mach mir so gou,
Daz ich miin leben so bestou,
Daz ich bliib uuz der hellen sunph.
Diin truwen ackerman anschou:
4215 Ich ploech, ic hack, ich rade, ich hou,
Recht wie eyn ploechman in de bou.
In dinen dienst aen al berou
Solt alziit siin miin armer rumph.
Nu gun mir der genaten dou,
4220 Went es is alzu dorren ou,
Da ich dese etel weis in strou,
Und ouch ist leyder miin gezou
Hesliich beroest, verschymmelt, stumph
Und alzu plumph.

4225 *Eerliiches* lob ich dich wol gan,   *P 109 r : Pa 83 r : b 158 r*
Lieb, suesse, werte wolgetan,
Und ob ich nu der sin nicht han,
Waz wil men mich zien dan?
Eyn armer man en is gcyn graab.
4230 Ich doe daz beste, daz ich kan,
Und wil es vast zugater slaen.
Can al man nut miin duutsch verstaen,

4208 Hynt in *d*. Bys *b*.
4209 daer] dan *b*.
4210 gheynteleyd *Pa*, keinē leyt *b*.
4211 grou *Pab*.
4212 ichz *Pa*. lieben *Pa*.
beschou *Pab*.
4213 schinph *Pa*.
4215 hou] bauw *b*.
4216 Ret zam *b*.
4220 also *Pa*.
4222 ist] nv *Pa*.
4225 Eeerliiches *P*, Cllijches *Pa*.
4228 doch tzyen *b*.
4229 en] der *Pa*.
4230 dz ich *zweimal Pa*.
4231 zo samen *b*.

Da is geyn groses wunder aen.
Eyn nyderlender is geyn swaab.
4235 Wie sold her gulden voergespan
Geben, die nie keyn goet ghewan?
Ich doe recht sam eyn armer man,
Die kirnmilch giiset in eyn kan
Und gebet daz zer heren haab.
4240 Sus nym miin gaab.

Du bist, lieb vrou, der etel weys,   *P 109 v*
Went du so lustliich schoon upgeys,
Und in den suesszen zomer heys   *Pa 83 v*
So liepliich vol gearet steys
4245 Uph den ungebuuten anger.
Demut was tsamen, daz du seys;
Ghenat ist coren, daz du meys.
Die vrucht, die du uzdrischs und sleys,
Da von was daz die hel zureys.
4250 Von sulcher vrucht weerstu zwanger.
Zwaer die ghenate, die du deys,
Die ist onspreechliich, want man weys
Da von in al der werelt creys.
Doe mir dun, vrouwe, al diin geheys;
4255 Laes mir nicht sus laau siin langer,
Mach mich zanger.

Ich tummer merch daz wol eben: *P 110 r : b 158 v*
Wenne daz die wiingart reben

4237 thue zam deyt *b.*
4239 schencket *b.*
4241 der *fehlt d.*
4242 scoon lustlijch *Pa.*
4244 vol] wol *db.*
4245 ongebildē *d.*
4246 Oetmuet *d.* daz] waz *d.*
4247 dreyz *d.*

4248 du *fehlt Pa.*
4254 Doe mit deen *Pa,* Tue mich
frauw tuyn *b.*
4255 nicht *vor* siin *b.*
4257 *Initiale fehlt,* ch *Pa.*
merch] ich *d.* [w]eyss *links am*
Rande d.

Nicht en staen aen iren steben,
4260 Daz se dan geyn vrucht uuz geben,
Al prest man se in den kelter.   *Pa 84 r*
Sus musen wir ouch balde sneben,
Wie ho daz wir / wenen sweben,   *d 214 r*
Wa wir nicht an got encleben.
4265 Durch daz wil ich al miin leben,
Al wartenz ouch Matuselems elter,
Nach der zarter hulfe streben,
Die her so ho hat erheben,
Daz se sitzet im beneben.
4270 David der hat vil gescreben
Lobz der zarter uiserwelter
In den pselter.

Cuninges *ceptrum* unde croon   *P 110 v*
Dreyt se dort ouben in dem troon.
4275 Gods hoochste liebd is se gewoon.
Her mint die portz von Syon
Vuer al Jacobs tabernachel.
Waz sul wir geben ir zu loon?
Se hat gemacht so vast uns soon,
4280 Wa das wir selb nut ubels doon,   *Pa 84 v*
So durf wir vurten nicht eyn boon
Den swerzen boob mit dem zagel.
Ir minnentliicher son vil schoon,
Der scree vil luyd aent cruce vroon:
4285 Ely, den jemmerliichen doon.

4261 dan in *d.*
4262 wirs *Pa.* ouch *fehlt b.*
4263 wenen] meynen *b.*
4264 Da *d.*
4265 ich *fehlt Pa.* ich doch al *b.*
4266 elter *fehlt Pa.*
4270 bescreben *db.*
4271 wiser weelter *Pa.*
4272 selpter *Pa.*
4273 ceptru *P.*
4276 syon schoen *b.*
4279 swoen *d,* zoen *b.*
4280 ubels] ab en *b.*
4281 Wir durffen *b.*
4282 swertē ber *d.*
4284 vil *fehlt b.*

Daz waz den duvel gar eyn hoon.
Im waren zwaren nicht behagel
Die dri naghel.

Trouwen da wert stil verhalen   *P 111r : b 159r*
4290   Der alster yr ey gestalen.
Doe her ersterf von der qualen,
Das deed al die duvel dwalen,
Went Lucifer, der hellen printz,
Had der helscer eyn bevalen,
4295   Daz her Cristus seel sold halen.
»Cumt her zu unser molen malen« –
Sprach her – »so sal her bezalen
Gar vrientliich den alten zintz.«
Doe her quam, waz her gescalen   *Pa 85 r*
4300   Von anxt in den vinstren halen,
Manc den wurmen in den kalen
Da her brinnen moes und smalen.
Waz drybt der snodel vil bewintz,
Unt ist so kintz?

4305   Als man al dinc uebertencket,   *P 111v*
So is uns gar wol gelencket,
Went wir hetten al ertrencket,
Hed uns vrou uns nicht gewencket,
Sint Adam brach daz got geboot.
4310   Nu hat se unz swel geslencket
Mit den saffir, die da blencket.

4287 zwaren *fehlt Pad.*
4290 exster *d.*
4291 Do got erschrack von *b.*
4296 unser] deser *b.*
4297 sal] mois *b.* al *oben vor*
betalē *d.*
4298 vyentlich *b.*
4299 Mer do *b.*

4305 man das alles *b.*
4306 So ist es *b.*
4307 hetten] weren *b.*
4308 uns vrou uns] wz vrouwe
Pa, vns die werde b. gewrencket
Pa.
4309 got] godz *Pa, fehlt b.*
4310 geswencket *Pa.*

Se hadt nicht cleyn droph gesprencket,
Mer daz waz al vol geschencket
Von des lemmeliins bloede roet.
4315 Wie da in siin stolen swencket,
Der mach nummer siin gecrencket
Von den stencker, die verstencket
Had minsliich cun, und versencket   *Pa 85 v*
Mit ym in der eweger doot,
4320 In helscer noot.

Troerliich weynen, druepliich claghen,   *P 112 r : b 159 v*
Von den wormen siin becnagen,
Vyentliich mit grosen vlagen
Siin ghestossen und geslagen,
4325 Recht sam die ancken in eyn kirn, –
Des mocht nieman siin vertragen,
E die maghet, junc von daghen,
Uns erloste von der plaghen;
Die so liepliich cund behagen
4330 Dem grosen heer der jaren virn,
Daz her von ir wert ghedragen.
Wie sul wirs yr danc gesagen?
Die slang, die Adam deed verjagen,
Trid se stolsliich aen verzaghen
4335 Mit iren vuessen uph die stirn
Und uph die hirn.

Vrou Eva locht der slangen raat,   *P 112 v : Pa 86 r*
Doe se sus sprach: »yr wert alz gaat

4312 keyn kleyner *b*.   4325 Gerecht zam botter *b*.
4314 Al von *b*.   4327 Ee dan *b*.
4315 Wer das da in sijn schale *b*.   4329 beyagen *d*.
4317 der da verstenckt *b*.   4332 danc] dan *Pa*.
4318 had al *d*.   4336 die] yr *b*.
4321 Trueren *b*.   4337 leubt *b*.
4324 Vnd gestossen *b*.   4338 sus *fehlt b*. zam *b*.

Und sullet wissen goet und quaat,
4340 Wa yr gadẹs gebod versmaat
Und bist in desen effel stiip.«
Daz bracht uns in mortliichen scaat.
Wyr worden unser *yrster* staat
Verdreben durch dieselbe daat,
4345 Und solden nummer haan genaat,
En deed daz minnentliiche liip
Der uzerwelter reynre maat,
Die uns *al* heyl verworben haat.
Se hat den wurm van uns verjaat.
4350 Sus ist, sam got had selb gesaet,
Zwischen der slangen und daz wyp
Alziit eyn kiip.

Ir goet gen des duvels ghebruus   *P 113 r : b 160 r : d 214 v*
Is zwaer eyn *vyentliicher* struus,
4355 Went yr genaat ghyt eyn getuus
Recht sam vil wassers durch eyn sluus,   *Pa 86 v*
Die uph der zee ist gezimmert.
Lieb vrou, die doer nummer en sluus.
Das wasser alziit nyter guus,
4360 So mooch wir wesschen aab daz gruus,
Das vast in unsez herzen cluus
Ist verhaddet und geslimmert.
Ach wer sol Syon spreechen uus,
Sint got aen alre leyt confuus

4342 staat *Pad.*
4343 vyss der irster *b.* y͏ʳster
(ʳ *von anderer Hand) P.*
4347 reyner vysserwelte *b.*
4348 al *links am Rande P.*
4349 Se] De *Pa,* Vnd *b.* ver-
paet *d,* geyaet *b.*
4350 selb hat *d.*
4353 gen] vertrijbt *b.*
ghebruus] gerûût *Pa.*

4354 Der da ist ein *b.* vyenk-
liicher *P.*
4355 gerwz *Pa,* geruuys *d,*
gruys *b.*
4359 Das es *b.*
4362 virhardet *Pab.* verclim-
mert *Pa,* beslymmert *b.*
4363 sol *fehlt Pa.* Syon] das
nv *b.*
4364 Syn gotheit *d.* allerley *b.*

4365 Quam in yr meechdeliiches vluus,
Recht sam die son deyt in eyn huus,
Die durch daz ganz glas in schimmert
Unde glimmert?

Nachtz unde daachz zu aller ziit   *P 113 v*
4370 Is groser kriich und mortliich striit
Swischen die maecht, die unz verbliit,
Und den duvel vermalediit,
Die uns sunden hat gekurben
Uph eynen kerph durch haz und niit.
4375 Nu hoor waz gueten, daz se pliit: *Pa 87 r*
Wenne se eynen sunder vriid,
So spricht se: »kint gebenediit,
Went du den doot bist gestorben,
So mach desen sunder quiit
4380 Der sunden, da siin seel in liit.«
Ser stont her yn berou dan ghiit.
Wer weren zwar des zeker siit,
Had se uns nicht genaad gewurben,
Al verdurben.

4385 Merchliichen wol ich daz versta: *P 114 r : b 160 v*
E Gabriel zu Maria
Sprach: »ave plena gracia«,
So wer wir al ins duvels cla
Sam in des sprenseliins voez eyn sperv.
4390 Went uns eerste moeter Eva,
Die waz dez effelbisens ga.
Adam uns vater teed es na.
Wir volchten ouch al yren sla

4374 kerfstock *d.*
4378 byst den doot *b.*
4381 giibt *Pa.*
4387 aue gracia plena *Pa.*
4389 prenseliins *Pa,* sperwers *d.*
voez] voer *Pa.*
4391 Der was effen wijses ga *b.*
4393 ouch] nach *b.*

Sam die vogliin nach den terv,   *Pa 87 v*
4395 Zueg uns die meyt nicht anderswa.
Die zits bi unsen vater da;
Wes se yn bidt, her sprichet: »ja.«
Gheel, wiis, zwertz, root, gruen, bruun und bla,
Costliich gezirt von menger verv
4400 Is yr gegerv.

Vil edel maget sonder smitz,   *P 114 v*
Sint diin son deyt wes du yn bitz,
So erwerb mir sin und witz,
Went ich nu in dem sessel zitz
4405 Zu kreys gen den helscen ritter,
Wie ich miin zwerd so schirf und spitz,
Daz es von siinre houb nicht glitz,
Und daz miin scilt en crige geyn splitz
Nach ouch miin spiez nicht uebermitz
4410 En breech noch en vliegh zu splitter.
Ich bid uch, vrou, went ich oft switz
Durch anxt von ym von groser hitz,
Ob sich der boeb macht alzu quitz,
Daz du dan uph siin heubt ym trytz,
4415 Uph daz ich vuer den schalken bitter
Nicht erzitter.

Laes mir werten nicht ellendich   *P 115 r : b 161 r*
In desen camph, vrou, noch scendich,
Went miin viant is *genendich*
4420 Und von alre const behendich,

4398 gruen *fehlt b.*   ehegh *b.*
4402 wes] das *b.*   4411 oft] durch *b.*
4403 werbe mir doch *b.*   4417 vrau werden *b.*
4407 es *fehlt b.*   4418 In den *b.*
4408 nyt krijg eyn *d.*   4419 geuendich *P.*
4410 Noch breech noch ouch

Der man pliit in sulchen gescheft.
Ich rouf zu dir, zwaren kendich
Besser hulfer, darnach sendich.
Du machtz oft siin upsatz wendich,
4425 Daz her sam eyn rued wyrt bendich,
Der aen eyn ketten steyt geheft.
Siin schutz ist vurich und brendich,
Und siin schiessen ist unendich.
Nu mach mich, vrou, so verstendich,
4430 Daz miin arme seel inwendich
Von siinre *velscer* meysterscheft
Bliib *ongetreft*.

Ist es nicht wol eyn groos verdries,   *P 115 v*
Daz Eva sich bedriegen lies,
4435 Und Adam ted daz se ym hies,
Den got selber den geyst in blies?
Wer sol nu voer ym bliben vri?
Doch ken ichz swaren und ich giez,
Wa ich, lieb vrou, diins troest geniez,
4440 Daz du ym zornliich eyns ansiez,
Waz feyl, daz her dan uph mich schiez,
Der acht ich cleyner wen eyn cly.
Du haest zubrochen sinen spiez,
Da her uns mit stach und stiez.
4445 Es was ym zwaar eyn groos verliez,
Daz die sypresche draub onz wiez
Des wiingardes von Engady
An diin gezwy.

4423 dair zo rend jch *b*.
4424 oft] ouch *d*, wol al *b*.
4425 lyt bendich *d*.
4431 velster *P*.
4432 ongetrest *P*.
4436 got doch selb *b*.

4441 feyl daz] pijl *b*. vf mich
dan *b*.
4445 gar ein *b*.
4446 die cijpressen bloyt vnd
wies *b*.

Eva hat uns leyt ghemeret   *P 116 r : b 161 v : d 215 r*
4450 Und uns allen ver *gheveret*
Von den heer, die heerliich heret
Unde cuincliich regeret
Waz ist und was und wesen moes.
Nu haet die liebe maget geeret
4455 Uns eyn ander cunst geleret.
Niemant en derf siin ververet,
Went wer verdruebt zu ir keret,
Den hilft se weder uph den voes,
Daz her vroliich jubileret.
4460 Daz wort, daz uns had beseret,
Hat sich gen ir umgekeret
Und hat al heyl uns *gheberet,*
Ave die minnentliiche groes,
Uns leydes boes.

4465 Ratent nu zu, *beyd* vrund und maegh,   *P 116 v*
Wie ich erwerb, daz ich myn taegh
Mit herzen denck, mit mund uzsaegh
Der zarter lob, und miin hand waagh
Stetencliichen daz zu schriben.
4470 Eyn grozen roems ich mich gebaegh,
Daz ich mich nichtes nicht verzaegh
Voor al des duvels stoos noch slaagh,
Wa ich der werter vrou behaegh,
Die bloem is von allen wiben.
4475 Vrou nut *erheng,* nach nut erdraegh,

4450 gheberet *P,* gekeret *b.*
4451 dert herelich *b.*
4453 Was ist was vnd was vnd
wesen moes *b.*
4460 seer beseret *b.*
4462 vns allen heyl geleret *b.*
gheveret *P.*
4464 Vnd *b.*

4465 nu *fehlt b.* beyd *aus* breyd
verbessert P.
4468 De^r *P.*
4472 noch] vñ *db.*
4474 Die ein bloem ist aller wij-
ben *b.*
4475 erheng *aus* erherng *ver-
bessert P.*

Daz her in sinen zack mich jaegh,
Went her liit stille in synre laegh,
Recht sam die hundliin bi der haegh
Der lud, die rephuenre driben,
4480 Ligen bliben.

Ich can in minem herz innen   P 117 r : b 162 r
Mich des wunders nicht versinnen,
Wie al die luyt nut beginnen
Die lieb suesse vrou zu minnen.
4485 Zwaren, waz wir anders claffen,
Uns stat waer lichteliich zu winnen
Und uns uber heubt zu brinnen,
En waer die meyt nut da binnen
Sam eyn wechter uph der zinnen,
4490 Uns zu eynen troost geschaffen.
Waz luyt, die mit yren sinnen
Ir sund meynen *driben* hinnen,
Und den duvel zu verwinnen
Busen hulf der cuninginnen,
4495 Wer daz leyen sint ob phafen,
Daz syn affen.

Bernardus, der wol geleerte,   P 117 v
Alziit herzencliich begerte,
Daz her sich nut anders nerte,
4500 Den her die lieb maget erte.
Der minnentliicher abt hellich
Nye syechtum so seer ym deerte,
Her en gruesten irst die werte,
E her enge spist verzerte.
4505 Nu hoert eyn luitzliich geberte,

4478 bider slaegh *d*.   4492 dr'bē *P*.
4479 Daer die luyd *d*.   velt-   4493 zu] so *b*.
hunre *d*.   4502 ym so seer *b*.
4487 vberste *d*, vbert *b*.

Daz liepliich ist und bevelliich.
Her knied eyns vuer yr uph die erte;
Uz yren brustliin se rerte
Milch, daz uph siin zung sich kerte.
4510 Ir lop her sterchliich doe herte.
Ach! der so prueben mucht daz *mellich*,
Der wer sellich.

Wol uns der minnentliicher ret,   *P 118 r : b 162 v*
Die Ysaias von ir jet:
4515 »Exe virgo concipiet« –
Ja – »et filium pariet.«
Daz waz der gartner von aben,
Ir son der warachtich profet,
Die uns bracht den ewigen vret,
4520 Der Jhesus heyst von Nazaret.
Her had al uncruyt uyzgheget
Uyz unsen garten und haben.
Her god, der nicht anders tet
Den her die liebe maget stet
4525 Dancten mit innigen gebet, –
Ach! ob ich tusent zungen het,
Die se geliich muchten laben
Irre gaben.

Se ist die port beslossen snel,   *P 118 v*
4530 Davon uns sprach Ezechiel.
Se ist eyn sarasynche bel,
Eyn cloc, eyn symbel und eyn schel,

4508 do rerte *b*.   4517 vā der aben *d*.
4510 steetlich *b*.   4518 Ir] Er *b*.
4511 Och die nv prueben *d*.   4519 hait bracht *b*.
melch *Pb*, myllich *d*.   4523 nv nicht *b*.
4512 Der] Das *b*.   4527 Die algelijch sij *b*.
4516 Ja *fehlt db*. Et filium qr   4530 uns] er *b*.
pariet *b*.

Die laudet suesse stampfany.
Aber den duvel in der hel,
4535 Dem ist daz selb gelaut so fel,
Daz es ym ist eyn grose quel.
Von zorn erschud ym al syn vel,
Wenne her hoort die melody.
Se is die vrou, da Gabriel
4540 Uph sine knie voer nytervel.
Se ist eyn tempel und eyn sel
Des grosen heers Emanuel,
Und se is der personen dry
Eyn sacristy.

4545 Ezechiel, da ich von saen,   *P 119 r : b 163 r*
Der sach eyn portz beslossen staan,
Die nie van minsch / wirt uph ghetaan,   *d 215 v*
Und sach da doch vil luyt durch gaan.
Waz bedudet uns das zeygen,
4550 Den die lieb maget wol getaan,
Die mit der sonnen ist omvaan;
Zu iren vuesen steyt de maan.
Gen die, *die* yr siin undertaan,
Can se sich guetliichen neygen.
4555 Waz daz man weys, daz ist keyn waan.
Ich bin des alles zwibels aan:
Se wil uns nut verderben laan.
Wa *um* wold ich mistroest haan?
Der schalc, *der* uns plit zu dreygen,
4560 Ist yr eyghen.

4536 eyn] zo *d.*
4543 se *fehlt d.*
4548 doch da *b.*
4550 lieb *fehlt d.* die vil reyne
wol *b.*
4551 *nach* 4552 *b.*
4551 Vnd myt der sonnē ist vmb

beuaen *b.*
4553 die *oben nach* die *P.*
4554 gar guetlich *b.*
4556 alles] grosē *d.*
4558 vm *links am Rande P.*
sold *d.* ich dā *db.*
4559 der *oben vor* uns *P.*

Trotz *in* siin oughẹ, den her eyns decht,　　　*P 119 v*
Daz her uns boesliich nu ob echt
Ennige sach zu voren leght,
Da her uns mit zu sunden brecht,
4565　Se en woldz ym dan gehengen.
Doch ist es mugliich unde recht,
Daz man um iren wille vecht.
Der werelt riiter unde knecht,
De slaen zorney und brechen schecht
4570　Um wiib, die bald werten krengen.
Und wen der tot der eyn vercrecht,
So en is nieman der betrecht,
Wa se des eersten nachtẹs benecht.
So dient man bilch, daz ist slecht,
4575　Die vrou, die sterchen und strengen
Vreud can brengen.

Behoerliich ist, daz man se prise,　　　*P 120 r : b 163 v*
Die lieb, die zart, die schoon, die wise,
Die yr diener und yr amise
4580　Can lonen mit den paradise.
Nach irre huld sol man werben.
Ist Hantz, ist Coentz, ist Hentz, ist Gyse,
Ist Grietel, Drudchen, Metz ob Lise,
Die minnen nach der werelt wise,
4585　Die *sullen* sam des meyes rise
Curzliich dorren und verderben.
Vorwar her zimmert uph dem yse,
Die alsus mint der wurmen spise.
Zwar ich wil ophenbaer, nicht lyse
4590　Ir dienen, die de jung und gryse

4561 in *oben P.* sijn hertz dat
he *d.*
4566 wol muegelich *b.*
4572 So ist dan nyeman *b.*

4583 truyd ist *b.*
4584 Die] Se *d.*
4585 Die] Sij *b.* sullem *P.*
4590 die da *b.*

Eyn gans hymmelriich can erben,
Wen se sterben.

Eya ich weer eyn tummes ve,   P 120 v
Beried ich liep und leben we
4595 Durch eynen runph, die bald zerge,
Sam in der sonnen deyt daz sne,
Wen se schiinbaerliichen glenzet.
Neyn, zwar eyn ander vrou ich vle,
Vrou, ich beger och so wanne,
4600 Daz wald und heyt mit loub und cle
In sommerliichen wonnen ste
Mit den bluemliin besprenset,
Daz es zu dinen lob dan jhe
Daz minnentliiche woort ave.
4605 Du bist al schoon, waz wiltu me?
Et macula non est in te.
Du koems mit sterren zwelb gecrenzet
Her *gheswenset*.

Nummermee im troeren wringet,   P 121 r : b 164 r
4610 Dem der vrouwe minnen dringet.
Zwaren im ist wol *gelynget*,
Dem daz herz durch *ir* zu springet.
Wol her gyghen, wol her herffen,
Wol her al daz vreude bringet,
4615 Wol her musiick, die man singet,
Wol her waz daz sues erclinget,
Zu miinre vrouwen lop uph dringet,
Die den scalc kan neterwerfen.

4591 kan an erben *b.*   *verbessert P.*
4595 der schyer tzer ge *b.*   4609 twinget *b.*
4600 und *fehlt,* das heyd *b.*   4611 gelynget *P.*
4603 es] ich *db.*   4612 ir *rechts am Rande P.* zu]
4607 zwelb *fehlt b.*   so *d.*
4608 gheswēset *aus* ghezwēset

Her liit voer ir voes geswinget,
4620 Ouch wie kreftliich daz her ringet.
Wol ym, dem da se *voerdynget*;
Mit eynen worteliin se dwinget
Den hesliichen, ruwen, serffen,
Fellen, scherffen.

4625 Es ist recht mit uns allen zwaer,　　　　　　　*P 121 v*
Sam man spricht von dem atelar.
Der setst siin jungen alle jaar
Enghen der heyser sonnen claar,
Und wer da nut in seen en con,
4630 Wer der eyn is oder eyn paar,
Die stost her aeb in grosen vaar
Und wil der nummer nemen waar.
Her rucht nut wie daz se ervaer,
So genslych zuit her sich da von.
4635 Wir sint de jungen alle gaer.
Wer nicht mit trouwen aen en staer
Die reyne meyt, die god gebaer,
Der vellet in der helscer scaer.
Die werte dochter von Syon,
4640 Daz ist die son.

Der sonnen man se bilch gelicht,　　　　*P 122 r : b 164 v :*
Went recht also man nut ghezicht,　　　　　　*[d 216 r*
E daz der dach von yr uphbricht,
Sus hadden wir ouch lichtez nicht,

4619 getwȳget *d*.
4620 crechlich *db*.
4621 Woe wol iz dem *d*, Wol
v̄mer dem *b*.　voerdy̌nget *P*.
4622 bedwȳget *d*, wol twinget *b*.
4623 scherpen *b*.
4624 Rude vnd zerpen *b*.
4630 Ob der *b*.

4632 nummer] nicht me *b*.
4633 nut wie daz] ouch nich wie
b, aeck *oben*, nyt wie *d*.
4636 Wer yr nyt *d*.
4638 velt ab *b*.
4640 Die ist *b*.
4643 Ee dan *b*.　von] durch *b*.

4645	E uns daz grose heyl gescach,
	Daz nyder quam daz warich licht,
	Da von uns sund Johannes spricht,
	Daz alle minscen hat verlicht.
	Wol uns der liepliiche gesicht!
4650	Daz licht durch yren libe uphbrach.
	Den her, der alle dinc hat gesticht,
	Den hat se sinen zorn geslicht
	Und hat zu ungeluc verflicht
	Daz alt serpent, daz bose wicht,
4655	Da von der selb Johannes sprach:
	Den roden drach.

	Ich warn uch, aller liebste vrund,	*P 122 v*
	Dese drach uch allen gern verslund.	
	Recht wie eyn jegher suecht siin stund,	
4660	Daz er gern eyn wilt geprund,	
	Sus can der bose geyst sich oeben.	
	Her heldet ouch siin *leuferhund*;	
	Daz sint *die* biechter, die de sund,	
	Wen se se horen, slaen von mund	
4665	Und saen es cumt uz guetem grund.	
	Ir sold da um nicht bedroeben.	
	So saen se ob man nieman vund,	
	Die sich der werelt underwund,	
	Noch die de bosen sluch noch bund.	
4670	Man en behildt fenning noch pund,	
	Die werelt moes der lude behoeben.	
	Ach der boben!	

4646 So in ir quam *b*.
4651 geschicht *d*.
4653 zu] das *b*.   verslicht *b*.
4659 zam *b*.
4660 Wanne er *b*.

4662 leufe^r t hund *P*, leufent
hund *d*.
4663 des *P*.
4664 sij die *b*.
4669 de *fehlt d*.
4670 en *fehlt*, behielt dan *b*.

Cruytz nach muntz sold nieman bliben *P 123 r : b 165 r*
Man sold vechten *unde* kyben,
4675 Wold nieman die luit bedriben,
Diz saens se mannen *unde* wiben,
Die de werelt willen lasen.
Belsbuic spricht uz yren liben,
Wan se sus de sunden stiben,
4680 Die se solten hin vertriben.
Die frumen se von gade clyben,
Die gern wol sich solten sasen.
Ich can ir erch nut volscriben.
Der duvel sol se zuwriben,
4685 Recht sam wurtz uph eynre riben.
Wafen ueber den keytiben!
Man sold se bannen von der strasen
Und verwasen.

Truyt, zart, lieb, reyn meydel sedich,   *P 123 v*
4690 Maria vrou, dich aenbed ich;
Sint du bist so rechte vredich,
Mach doch al uns vrunde ledich
Von desen snoden, vulen houf,
Die sus valsch ist ir gepredich,
4695 Uph daz se al werten gredich
Dir mit vlyz zu dienen stedich,
Want es wart nie coufman scedich,
Der coufen dorst den selben couf.
Wer bose ist und ubeltedich
4700 Und in sunden uebertredich,
Der louf zu der vrou genedich.

4674 vñ *Pd,* da zo *b.*
4676 vñ *Pdb.*
4680 Die die *b.* von hinnē *b.*
4682 sich gern *b.* wol *fehlt b.*
4684 al tzo wribē *d,* noch zo wrijben *b.*

4685 eyn kueck vph eynre rijbē *d.*
4689 meydel] vñ *d.*
4693 desen boesen snoeden *b.*
4695 werten allet *b.*
4701 tzo dyr vrou *d.*

Ir *cryghet* al, zwar daz red ich,
So war mit willen zu ir louf,
Eyn nuwe touf.

4705   Wer best ich uch daz allen raad: *P 124 r : b 165 v*
        Wer wandert in der sunden paad,
        Der louf zu miinre vrouwen draad.
        Se hilfet uch daruz geraad.
        Daz hant die zwey gen yr verscholt,
4710   Die sich decten mit vigen blaad,
        Went se zubrochen die ghebaad.
        Do waz ons noot die gros genaad,
        Daz se die moeter wart von gaad.
        Durch daz is se uns allen holt.
4715   Wie ir dient trulich vro und spaad,
        Den hilft se zu den hoochsten graad.
        O zart, lieb vrouwe, nu beraad,
        Daz ich miin herz mit dir ersaad.
        Ich kuer voer al der werelt golt
4720   Den richen solt.

        Suese, liebe, hemelsce doc,   *P 124 v*
        Nu gun mir tummen, daz ic ploc
        Eyn cleyn craumliin oder eyn broc,
        Die aberiist von dinem roc.
4725   Went es hilfet wol den armen,
        Die march *noch* pund enn hat, noch schoc,
        Wenne daz vliegen snehes vloc,
        Daz her zu houf die speenre sproc,

4702 Ir] Er *b.*   cry gheyt *Pd,*
krijcht *b.*   zwar] voer *d,* genaid
tzwair *b.*
4703 Ein itlich da vmb zo *b.*
4704 kouf *d.*   Vnd sij an roef *b.*
4705 Voer tbest *db.*
4709 zweygen *P.*

4713 ein mueter *b.*
4717 O *fehlt b.*   nu] mir *b.*
4721 hemels *b.*
4723 oder] ob *b.*
4726 march *fehlt b.*   nach *P.*
pund] marck *b.*   stock *b.*

Die vallen von eyns riichen bloc,
4730 Da her sich bi moghe warmen.
Zu dines kindes dienst mich loc,
Want so gar sues is diin gezoc.
Ich armer, ruder, graber hoc
Weys nichtes nicht, da ich uph stoc,
4735 Den ich hof uph diin ontfarmen
Und erbarmen.

Fi mich, daz ich ye gebeyten   *P 125 r : b 166 r*
Zu dinem dienst mich zu reyten,
Werte bloem / von allen meyten,   *d 216 v*
4740 Die da cuns diin diener leyten
Den rechten wech zem hohen land.
Zwaren se sint unbescheyten
Und nach arger vil dan heyten,
Die nicht diins liibs lob uzbreyten,
4745 Da got sinen son mit cleyten
Wold, den her hi neter sand.
Vrou, man mach dich mir nicht leyten.
Al solt man ouch miin hertz untweyten,
Du soldz doch da uz nicht scheyten,
4750 Daz gelaeb ich uch bi eyten,
Und setz dich in diins selbes hand
Myn zeel zu phand.

Reyn meyt, nu horent waz ich jheen: *P 125 v*
Miin *liip* und seel ich dich uphgheen
4755 Mit drughen oughen sonder treen,

4730 Das er sich dan bij *b.*   4740 Die vroelich dijn *d,* Die da
4733 boc *db.*   kans dein *b.*
4734 wa ich *b.* uph *fehlt d.*   4744 on breiten *d,* en breyten *b.*
4735 erbarmen *d.*   4750 uch bi] vch myt *d,* dijr bii *b.*
4736 ontfarmen *d.*   4754 liip *links am Rande P.*
4738 al mych *d.*   und] mijn *db.*
4739 von] vur *b.*

Und wil dich davon dienstliich vleen
Sam eyn man von eynre gulden.
Sus bin ich vrou, daz wil versteen,
Diin eyghen und myn selbes leen.
4760 Laes dich ghewertegen zu seen.
Ich bin bereyt hie, da ich steen,
Dich zu sweren und zu hulden,
Went ich merch daz wol und speen,
Solz mir zem jungsten wol ergeen,
4765 Daz moes von diinre hulf gescheen.
Went ich moest eweliichen breen,
Wa diin guet miinre grose schulden
Nicht ervulden.

Was sold ich vuer den gebresten   *P 126 r : b 166 v*
4770 Da ich leyder *nie* in *sesten*,
Wast manc kunden, wast manc gesten,
Ghinc ich oesten, ghing ich westen,
Zem jungsten han dan herzenleyt.
Ich lach in sunden und mesten
4775 Sam die swiin in yren nesten,
Und sam die uul in holen esten
Sich bergen vuer dez dages glesten,
So lach ich in der vinsterheyt.
Doch wer dich dient, da uph ich resten,
4780 Der hat des brieb und hantvesten,
Daz du ym helfen moetz zem besten.
Nu helf mir liebe vrou zem lesten,
Wenne es an eyn scheyden geyt,
Lieb suesse meyt.

4756 dich *fehlt b*.   4772 ader westen *b*.
4760 Laes dich zu wertigen an zu   4773 Tzem lestē *d*.
sehen *b*.   4776 die vogel *b*.
4761 hie *fehlt*, al da *b*.   4777 der sonnē *b*.
4764 jonxten taegh wol geen *b*.   4778 duysterheit *d*.
4770 me *P*. se'stē *P*.

208

4785 Chum doch bi mir du gades bruut,   P 126 v
     Wenne miin zeel von hinnen zuit,
     Als se bald moes, al weys ich nut
     Wer es gescheen sal morn ob huit;
     Es moes doch eyns siin daz ist slecht.
4790 O wee was grimliicher geruit
     Sol machen dan des duvels gluit,
     Wie her den armen roif gebuit.
     Von anxt so zittert mir die huit,
     Als mir daz comt in miin getecht.
4795 Ich weys daz her diin antlitz vluit,
     Und daz her dich vil mee untsuit
     Den her deyt al der werelt luit.
     Helb dan lieb zarte vrouwe truit
     Diin eygenen verleenden cnecht.
4800 So deystu recht.

     Trouwen, vrouwe houch gebaren,   P 127 r : b 167 r
     Du bis mir hulfe sculdich zwaren,
     Sint ich dich haen uzercaren
     Und haen dich huld und trou geswaren,
4805 Sam ich voer gesprochen haen.
     Al han ich sam eyn nar bescharen
     Leyder von minen kindschen jaren
     Verdient den ewigen gades zaren,
     Jedoch saltu nicht lan verlaren
4810 Diin eygenen verleenten man.
     Als mich der duvel wil bezwaren

4785 doch *fehlt d.* bi] tzo *db.*   4797 al *fehlt d.*
du] mein *b.*   4798 vrouwe czarte truyt *d.*
4787 Zam *b.*   4804 trou vnd huld *b.*
4788 sal geschien *b.*   4805 vur ouch *b.*
4792 ein arme *b.*   4806 doer *d.*
4793 beuet *d.*   4808 Verschult *b.*
4794 Wan *b.*   4811 Zo mich *b.*

Und zuit daher mit siner scharen,
Ob her nieman solte sparen,
So meynd ich rischliich hin zu varen
4815 Under diin banner und van,
Doe daz her can.

Wie beyd ich tummer also lang,   *P 127 v*
Daz ich diin lop nicht aen en vang.
Der duvel macht mich also ang
4820 Und also herzliich smersliich bang,
Daz ich nicht recht weys wie mir ist.
Her cuemt da her mit eyn gedrang,
Al wert her Renwalt mit der stang,
Und leebt mit wil mit mir in prang,
4825 Uph daz mich der sin untgang.
Sus triibt her mee wen tusent list.
So chuemt her winden wie eyn slang
Und zeunet sinen bosen ang.
Es zornt den boeb, daz men ym hang,
4830 Wen man mit woorten ob mit zang
Dich laben wil uph enger vrist.
Nu schent ym Crist.

Sold es myr nicht billichs nosen,   *P 128 r : b 167 v : d 217 r*
Daz ich voer den ergen bosen,
4835 Voer den snoden, scalken, losen,
Die *liit beslabbet* in der mosen,
Von iren labe solde wiichen?

4813 wolte *b*.   4824 myt myr myt wil *d*.
4815 vnd dan *b*.   4825 mijr gar *b*.
4816 Hy doe *d*, Doe was *b*.   4827 zam *b*.
4817 Vwie *P*.   4829 daz] ob *b*.
4819 Der tubel der *b*.   also] so *b*.   4835 schalck vnd *b*.
4822 eyn *fehlt b*.   4836 liib *P*, lijt *d*, licht *b*.
4823 Zam wer er reinwolt *b*.   beslabt *Pd*.

Jedoch sold ich an verposen
Daz groze meer e uuz osen,
4840   E ich mit riem ob mit prosen
Ir hohes lob cund durchglosen;
Daz weys ich wol zicherliichen.
Von yr ist doch goet zu cosen,
Went bi lelyen und bi rosen,
4845   Bi vyool und bi zytelosen,
Bi aechmanten und turcosen,
Man mach daz lop der togentriichen
Al gheliichen.

Werte vrou, nu ghib mir stur.   *P 128 v*
4850   Von der lely setz ich vur,
Die hat so edelen natur,
Daz se nicht liidt, daz man se rur.
Die liich ich diinre reynicheyt.
Man spricht die *eyn* salmander schur
4855   Und machten von den haren snur,
Und weebden davon cleyder dur,
Die solden brinnen wiis und pur,
Sam in dem wasser wirt eyn cleyt.
Sus bran ouch reyn die meyt gehur
4860   In der godliicher minnen vur.
Ich sprach es vernt, nach spreech ichz hur,
Daz ich zu spreechen e verswur,
E ich daz lop der zarter meyt
Lies ungeseyt.

4865   Ey mocht ich graber, ruder pol,   *P 129 r : b 168 r*
Ich armer worm, ich snoder mol

4839 Ee das groesse meer *b*.   4854 eynen *Pd*.
4845 bi *fehlt db*.   4855 machten da von *b*.
4846 adamātē *db*. und] bij *b*.   4856 da von webten *b*.
4849 Vwerte *P*.   4861 des vernt ouch *b*.

Irs hohen lobes siin eyn cnol,
Daz coor ich vor den riichsten zol,
Da ye geyn schipman vor untloet.
4870 De lely zwaer geliicht se wol,
Went die is goetes ruches vol.
An eynen, die siin heubt es bol
Und von heernen leer *und* hol,
Der riecht nicht gernę den rueche goet.
4875 *Menịch* der is smuger unde smol,
Da man *von* gecheyt leest eyn rol,
Aen wen man vor yr spreechen sol,
So wert ym bald daz heubet dol,
Sam den serpent des wiingarts bloet
4880 Groos piin aendoet.

Nu sprach ich von der rosen ouch;   *P 129 v*
Die liicht man bilch der maghet houch,
Went ir suesszer ruch, der vlouch
Ho durch der luchten sam eyn rouch
4885 Vor den vorsten uuzercaren.
Ir suesszer ruch so wol ym rouch,
Daz her demuetliich neder bouch
Zu ir und uuz den himmel zouch
In ire meechdeliichen bouch,
4890 Da her uuz wold siin gebaren.
Der groser heer, der nie *en* louch,
In iren wisen armen crouch

4867 Vys hohen labes tzijen *b.*
4868 zijnschen zol *b.*
4869 een schipmā *d.*
4873 Vnd ouch *b.* leer] ledich *d.*
vñ *rechts am Rande (von anderer Hand) P.*
4874 rucht *d.*
4875 Men'ch *P.* Mēnich nar ist snanger vnd snol *b.*

4876 van *rechts am Rande (von anderer Hand) P.* gotheyt *b.*
4877 vor] von *b.*
4878 schijr *b.* houbt gar dol *b.*
4882 man bijhe der *b.*
4887 oetmuedich *d.*
4890 Da vys er *b.* sijn wold vyz *d.*
4891 der] doe *b.* en *aus* ln *verbessert P.*

Und melch uz iren borsten souch.
Wie wol der dorn nicht vil en douch,
4895   So wies doch uuz den dornen zwaren
Desę rosę aen daren.

Truyt vrou ich meynd diin reynes liip, *P 130 r : b 168 v*
Daz al der werlt is leyt vertriip.
Uz herden juden wreet undę stiip,
4900   Wurtz *du* gebaren, sellich wiip,
Die scherf siin sam eyn dorn und spitzich.
O vrou, al erch in mir zuwriip,
Und al untogent von mir cliip.
Diin naam in myner herzen schriip,
4905   Daz her da in mit steter bliip
Sam eyn vurich sunder hitzich.
Den grosen drach ver von mir triip,
Daz her dinęn armen knecht nicht griip
Mit sinen senden noch en niip.
4910   Helftu mich halden nicht den kiip,
Sam eyn armer nar dan sitz ich
Gar unwitzich.

Recht sam die luit, die mucken sengen,   *P 130 v*
Von unreynicheit vur untfengen,
4915   Sus smaecht her uns mit vulen crengen.
Wir en cunnen untrennen noch untsprengen,
Wir en moesen riechen sinen stanc.
Her can mit grosen gedrengen
Die wide pede uns doen engen.
4920   Ach, vrou, des wil ym nicht gehengen.

4899 heiden yuden *d*, harten
zueten *b*.
4900 du *links am Rande P.*
4901 und *fehlt b*.
4904 strijp *b*.

4905 mit *fehlt db*. stedich *d*,
stete *b*.
4906 Bliib *wiederholt vor* sam *P*.
4911 geck *d*, man *b*.
4915 macht *db*.
4917 ruchē *d*.

Bid dinen son, den sterchen strengen,
Daz her unz hilf, als wir sint cranc.
Nicht goet en is es bi zu brengen
Vil riems mit curzen sin zu mengen;
4925 Man en moes daz duytsch seer plengen
Und es en moes die red verlengen.
Sus werden ouch miin meren lanc.
Daz nim zu danc.

Ich spreech ouch, vrou togentriich,   *P 131 r : b 169 r*
4930 Daz du der vyool bist geliich;
Mit diinre / demoet meynden ich.   *d 217 v*
Went des bluemliin seuberlich,
Daz so suessen ruches haet,
Daz wext demuetliich in dem sliich.
4935 Es en hat *boum* noch ast noch zwiich
Und is doch purper costliich,
Da von die grose coning riich
Tragen yr coningliich gewaet.
Sus det diin son, vrou minnentliich,
4940 Der coninc von dem himmelriich.
Mit diinre veruwen' cleyd her sich,
Doe her alhie uph ertriich
Wold holden durch siin grooz genaat
Siin coninges staat.

4945 Suesse vrou, noch spreech ich mee,   *P 131 v*
Die zyteloos wexet in dem clee.
Geyn ander bluem en sien wir e,
Went zu winter in dem sne

4922 went wir *b*.
4928 in danck *b*.
4931 oetmuet *d*.
4934 oetmuetlich *d*.
4935 noch boum *b*. boun *P*.

4936 Doch ist es *b*.
4937 guede *d*.
4938 Tragē wold *d*.
4940 dem] al *b*.
4942 das ertrijch *b*.

So suit man ir daz heubt uph stechen.
4950 Des vreuwet sich al dir und ve,
Wilt und zam, hirtz und re,
Went se hafen so wanne,
Daz man daz bluemliin gese,
Daz dan der somer ym wil wrechen,
4955 Daz ym *der* winter dede we.
Sus deystu uns, vrou, daz verste;
Du quames in der alten e,
Daz waz uns eyn zeychen spe,
Daz uns die nu *e* wold uph brechen,
4960 Wil ich sprechen.

Togentriiche vrou valiant,   *P 132 r : b 169 v*
Eyn na zich zehnder ademant
Bistu von sculden wol ghenant.
Des steyns natur is wol becant
4965 Binnen mengen schiffes boert.
Waz schipluit *suechent* vremte lant
Und nicht den *steyn* in sich en hant,
Die werden alzu dicke gheschant,
Wen se seylen oft uph tsant,
4970 Da se daz mer mortliich ermoert.
Aber dem dis is becant,
Die striichen eyn natel mit dem cant
Uph den steyn vuer vermant,
So leuft die natel alzu hant

4951 Wil tzam hirtz hind (hind
oben) vnd ree *b.*
4954 Daz] D' *P.*
4955 der *durchgestrichen vor* der
P. ye deyt wee *b.*
4958 uns *fehlt b.* ein tzeichen
vroe vnd spee *b.*
4959 e *fehlt Pd.*

4965 Bynnē des mensches *b.*
4966 suechem *P.*
4967 steyn *aus* de *verbessert P.*
bij sich *b.*
4969 oft *fehlt d,* vil *b.*
4971 doch dis *b.*
4972 stracht *b.*
4973 dem selben *b.* ernant *b.*

4975 Mit den scherffen, snitzen ort
Recht in daz nort.

Uuz norden uns zu comen pliet   *P 132 v*
Al arch, sam Jeremias giet,
Die duvel und daz helsce diet.
4980 Aen wie daz ym daz scherffe biet,
Daz an dich vrouwe ist gewreben,
Die en can her geschaden niet,
Went her dich von naturen vliet.
Von desen steyn man ouch daz siet,
4985 Daz her ysen zu sich ziet,
Und deyt es vast aen ym cleben.
Sus ist ouch vrou mit uch geschiet.
Wie sich bi dir gheneechet yet,
Daz ist, der deyt daz god gebyet
4990 Und daz her minschliich sprach und riet,
Dem wort siin seel ho op erheben
Dich beneben.

Ja vrou, diin min al dinc verwint.   *P 133 r : b 170 r*
Waz volx, daz sich mich uch verbint,
4995 Sin se alten luit ob kint,
Man ob wiip, ouch wie se sint,
Die *machstu* alles troerens quitt.
Al leyt zer stunt von ym verswint,
Dem diin min ist int hertz geprint
5000 Und vast gewurzelt sam eyn int;
Recht so man von den *torchous* vint

4975 spitzen *b.*
4976 Recht *fehlt b.*
4981 gewebē *d.*
4982 Dem kan er doch *b.*
4983 Sint *b.*
4984 daz *fehlt b.*
4985 das yser *b.*
4987 uch] dir *b.*

4988 Wie] Der *b.*
4991 ho op] so vff *b.*
4994 daz *fehlt b.*
4996 oder wijp ob wer sij *b.*
4997 mach°tu *P.*
4998 von yn ter stont *b.*
5001 torthous *P.*

Beschreben, daz her therz verbliit.
Doch is daz volch nu so verblint,
Daz es siins selbes seel nicht mint.

5005 Der doot coomt her, diet al verslint –
Wir wissen nut *wer* morn ob hint;
Aen yesliich schaft siins liibs profiit
Zu alre ziit.

Jetzliich dunct wie her gheprop   *P 133 v*
5010 Den armen *rumph* und vol gestop
Und tvet von den kessel sop.
Der zelen acht man nicht eyn nop,
So sint die luite nu verhart.
Recht sam man eynen oxen grop
5015 Ser cuchen leydet mit dem zop,
Dert nicht en weys, e her den clop
Alreide vuelet uph dem cop,
Sus leyt her se *zer* hellen waert.
Der duvel, der had mich dem strop
5020 Alreyd gebunden an dem crop,
Sint daz ich eerst viel uuz dem dop.
Des haeb du ummer / danc und lop,   *d 218 r*
Daz ich sus liepliich bin gespart,
Lieb vrouwe zart.

5025 Helf mir nu liebe vrou verdinghen,   *P 134 r : b 170 v*
Wen ich mit dem tod moes ringhen,
Den ich nicht en can untspringhen.
Her coomt gar grulich herdringhen

5006 wir *P*.
5007 liibs *fehlt d,* selbs *b*.
5008 Zu] In *b*.
5010 rūph *links am Rande P*.
5011 das smer *b*.
5015 cochē *d,* koecher *b.*   mit]

bij *b*.
5017 dem] sijnen *b*.
5018 zer *links am Rande P*.
5019 der *fehlt,* hait mich ouch *b*.
5020 an] vm *b*.
5026 ych nv *b*.

Von dage zu dage eyn dachvaert naer.
5030 Ich weys daz ym doch nicht ontghingen
Al, die ye keyn liip untfingen.
Ich wurd mit der groser slinghen
Gheworffen in des hende wringhen,
Helf du mir nut, daz weys ich zwaer.
5035 Hed ich nu cunst von alle dingen,
Daz ich tusentvalt baz cund singen,
Wen der Hanz deyt von Lotringhen,
So sold diin sueser lop erclingen
Durch miner kelen schoon und claer
5040 Daz ganze jaar.

Eya du edel coninges con,   *P 134 v*
Beslossen gart, besiegelter bron,
Bid dinen lieben, zarten son,
Daz her mich armer stumper gon
5045 In dinen dienst zu *profiteren.*
Wend hedd ict al nach miinre won,
Daz ye quam voor den zol zu Bon,
Dazu die nobel al von Lon –
Daz weer vol goldes mennich zon –
5050 Und ouch den schatz der duitscher heren,
Und weer dan schoen sam Abselon,
Und sterch dabi sam was Sampson,
Und wiis sam coninc *Salomon,*
So liez ich nummer doch davon,
5055 Ich en wold mich zu diinre eren
Dienstliich keren.

Sold ich mich diins nicht ergetzen,   *P 135 r : b 171 r*
Der duvel can mir nicht geletzen.

5031 keyn] dat *d.*
5036 kunt tusent falt bas *b.*
5037 her hantz *b.*
5045 pficeren *Pb,*

5046 ich *b.*
5050 ouch *fehlt b.*
5053 salmon *P.*

Siin macht *ich* nichtes *wert* en schetzen,
5060 Wie wol daz her mit strich und netzen
Uns in dem wegę liit menger leyd.
Al is *daz* her mich gern solt bletzen,
Und sam eyn swiin siin zend geyt wetzen,
Her can mich nummer so ghequetsen,
5065 Al slougę her mich ouch uuz die pletzen,
Daz ich von dinen labę yet scheyd.
Daz man mich in eyn zorn deed setzen
Und vast *bemoeren* und bemetzen,
So wold ich doch diin lop uuzswetzen.
5070 Al sold ichz uuz der erden cretzen
Al den duvelen zu leyd
Und zu trotz beyd.

Werte moeder vol ghenaden,   P 135 v
En hedstu mir nicht untladen,
5075 Ich hed eweliich moesen baden,
Da ich alreyd was ingewaiden
In der calder hellen biit.
Den liibe miin stunt ich in staden,
Da die wurm *und* die maden
5080 Und die slangen und die craden
Em selben mit sullen versaden.
Der selen achtę ich nicht eyn kiit.
Ich sloech es weerliich cleyn gaden,
Word ich gecaecht of gesaden

5059 is *Pd.* werts *(s fast ganz getilgt) P.*
5061 Uns] Mich *b.*
5062 d' *P.* letzē *d.*
5065 ouch *fehlt b.*
5066 ycht *b.*
5068 bemoeten *P.* vnd ouch *b.*
5073 Wverte *P.*
5075 Ewelich het jch *b.*
5078 Mijnē lijb stund ich *b.*
5079 vn *links am Rande (von anderer Hand) P.*
5080 die *fehlt vor* craden *d.*
5081 mit *fehlt d.* Sich selbes mede sult versaden *b.*
5083 es] der *b.*
5084 ich] sij *b.* gebraden *b.*

5085   Of gebacken of ghebraden.
        O wee god der grosen schaden,
        Daz ich sus den edelen siit
        Bin woorden quiit.

        So ich mich gern sold ziren bas   *P 136 r : b 171 v*
5090   So spreech ich alziit: cras, cras,
        Und daz ist alles eyn ghedwas.
        Wir durren sam eyn brant von vlas,
        Daz bald verbrint mit eynen vlacker.
        Wir sint vil broescher wen eyn glas.
5095   Uns leben ist recht sam eyn gras,
        Hur ist dor, daz vern groen was.
        Ich sie se huiten mued und las,
        Die hint waren vro und wacker.
        Ach daz ich ye des doots vergas
5100   Und mir selben was so has.
        Mich dunct nu sicherliichen das,
        Wie der doot gar grosen pas
        Rischliich ueber velt und acker
        Her scherjacker.

5105   Cuenliich die werelt ist unstabel   *P 136 v*
        Und al vol draechs sam weers eyn fabel.
        Wie wol es ist eyn alt parabel,
        Eyn armen man is eyn vleyschgabel,
        Zu sinen huisraetz geyn nutz.
5110   Ich weer lieber eyn armes knabel,

5085 ader gesaden *b*.   5100 leyter selb *b*.
5089 sold vueghen *b*.   5102 gar seer *b*.
5093 schijr *b*.   5104 Her schrey acker *b*.
5095 recht *fehlt b*.   5105 Curtzlych *b*.
5096 Hur] Nv *d*, Huyt *b*.   5106 Vnd gar *b*.   weers *fehlt b*.
5099 ye der witz *b*.   5109 wenich nutz *b*.

Dem cleyn und arm weer siin habel,
Den eyn riicher *comnestabel*,
Die grose cursen / troghę von sabel.   *d 218 v*
Wir hangen ueber eyn diefen putz
5115   Aen alzu cleynen, crancken cabel.
Mennich stoost die brost ueber den nabel
Und dreecht gar hoverdich den snabel,
Die doch zu sterben is so abel,
Sam eyn *verlemter*, blinder schutz
5120   In eyn schermutz.

Ruechloser luit ken ich gar vil,   *P 137 r : b 172 r*
Die ich nu he nicht nennen wil,
Die saen: »weer *sold* alz moeter Hil
Su heym sitzen bi der spil,
5125   *Die* wiil her haet siin junge joegent.
Trouwen, god geeb, daz man mich vil,
Und daz ich sam eyn crade swil,
Ob ich wil ummer sitzen stil,
E ich moes seen durch den bril
5130   Und mich verghangen is die moegent.«
Es dunct ym al eyn cleyn geschil,
Daz nach den meert coomt der april.
Sę en haben weder oor noch hil.
Ist nicht eyn *jemmerliiches* spil,
5135   Daz ym yr grose untogent
Nicht en wroegent?

5111 vnd lutzel *b.*
5112 Wen *b.* coninc stabel *P,*
konyck stabel *db.*
5115 al so *b.*
5117 sijn snabel *b.*
5119 v'elemter *P.*
5121 gar *fehlt b.*
5122 he *fehlt d.*
5123 ṣold *rechts am Rande P.*

zom mueter hil *b.*
5124 Su] Die *P,* Da *b.*
5125 Die] Su *P.*
5127 *nach* 5136 *P.*
5129 Ee das jch syen moes *b.*
al durch *d.*
5133 oor] vr *d.* halden wer vijr
noch tzil *b.*
5134 iemm''giches *P,*

Juncfrou, wiip und moeter zart,
Du gulden vas an bruch, an schart,
Du vast beslossen gades gart,
5140 Weych yr versteyntes herze hart,
E ym der tood den wech unsteel.
Se sint verbaset und verdaart.
Wurt der tood von ym angestaart,
Von anxst sold crimphen ym ir zwart.
5145 Es wert nie minsch so wiit vermaart
Vriliich, daz ym der doot icht feel.
Der stirft mennich tusent sonder bart.
Daz ich sus lieplich bin gespaart,
Des wil ich, vrou, uph aller vaart,
5150 So lang als mir daz leben wart,
Diin lop uuzsaan mit mond und keel,
Gar sonder heel.

Suesse, werte, liebe moeter,
Von onsen cog bistu daz roeter.
5155 Du bist daz aes und daz voeter
Und daz minnentliiche loeter,
Daz god hier neter cunde locken.
Durch dich sues und suer durchwoet er,
Durch dich an dem cruce stoet er,
5160 Durch dich bloet und wasser bloet her
Und *unser* alre last untloet her.
Hirzu cund ym diin minne zocken.
Unsę heer, unsę macher, der vil goeter,
Unsę erloser, unsę behoeter
5165 Durch dich is woorden unse broether.
Ich weys wol, waz du wols, daz doet her,

5146 yet *d.*   anderer Hand) *P.*
5147 vil tausent *b.*   5162 die mȳne *b.*
5150 als *fehlt b.*   5165 her *oben nach* is *d.*
5161 vnser *rechts am Rande (von*   5166 wol *fehlt b.*

Wen du liepliich mit ym wils docken.
Da uph ich stocken.

Trouwen, mich dunct, ist paf, ist ley, *P 138 v*
5170   Se varen al onder daz cley.
Wir seen es nut aen eyn ob zwey,
Wyr seent an dingen mengerley,
Daz bald al *vroud* is hie vergaen.
Wa is nu hin der suesszer mey?
5175   Wa is nu der voglen schrey?
Wa sint se nu, die hey jo hey
Gar vroliich songen aen dem rey?
Is dit alreyd nut al ghetaan?
Mich dunct nu, wie es storm und wey
5180   Und wie der calder riif sich sprey.
Der werrelt vreud is sam eyn ey,
Daz gar lichtliichen bricht untzwey.
Daz sold wir bilchs voor oughen haen
Und sunden laen.

5185   We god, waz tummer luit siin wir! *P 139 r*
Wir sint vil tummer wen de tir.
Wir dincken nicht mee wen eyn stir,
Daz der doot sol comen schir,
Die alle minschliich cun ermoort.
5190   Ic ken der mee wen drie ob vier,
Die um ertsch goet sint also gir,
Als solten se ewelich bliben hir.
Se en sparen heilich dach noch vir

5167 wolt lijplich myt ym
docken *b*.
5169 Trouwē ist das (das *oben*)
paf ist lei *d*.
5171 Wijr merchens *b*.
5173 schijr *b*. vrou^d *P*.
is] wirt *b*.

5175 Wa hoert mā nv *b*. nv
hyn *d*.
5176 nu] doch *b*. hey vnd hey *b*.
5178 Ys dyt nyt alrey *d*, Ist dis
alreyt nyt al *b*.
5179 wie] das *b*.
5185 We] Och *d*.
5192 Al *P*.

Und geent doch uph ir grabes boort.
5195 Lieb zarte vrou, toe ver von mir
Der werelt schoont und ir gezir.
Ich wil doch nummer dienen ir,
Uph daz ich comen moge̦ zu dir.
Es derf dich costen nur eyn woort,
5200 Nu helf mich doort.

Saech dinen son, daz her mich geeb,   P 139 v
Daz *ich* siin werte min unzeeb
Und da mit trouwen steet aen cleeb,
Daz ich mich nicht da in erheeb;
5205 Went anders weer ich sicher weirt,   d 219 r
Daz ich doorliich bedragen bleeb
Und mich eyn kint zu schimpe dreeb,
Wa ich miins selbes doecht zu schreeb,
Went ich weys gar wol wie ich leeb.
5210 Ich ken vil wol miins *selbs* gheveirt.
Schaf daz ich weter god nicht streeb,
Wie wiit ich mit den sinnen sweeb,
Und daz her rischliich mich uphheeb,
Wen ich in engen sunden sneeb.
5215 Diin hulf, die mengen hat erneirt,
Miin seel begeirt.

Ach werte, suesze reyne meyt,   P 140 r
Diin hohes lop is also breyt,
Daz es al dencken uebergeyt.
5220 Du sitsest neest der triniteyt,
Da nie geyn creatur gesas,
Und bist liepliich mit ym vercleyt.

5199 nur] mer *d.*   5208 zu] so *d.*
5202 ich *links am Rande P.*   5210 sebs *P.*
werte] tzarte *d.*   anheeb *d.*

Ich weys wol, onse heer god deyt
Was du wolds haen aen al verbeyt.

5225 Miin hoffen eynich an dir steyt,
Nu la mich doch gheniesen daz.
Laas mir miin sunden wesen leyt,
Und mach zu sterben mich bereyt.
Wenne miin seel von hinnen sceyt,

5230 So wes ir cund und ir gheleyt.
Ich en weys se wem bevelen bas,
Du kens den pas.

Miin seel geeb ich in dinen henden,   P 140 v
Wen se int vreemde lant moes lenden,

5235 Da se nye wech noch pat en kenden
Uuz desen daal der ellenden.
Wez ir dan, liebe vrouwe, nicht ver,
Und laas den duvel se nicht schenden.
Wil yr eynen goeten engel senden,

5240 Die se zie uuz der hellen brenden
Und uuz al der duvel benden,
Daz se des rechten weechs nut er.
Ich moes von dinen labe wenden
Mit curzen *woorten* unbehenden,

5245 Daz icht mit dusent namen nenden.
Es ist so ho aen allen enden,
Daz ich da cuum uph dencken der,
Ich armer ner!

_____

5224 willt *k.* haen *fehlt k.*
5225 eyne *k.*
5230 sys yr vrkunde *k.*
5233 befell ich *k.* in *fehlt k.*
5235 Vnd ich sy widder moisß
senden *k.*
5237 Sijst *k.*

5238 dan nyt *k.*
5239 Wils *k.*
5240 bendē *d.*
5244 vñ *nach* woorten *Pdk.*
5245 dusent *fehlt k.*
5247 kome dar vff *k,* da nav
vph *d.*

Entliich alz ich denck wa du geyst   *P 141 r*
5250 Und was groser werch du deyst,
So ist so gar ho, daz mich eyst
Davon zu sprechen, vrou, daz weyst,
Went ich darzu *bin* vil zu cleyn.
Nie groser liebd en wert ghevreyst,
5255 Den god had eyn mit dir geleyst.
Du bist der drivulticheyt neyst,
Die alre hoochst und alre meyst.
Du bist ir lieb gesellin reyn.
Der gades son, der Cristus heyst,
5260 Quam zu dir al hie gereyst
Und wirt eyn kint von dir gevleyst.
Du untfingt ym von dem heylgen gheyst,
Und mit dem vater haestu eyn
Dis kint ghemeyn.

5265 Nu dair, lieb vrou togentriich,   *P 141 v*
Sint daz die drie persoon geliich
Mit dir al hant verbunden sich
In eynre vruntschaft heymlich,
Daz du eweliich suls siin zusamen,
5270 So helf mir hie in desen sliich,
Daz ich coom uuz des duvels striich;
Und ob her icht *zicht* weter mich
Ghescreben hat, vrou minnentlich,
Daz wil durch diin goet uuz plamen.

5249 Etwan ich gedencken *k.*
5250 dat *oben vor* du *d.*
5251 yt eyst *k.*
5252 du weist *k.*
5253 bin *aus* ben *verbessert P.*
byn dar zu vyll kleyne *k.*
5256 dat neheyst *k.*
5261 myt dir *k.*

5264 Daz *d.*
5266 daz] nw *k.*
5267 al *fehlt dk.*
5269 Dat yr *k.*
5272 her *fehlt d.* icht] eyt *k.*
zicht] zich^t *P,* sta *d, fehlt k.*
5273 hat] hef *d.*
5274 Dat wills *k.*

5275 Eyn woort ouch voer uns beyden sprich,
   Daz die liebste miin undę ich,
   Die ich gelasen haen durch dich,
   Vor dinen kind von himmelrich
   Zem urtel uns nut moessen schamen –
5280 Heer god amen, amen, amen.

5275 ouch] doch *d.*   5280 amen *nur einmal k.*
5279 Zo dem junxten vrdell *k.*

ANHANG I

Namens- und Ortsverzeichnis

ANHANG II

Reimverzeichnis

In diesem Reimverzeichnis werden alle Reimwörter (die des ersten Gesanges ausgenommen) alphabetisch aufgeführt. Tritt das gleiche Wort mehrmals auf, so wird die Schreibung der ersten Fundstelle angegeben. Die Reimwörter des VII. Teiles sind gesondert aufgeführt.

a
–abbert
 beslabbert 1081
 slabbert 1083
–abe
 grabe 1118
 habe 1116, 3036, 3606
 labe 3034, 3604
–aben
 beschaben 2616
 buecstaben 1233
 erhaben 766, 2922
 graben 768
 grauen 1231
 haben 2614, 3265
 haben 3646
 knaben 2044
 laben 2924, 3267
 raben 2046
 waben 3648
–abet
 begabet 2968, 3020
 gelabet 2700, 3022
–ach
 Esschenbach 1659
 plach 1661
–achel, s. –agel oder –ackel

–achen
 bachen 1038, 3002
 drachen 1147, 1450
 gerachen 3342
 caachen 449
 lachen 3272
 machen 1036, 1149, 1448, 1762,
  3004, 3274, 3344
 sachen 1760
 vachen 447
–achende
 lachende 2635
 machende 2637
–achet
 belachet 1711
 gemachet 927, 1520,
  1713
 gesmachet 920
 geswachet 929, 1518
 lachet 922, 3592
 machet 3590
–acht
 acht 1931
 ertracht 1772
 ghebracht 2212
 macht 1770, 2214
 vollenbracht 1933

–achte
  achte 2263
  machte 2261
–achten
  beclaachten 257
  behaachten 255
  lachten 742
  machten 744
–aci
  graci 2880, 3479
  predestinaaci 2882
  temptaci 3481
–ackel
  behagel 2156
  myrachel 1270, 3052
  tabernachel 1272, 2158, 3054
–acker
  acker 259, 2925
  vlacker 261
  wacker 2927
–ade
  gade 2429
  gebade 2431
  genade 2829
  grade 2827
–adel
  adel 2443
  ladel 2445
–aden
  beraden 2203
  gebaden 2560
  genaden 2201, 2558
  ontraden 1701
  schaden 1703
–ades
  gades 2395
  stades 2393
–affe
  hafe 544
  schafe 542
–affen
  affen 2883, 3026
  geschaffen 186, 1822, 2157, 2495,

2885, 3024, 3149, 3271, 3461,
  3607
hafen 2351
claffen 184, 1379, 2885, 3151,
  3605
phaffen 2497, 3269, 3463
strafen 1820, 2155
ungeschaffen 1381
verslafen 2353
–affet
  ontsaffet 1034
  schaffet 1032
–age
  daghe 3519
  laghe 3517
–agel
  behagel 2156
  tabernackel 2158
–agen
  behagen 1078, 2499
  bedraghen 426, 506, 521
  beclagen 1010
  erslagen 229, 267, 614, 646,
    1235, 2782
  gesaghen 401, 1594, 2072, 2501,
    2581
  gesaghen 2854
  geslagen 1438, 2985
  getragen 586, 814, 1546, 2392,
    2579, 2852, 2864
  ghewagen 966, 1058, 1237
  hagen 2987, 3527
  jaghen 428, 443, 3529, 3600
  klaghen 495, 1080, 3555
  kraghen 1452
  meshagen 2511
  nydertraghen 1446
  overdragen 852
  plaghen 644, 2656, 2798
  sagen 265, 379, 441, 504, 584,
    612, 622, 812, 850, 931, 968,
    1008, 1056, 1158, 2390, 2862,
    3492

–agen
  sagen 2658
  saghen 1454
  tagen 399, 1890
  traghen 227, 493, 624, 933, 1592,
    1892, 2348, 2796, 3159, 3598
  uberslaghen 377
  untlaghen 523
  uzsaghen 3157
  verjagen 1160
  versaghen 1548, 2350, 3557
  vertragen 2509, 2784
  vraghen 2074
  zaghen 3494
–agende
  saghende 887
  tragende 885, 2469
  unuissagende 2467
–aget
  behaghet 570, 849, 1227, 1559,
    1643, 1829, 2682, 2913
  geclaget 2354
  gesaget 1934
  maghet 572, 847, 1225, 1557,
    1641, 1827, 1863, 2352, 2680,
    2911
  traget 1932
  unverzaget 1861
–agten
  verzaghten 1786
  vraghten 1784
–alben
  allenthalben 2313
  ninderthalben 1947
  salben 1945, 2315
–alde
  balde 440, 481, 491
  walde 442, 479, 489
–alden
  alden 2456
  behalden 2917, 3377
  miralden 3379
  onthalden 1513

salden 1511, 2281, 2458, 2915
vercalden 2283
–ale
  alzumale 352, 1496
  dale 3006
  ghezale 1494
  nachtegale 3008
  zale 350
–alen
  halen 247
  zalen 245
–alet
  gemalet 3055
  halet 3057
–alle
  alle 944, 1939, 2674, 2815, 3304,
    3570
  galle 1941, 2813
  gescalle 2676
  cristalle 3306
  schalle 946
  valle 3572
–allen
  allen 461, 1106, 3108, 3146
  gevallen 3110, 3148
  ontvallen 1108
  vallen 463
–alt
  gewalt 2170
  onthalt 2172
–alten
  behalten 1795, 3229
  halten 1725
  onsalten 1727
  walten 2955
  zalten 1797, 2953, 3227
–am
  Aaram 589
  Abraham 370
  Joram 636
  clam 372
  lam 2122
  lobesam 610, 2120

−anger
 swanger 226, 819, 1907, 2180,
  2514
−annen
 ghespannen 994
 cannen 996
−annes
 Jannes 3447
 mannes 3449
−ant
 hant 482
 vant 484
−ante
 bekante 1751
 sante 1749
−antel
 mantel 2035
 wantel 2033
−anten
 irmanten 2087
 vanten 2085
−antze
 danze 3115
 glantze 1274, 1357
 hymmelschrantze 1359
 plantze 1276
 scranze 3117
−antzen
 danzen 3677
 Hanzen 3675
−arche
 arche 317
 patriarche 315
−archen
 merchen 2449, 3256
 patriarchen 2451, 3254
−ardus
 Bernardus 3207
 nardus 3205
−aren
 aenstaren 3180
 bewaren 1636
 ercaren 737, 832, 2539, 3538

ervaren 2759
gebaren 211, 360, 735, 834, 855,
 2537, 2607, 2896
gevraren 2609
jaren 1198
scharen 3078, 3295
uszerkaren 362
varen 1634
verlaren 209, 853, 1766, 2345,
 2894, 3540
waren 2757, 3293
wedervaren 1196
zaren 2347
zwaren 1764
−armen
 armen 861, 1018, 1218, 2610
 erbarmen 863, 1020, 1220, 2576
 warmen 2612, 2578
−arnet
 ghearnet 1620
 ghewarnet 1622
−art
 gart 2050
 tzart 2052
−arte
 garte 1273, 3290
 zarte 1275, 3292
−arten
 warten 3188
 zarten 3190
−arwet
 ghegarwet 1360
 varwet 1358
−assen
 gassen 2068
 hassen 2070
−asz
 Abias 629
 Achas 792
 Amazias 639
 daz 1724
 Ezechias 685
 hasz 2226

236

-asz
Joachas 734
Occosias 637
strasz 2228
Veritas 1722, 1843
was 631, 736, 1841, 1946
Ypocras 1948
Ysaias 687, 790
-at
Arphaxat 337
hat 335
-ate
gate 376, 2338
ghebate 374
genate 2340
-atel
atel 2998
gatel 2996
-aten
baten 3624
beraten 1528
beslaten 1247
doergaten 1245
genaten 1248, 1526, 3334, 3622
granaten 1277, 2054
karitaten 1246
paten 3233, 3332
platen 2056
traten 3235
versaten 1279
-ater
blater 3071
gater 183, 345, 400, 577, 590,
   675, 831, 1181, 1353, 1374,
   1903, 2368, 2399, 3069, 3257,
   3403
pater 1098
vater 181, 343, 398, 579, 588,
   677, 829, 1100, 1179, 1351,
   1372, 1905, 2366, 2397, 3255
   3401
-ats
ghaats 643

melaats 645
-ave
ave 1580
slave 1578
-az, s. -asz

â
-â
derna 1856
gracia 1854
gutta 2192
Juda 1912
Maria 1910
na 1734
sla 2190
vita 1732
-âben
erhaben 766
graben 768
-âci
graci 2880, 3480
predestinaaci 2882
temptaci 3478
-âkel
myrachel 1270, 3052
tabernachel 1272, 3054
-âde
genade 2829
grade 2827
-âden
beraten 2203
gebaden 2560
genaden 2201, 2558
ontraden 1701
schaden 1703
-âfe
hafe 544
schafe 542
-âfen
hafen 2351
schaffen 248
slaphen 1627
straphen 250, 1629, 1820, 2155

-âfen
  verslafen 2353
-âge
  daghe 3519
  laghe 3517
-âhen
  umvahen 2098
  versmahen 2096
-âht
  acht 1931
  ghebracht 2212
  maecht 2214
  vollenbracht 1933
-âle
  alzumale 352, 1496
  ghezale 1494
  quale 2312
  strale 2310
  zale 350
-âlet
  gemalet 3055
  halet 3057
-âmen
  beydsamen 593, 2683
  cramen 2730
  namen 344, 779
  quamen 591, 2681
  samen 342, 777
  schamen 2732
-ân
  durchgaen 2143
  ghegaen 2130
  staen 2128
  waen 2141
-âr
  jaer 568
  waer 566
-âren
  ervaren 2759
  jaren 1198, 2774
  scharen 3295
  waren 2757, 2772, 3293
  wedervaren 1196

-âsen
  gelaissen 2089
  lasen 2520
  masen 2522
  straissen 2091
-âsz
  hasz 2226
  strasz 2228
-ât
  Arphaxat 337
  hat 335
-âte
  gate 2338
  genate 2340, 2686
  gewate 2684
-âten
  baten 3624
  beraten 1528, 2203
  genaten 1248, 1526, 2201, 3334,
    3622
  granaten 1277, 2054
  caritaten 1246
  paten 3233, 3332
  platen 2056
  traten 3235
  versaten 1279
-âts
  gaats 643
  melaats 645
-âyen
  mayen 236
  sayen 234

e
-eben
  angeheben 3348
  anheben 223
  beneben 2184, 3613
  beschreben 283, 1489, 1675
  bleben 349, 680
  eben 798, 3081, 3331, 3635
  erheben 985, 2420, 2806, 3436
  geben 569, 2386, 3346, 3674

—eben
  ghebleben 659, 750, 772
  gegeben 514, 520, 835, 983, 1009,
    1342, 2186, 2355
  gescreben 657, 1340, 1497, 3048,
    3216, 3333, 3438
  getreben 567, 1297, 3218
  geweben 3058
  heben 3060
  ingheben 1295
  leben 264, 285, 516, 518, 871,
    1564, 1673, 2224, 2357, 2388,
    2418, 2808, 3050, 3676
  ontbleben 1007
  raetgeben 3611
  screben 748
  seben 1487, 3079
  streben 800
  sweben 1499, 2222
  vergeben 873, 3565
  vertreben 225
  vorgheben 1566
  vorscreben 262, 351, 678, 770,
    833, 3633
  weterstreben 3563
—ebende
  gebende 2427
  lebende 2131, 2425, 2977
  swebende 2133
  uebergebende 2975
—eber
  greber 2086
  troistgeber 2088
—ebet
  gebet 1097
  ghelebet 1095
  lebet 3013
  swebet 3015
—echen
  brechen 435, 682, 864, 1585,
    3487
  gebrechen 904, 1213, 2376, 3349
  inbrechen 1395

sprechen 433, 684, 866, 902, 1211,
    1393, 1434, 1587, 2378, 2387,
    2793, 3155, 3351, 3485
  stechen 1436
  untbrechen 1213, 2389, 3153
  wechen 2795
—echlîch
  bedechliich 2135
  onverbrechliich 2137
—echte
  geslechte 891, 987, 2749, 3186
  knechte 2322, 2417 ·
  rechte 989, 2320, 2415, 2747
  techte 889
  uebertrechte 3184
—echten
  betrechten 2014, 3457
  gedechten 2948, 3172
  geslechten 2554
  knechten 719, 2556, 3577
  vechten 717, 2946, 3459, 3579
  vlechten 2012, 3170
—echter
  pechter 1624
  wechter 1626
—echtich
  almechtich 820
  drechtich 818
—echtigen
  crechtigen 3618
  mechtigen 3620
—ecket
  irschrecket 1858
  unbevlecket 1860, 2198
  uzgerecket 2200
—ede
  gebede 2591
  rede 2589
—eden
  aenbeden 2763
  beneden 3072, 3460
  besneden 2694
  ghebeden 875

–eden
 gheleden 3226
 gestreden 3228
 getreden 1259
 pheden 1261
 reden 2460, 3074, 3458
 seden 877, 2696
 steden 2761
 vreden 2462
–edich
 ghenedich 674, 1966
 ledich 436
 schedich 672
 sedich 1968
 snelredich 434
–edicht
 genedicht 1736
 gepredicht 1738
–edler
 edler 1099
 vedler 1101
–effel
 epphel 1293
 leffel 1291
–effen
 scheffen 1290
 treffen 1288
–eften
 heften 2436
 kreften 2438
–ege
 plege 2229
 weghe 2231
–egelich
 behegelich 1674
 degelich 1672
–egen
 gecregen 448, 2584
 gelegen 2518, 2792
 keghen 1694
 pleghen 450, 2582, 2794
 verswegen 2516
 witerweghen 1696

–eger
 plegher 1384
 sluszeldregher 1382
–el
 Salathiel 762
 Sorobabel 764
–elbe
 derselbe 3307
 zweelbe 3309
–elben
 gelben 2364
 selben 2362
–elden
 selden 651
 speelden 2652
 untghelden 208
 velden 2654
 vulghelden 653
 weelden 206
–elder
 behelder 2663
 uiserwelder 2665
–ele
 fele 2966
 kele 2030, 2964
 quele 2032
–elen
 quelen 1426
 stelen 1424
–elfen
 helfen 3521
 welfen 3523
–elger
 onghevelger 1073, 2299
 onselger 1071
 selger 2301
–elien
 lelyen 3195
 martylien 3197
–ellen
 ghesellen 1172
 hellen 1178, 1508
 irwellen 1830

–encket
gezwencket 2257
ingesencket 2259
–ende
behende 2079, 2471
bekende 458, 488, 1431, 1877
ende 1433, 1876, 2361, 2875
hende 460, 486, 2359, 3354
kende 2081, 2873
voorgenende 3352
wende 2473
–endel
minnebendel 1195
wendel 1193
–enden
bekenden 2515
ellenden 2733
wenden 2513, 2735
–endet
ghelendet 1332
ghesendet 910
ongheendet 912
vorghesendet 1130
–endich
behendich 3515
inwendich 3513
–enge
enge 1014, 3594
strenge 1016, 3596
–engel
engel 1834, 2532, 3353
stengel 1836, 2053, 3355
wengel 2051, 2530
–engen
brenghen 241, 2252, 2963, 3428
gehenghen 2961
untfenghen 243
verhengen 2250, 3426
–ennen
bekennen 336, 2555
irkennen 1785
kennen 2423
nennen 338, 1787, 2421, 2557

–ennet
bekennet 616, 745, 773, 791,
    817, 1375, 1853
ghenennet 618, 747, 775, 793,
    815, 1377, 1851, 3096
rennet 3094
–enningh
kenningh 2562
penningh 2564
–enten
brenten 3376
fundamenten 3330, 3374
occidenten 3104, 3328
orienten 2721, 3106
prosenten 2719
–entet
gheentet 964
geprentet 962
–entlich
behentlich 1423, 1490
entlich 1175, 1492
ghenentlich 1177
inwentlich 1421
–entze
gezwenze 3080
glenze 3082
–entzet
besprenzet 2989
gecrenzet 3130
geslentzet 1650, 3128
geswentzet 1648
glenzet 2991
–epf-, s. –eff-
–er
eer 1702
gher 2227
heer 1700
her 2225
–erben
aenerben 3402
derben 2277
erben 311, 1207, 1485, 1512
irwerben 1514, 1783, 2266

—erben
sterben 313, 413, 1483, 1781,
   2264, 2707
verterben 415, 2705, 3404
werben 1209, 2275
—erbet
anerbet 1388
verterbet 1386
—erchen
clerchen 323, 1401
merchen 1399, 1987, 2449, 2479,
   2918, 3051, 3256
patriarchen 2451, 3254
sterchen 1989
werchen 321, 2477, 2920,
   3053
—ercher
kercher 3043
stercher 3041
—erden
erden 2666, 3432, 3653
gewerden 3430
herden 2668
werden 3655
—erdich
begerdich 2325
rechtvertich 698
werdich 696, 2323
—ere
here 1819, 1870, 2760, 2857
lere 1599
mere 1798, 1868, 2855
vere 1601, 1800
zere 1821, 2758
—eren
begeren 2327, 3017, 3559
eren 239, 280, 2383, 2715
floreren 2385
gheberen 803, 1312
gheweren 2768, 3561
heren 237, 282, 686, 794, 801,
   1184, 1470, 1872, 1927, 2689,
   2717, 2619

keren 688
contempleren 3019
leren 1314, 1472
meren 1925, 2687
regneren 1874
repeteren 1182
reren 2339, 2770
tempteren 796
verleren 2770
weren 3621
—erende
begerende 1718
erende 919
ghewerende 1720
jubilerende 917
—eres
geberes 2506, 2577
weres 2508, 2575
—eret
flammeret 3103
geberet 3251
geblaseneret 3299
gefigureret 2450, 2743
gekeret 3324
geleret 1111, 3001,
   3244
gheordeneret 3101
geprofeteret 2452
geprofiteret 3246
ghereveleret 2767
gescheret 3324
ghesmeret 1109
geziret 3297
glorieret 3253
jubileret 2999
leret 2745
umghekeret 2765
—eri
materi 1597
psalteri 1595
—ering
nering 2847
zering 2845

—eiden
  onverscheyden 1356
  scheyden 304, 3643
—eidet
  bereydet 2565, 2592, 3194
  gheleydet 1613, 2567
  untcleydet 2590
  vercleydet 3192
  vurgebreydet 1615
—eiet
  dreyet 2945
  ontweyet 2943
—eil
  heyl 2169
  teyl 2171
—eile
  deyle 3545
  veyle 3547
—eim
  eym 2215
  honichseym 2217
—eime
  gesweime 2936
  heime 2938
—eine
  algemeynne 3264
  alleyne 192, 843, 862, 2434,
    3033
  beyne 194
  ghemeyne 845, 2432, 2606
  gesteyne 3368
  keselsteyne 1044
  cleyne 2599
  meyne 1042
  reyne 860, 2597, 3031, 3262,
    3366
  sceyne 2604
—einen
  meynen 2872
  vereynen 2870
—eines
  eynes 901
  ghemeynes 899

cleynes 2826
reynes 2824
—einet
  gereynet 2931
  verdeynet 1328
  vereynet 1326
  versteynet 2929
—einste
  kleynste 974
  onreynste 972
—einte
  gebeynte 838, 2406
  gesteynte 3383
  meynte 836, 3381
  vereynte 2404
—eiser
  keyser 2627
  voerreyser 2625
—eischet
  geeyschet 2641
  gevreyschet 2639
—eissen
  geysen 437
  heyssen 439, 1884
  weysen 1882
—eist
  gheyst 2270
  meyst 2268
—eiste
  geyste 3464, 3612
  meyste 3466, 3614
—eister
  heyst er 1471, 3025, 3099
  meyster 1469, 3023, 3097
—eiszen, s. —eissen
—eit
  adelheit 2115
  bereyt 2113
  eerbarheit 2207
  ewicheit 1875, 2218
  geyt 2205
  ghemeyt 2189
  gheseyt 769, 1731

–eit
kristenheit 1896
meyt 1877, 1898
rechtverticheit 1729, 1769
suesicheit 2187
versleyt 2220
–eite
geleyte 2973
scheyte 2971
–eiten
beyten 1574, 1755
bereyten 444
breyten 1114
gescheyten 1576
oughenweyten 3122
scheyten 446, 1112, 1753
seyten 3124
–eitlîch
bescheitliich 3298
weitliich 3296

ê
–ê
Galilee 1850
vlehe 1848
–êde
bede 2967
stede 2969
–êferen
scheferen 2630
sleferen 2628
–êlger
onghevelger 1073, 2099
onselger 1071
selger 2301
–êllige
onghevellige 2504
sellige 2502
–ême
gheneme 913, 1466
queme 915, 1468
–êmes
nemes 2570

quemes 2568
–êmmit
lemmit 3669
venit 3667
–ên
seen 741
zeen 743
–ênet
denet 2329
verlenet 2327
–ênit
lemmit 3669
venit 3667
–ênt
gedeent 2059
verwent 2057
–êr
eer 1702
heer 1700
–êre
ere 2525
here 1819, 1870, 2760, 2857
lere 1599
lere 2435
mere 1798, 1868, 2855
sere 1821, 2437, 2758
vere 1601, 1800
were 2523
–êren
begeren 2337
eren 239, 280, 2383, 2715
erveren 2659
floreren 2385
gheberen 1312
heren 237, 282, 686, 1470, 1927,
    2689, 2717, 3619
keren 688, 3078
leren 3220
leren 1314, 1472
meren 1685, 1925, 2661, 2687
merteleren 3220
reren 2339, 3222
speeren 3076

êren
  weren 1683, 3621
–êrende
  erende 919
  jubilerende 917
–êres
  geberes 2506, 2577
  weres 2508, 2575
–êrlîch
  begherliich 2061
  verveerlich 1979
  werliich 2063
  zeerlich 1977
–ête
  bete 2967
  bette 556
  gebete 1667
  hette 558
  rete 1758
  stete 1665, 2969
  tete 1756
–êth
  Nazareth 1849
  teeth 1847

i
–ibel
  bibel 2899
  zwibel 2897
–ich
  dich 1686
  ich 423
  onselich 1688
  weynich 425
–ichen
  irslichen 2273
  vaterlichen 2271
–icher
  geliicher 2401
  zicher 2403
–ichet
  brichet 1150
  gebrichet 3338

gelichet 1525
sprichet 1148, 1527, 3340
–ichte
  nichte 1916
  richte 1914
–ichten
  geschichten 1886
  nichten 1888
  richten 1660
  tichten 1658
–ichter
  richter 1011, 2344, 3500
  spricht er 3502
  wichter 1013, 2346
–ichtes
  lichtes 3417
  nichtes 3415
–ichtet
  ghestichtet 289
  ghetichtet 287
–icke
  striche 1307
  togentriiche 1305
–icken
  irqwicken 2126
  schicken 2124
–ider
  dawider 1708
  nyder 1710
–iffen
  begriffen 2015, 3160
  un/gesliffen 2017, 3162
–ift
  drift 2256
  schrift 2254
–ige
  gheswige 1123
  krieghe 1742, 3507
  prige 1744, 1125
  zige 3509
–igel
  inghesigel 1336
  rigel 1338

–ingen
  volsinghen 2809
–inges
  dinges 408, 826
  sunderlinghes 406
  untfinghes 828
–inget
  singhet 1136, 3215
  springhet 1134, 3213
–inne
  anbeginne 1352, 1392
  gebyeterinne 1542
  geselline 2416
  gesinne 2540, 3040
  hynne 1255
  inne 1253, 1394, 1545, 2000,
    2481, 2817
  keyserinne 2380, 2542, 3030,
    3601
  coninghinne 1350, 2910, 2974,
    3058
  meisterinne 1560
  mynne 1480, 1959, 1974, 2276,
    2382, 2483, 2819, 2908, 2976,
    3032, 3116, 3603
  seraphinne 1482, 2414
  sinne 1562, 1961, 2274
  truterinne 3114
  vriendinne 1976, 1998
–innen
  binnen 1793
  brinnen 253, 731, 870, 2285,
    3568, 3625
  geminnen 3566
  cuninghinnen 1091
  minnen 251, 733, 822, 1791,
    2287, 2441, 3627
  synnen 1093
  verbrinnen 824
  winnen 868, 2439, 3475
  zinnen 3477
–innet
  brinnet 2065

gheminnet 2119
gesinnet 2117
minnet 2067
–inre
  beginre 2903
  geschinre 3164
  minre 2901, 3166
–inret
  irschinret 1165
  vermynret 1167
–inschen
  mynschen 1127
  verkynschen 1129
–inster
  glinster 2603
  mynster 1991
  vinster 2605
  winster 1993
–ippe
  rippe 188
  sippe 190
–ippen
  clyppen 1029
  lippen 1031
–irchen
  mirchen 710, 1690
  wirchen 712, 1692
–irchet
  gewirchet 3390
  mirchet 3388
–ire
  geschire 2722
  mirre 2724
–iren, s. ieren
–irckel
  pirkel 3083
  zirckel 2140, 3085
  zwirchel 2138
–irckelt
  betwirkelt 1602
  bezirkelt 1604
  gepirkelt 1609
  virkelt 1611

250

-irmet
  getyrmet 3113
  confirmet 3111
-irne
  herne 1232, 1444
  sterne 1234
  virne 1442
-irret
  verirret 1603
  verwirret 1605
-ischen
  mischen 1741, 2409
  zwischen 1739, 2407
-ischet
  erwischet 1286
  gevrischet 1284,
    2194
  onghemischet 2196
-iste
  baptiste 1478
  biste 1476
  liste 2750, 2764
  wiste 2752, 2766
-isten
  ametysten 3393
  listen 3391
-isteren
  gisteren 1240
  susteren 1238
-ittel
  capittel 1986, 3442
  ydel 1984
  tytel 3440
-itter
  bitter 1443, 1625
  erzitter 1441
  ritter 1161
  zitter 1163, 1623
-ittert
  erzittert 3482
  gherittert 3484
-itzen
  bezitzen 3498

sitzen 3236
spitzen 3234, 3496

î
-î
  Araby 2232
  bly 2234
  propheci 1840
  sibi 1842
-îbe
  blibe 296
  libe 210, 341, 537, 575, 595, 642,
    808, 973, 1200, 1535, 2424,
    2476, 2487, 2805, 2848
  wibe 212, 294, 339, 535, 573,
    597, 640, 810, 975, 1202, 1533,
    2422, 2474, 2485, 2803, 2850
-îbel
  bibel 2899
  zwibel 2897
-îben
  beschriben 581, 2008
  betriben 1400, 1414, 1921
  bliben 334, 583, 1025, 1087,
    1151, 1269, 1990, 2010, 2898,
    3341
  driben 318, 1027, 1153,
    1988
  schriben 332, 649, 1267, 1402,
    2551, 2900, 3339
  vertriben 1085, 1855
  wiben 320, 647, 1416, 1857,
    1923, 2553
-îbes
  blybes 1021
  clybes 1023
-îbet
  blivet 1251, 2959
  dribet 2849, 2957
  scryvet 1249, 2851
-îche
  geliiche 1540, 2633, 2884, 3444,
    3580

–îche
  hymmelriche 898, 993, 1542,
    1554, 2746, 3446, 3582
  minnentliiche 884, 2611
  riiche 2613, 2744
  sicherliiche 896, 995, 1556
  striche 1307
  tughentriiche 882, 1305, 2631,
    2886
–îchen
  gelichen 1970
  genszlichen 1063
  irslichen 2273
  cunincriichen 1972
  riichen 1364, 2779
  ritterliichen 3221
  sicherliichen 1366
  strichen 1065
  sunderliichen 1002, 2493
  togentriichen 3219
  vaterlichen 2271
  wiichen 2781
  wunderliichen 1000, 2491
–îcher
  geliicher 2401
  zicher 2403
–îchet
  gelichet 1132, 1525
  sprichet 1527
  wychet 1164
–îde
  blyde 1203
  scride 3361
  stride 1205
  wide 3359
–îdel
  ydel 1984
  capittel 1986
–îden
  gheliden 728
  liden 1825, 2526, 2786, 3480
  riden 2788
  siden 730

striden 3478
verbliden 1823
ziiden 2528
–îding
  verblyding 1319, 2675
  ziding 1321, 2673
–îen
  ghebenedien 500
  vryen 502
–îet
  ghebenediet 936, 1146, 1521
  ghescryet 1144
  ghevryet 934, 1519
–îfen
  begriifen 3141, 3451
  phifen 3139, 3453
–îge
  gheswige 1123
  prige 1125
–îgen
  crigen 353
  swigen 355
–île
  ile 1911
  wile 1913
–îlen
  ylen 1239
  wilen 1241
–în, s. auch ên
  ansciin 1716
  fiin 1940
  miin 1714, 1938, 2239
  swiin 2241
–îp
  kiip 1737
  stiip 1735
–îren
  floriren 1101
  liren 1104
  rivieren 2047
  saphiren 2049, 3242,
    3375
  ziren 3240, 3373

–ieren
  dieren 465, 3450
  maniren 3452
  rivieren 2047
  saphiren 2049, 3242, 3375
  visieren 467
  ziren 3240, 3373
–ieret
  geblasenieret 3299
  geziret 3297, 3398
  vysiret 3400
–ierlich
  verveerlich 1979
  zeerlich 1977
–ies
  hies 699, 776
  lies 701, 778
–iesse
  hiesse 532
  verdriesse 534
–iessen
  giessen 3066
  hiessen 582
  ontslieszen 1268
  ontspriessen 3068
  schiessen 269, 2309, 3134
  verdriessen 271, 580, 1266, 2311,
    3132
–iesset
  vluyszet 1669
  furdruysset 1671

o
–obe
  hobe 1591
  lobe 1589
–och
  Enoch 303
  noch 301
–ochen
  erstochen 656, 714, 1517
  gebrochen 856, 2863, 3179
  gerochen 222

gesprochen 430, 474, 854, 930,
    1301, 1412, 1515, 1697, 2865,
    3211
gestochen 220
gewrochen 268, 654, 716, 1699,
    3209
cochen 432, 472,
    1410
volsprochen 3177
voersprochen 266, 549
wochen 551
zubrochen 932, 1303
–ochte
  dochte 2324
  mochte 2326, 2756
  sochte 2754
–ochten
  brochten 2740
  ghevlochten 3276
  gevochten 3118
  luchten 3278
  ontfluchten 3120
  sochten 2742
–ochter
  dochter 540, 694
  mocht her 692
  socht er 1826
  versochter 538
–ocke
  hymmeltocke 1651,
    2001
  rocke 1653, 2003
–ocken
  hemeltocken 3193
  cocken 2249, 3279
  locken 2247
  rocken 3191, 3281
–ocklîn
  dockliin 1188
  rokliin 1186
–offen
  clophen 3424
  ophen 3422

–offer
  coffer 709, 2723
  offer 707, 2725
–ogelchen
  vlogelchen 2997
  vogelchen 2995
–ogen
  erhoghen 2871
  moghen 2869
–ogende
  jugende 2109
  tughende 2107
–ogent
  doeghent 1935, 2787, 2912
  irhoghent 1937
  joegent 2785, 2914
–ol
  sol 1709
  wol 1707
–olde
  golde 3386
  crysolde 3384
–olgen
  verbolghen 1491
  volgen 1493
–olke
  tolke 2660
  volke 2662
–olte
  solte 691, 2711
  wolte 689, 2709
–omen
  abghenomen 331, 1479
  angenomen 213, 693
  benomen 394
  beroemen 3408
  gecomen 329, 700, 771, 3335
  genomen 299, 509, 553, 908,
    1254, 3337, 3433
  comen 215, 392, 507, 555, 695,
    906, 1252, 1316, 1477, 3302,
    3410, 3435
  vernomen 769, 1318

fromen 297, 702
  wargenomen 3300
–omet
  comet 1445
  fromet 1447
–on
  Amon 706
  Salamon 617
  son 615, 708
–onde
  begonde 1693
  gronde 1074, 1456, 1728
  konde 1695
  munde 1076, 1458
  stunde 1730
–onden
  gebonden 258, 2623
  gevonden 2670, 2690
  gewonden 198, 2621, 2672
  stonden 196, 1370, 1862, 2026,
    2682
  untsonden 260
  verbonden 1368
  vonden 1864, 2028
–onder
  bisonder 300, 3088
  onder 3067
  plonder 1128
  under 3086
  wonder 302, 1126, 3065
–ondert
  hondert 1664, 3365
  uz/gesondert 1662, 3363
–ondes
  onderwondes 2598
  vondes 2596
–ondet
  ghewondet 1427
  ontzundet 1429
–onen
  bywonen 2006
  schonen 576, 2114, 2152
  sonen 574

–onen
wonen 2154
–onne
bronne 1282, 3285
gonne 2297
sonne 3011
wonne 1280, 2295, 3009, 3283
–onnen
abghewonnen 1300
begonnen 278, 316, 357, 1298
ghewonnen 276, 310, 314, 359, 784
onversonnen 3418
sonnen 786, 3416
wonnen 308
–opfen, s. auch –offen
drophen 1997
clophen 1995, 3424
ophen 3422
–or
ofenhoer 2165
voer 2163
–orben
gestorben 1486, 1717, 1776, 2343
geworben 1484, 2341
on/vertorben 1715, 1774
–orden
horden 3275
coorden 204
noorden 3327
worden 3277
woorden 202, 3325
–ore
hore 1721
verlore 1723
–oren
doren 1529, 2890
geboren 390, 1689, 1883
gesworen 1335
horen 1024
ircoren 1885
oren 1531, 2892
schoren 1022
uszerkoren 1333

vercoren 388
zoren 1687
–oret
irhoret 2753
sporet 2751
–orgen
morgen 2934
verborghen 2932
–ori
memory 1447
vyctory 1445
–orlich
on/behorlich 650, 1066, 1973
dorlich 652, 1064, 1975
–orma
forma 961
norma 959
–orme
forme 1122, 3661
worme 1120, 3663
–ormen
formen 720
stormen 722, 3473
wormen 3471
–ormet
gheformet 1644, 3059
gestormet 1646
zustormet 3061
–ornet
erzornet 1449
ghehurnet 1451
–ornte
gehurnte 3537
verzornte 3535
–orret
verdorret 1107
verworret 1105
–orsten
dorsten 2858
vorsten 2856
–ort
hogheboort 330
woort 328

–ômen
beroemen 3408
bloemen 2840
comen 3410
roemen 2838
–ômet
beroemet 2921
verdoemet 2919
–ôn
Amon 706
Naason 594
Salamon 596, 617
schoon 2162
son 615, 708
Syon 2164
–ônden
croenden 1462
schonden 1464
–ône
doene 945, 3135
gedone 2302
crone 611, 765
lone 541
matrone 3641
scone 539, 609, 763, 947, 2304,
3137, 3615, 3639
trone 3617
–ônen
schonen 576, 2114, 2152
sonen 574
wonen 2116, 2154
–ônet
gecronet 1652, 3230,
3659
gelonet 3232, 3657
uberschonet 1650
–ônste
kroenste 2038
schoonste 2036
–ôr
hoer 2640
vroer 2638
–ôrdich

hoerd ich 2876
jeghenwoordich 2878
–ôrte
erhoerte 476
yerst gheburte 478
–ôrten
hoorten 1779, 1799
worten 1777, 1801
–ôrtes
hoortes 1899
woortes 1897
–ôse
glose 2018
prose 2016
–ôsen
blosen 218, 3223
durchglosen 2442
cosen 2009, 2835
osen 2837
prosen 2444
rosen 216, 2011, 3225
–ôser
erloser 3501
groser 3499
–ôsten
alrehoochsten 1871
erloosten 273
troosten 275, 1869
–ôszen
unbeslossen 203
verstossen 205
–ôter, s. auch –uter
groter 2780
moter 2728
–ôtlîch
behoetliich 3508
goetliich 3506

ou/eu
–ouben
gelouben 3075
ouben 923, 3073, 3584
rouben 925, 3586

—oubet
beroubet 1958
geloubet 1956
—ouch
genouch 797
houch 512, 2136, 2210
onghevooch 799
ouch 510, 2134, 2208
—oude
schoude 3145
vroude 3143
—oufe
houffe 3092
louffe 3090
—oufen
aabcoufen 404
geloufen 409, 1811
houfen 1046
couphen 1206, 1809, 3533, 3544
loufen 1048, 1204, 3531
leuffen 2571, 3542
ueberloufen 402
vercoufen 411, 2569
—oufet
gecoufet 1387, 1900, 3405
ghetoufet 1385, 1902, 3407
lopet 1221
opgehoepet 1223
—ougen
houghen 1062
irhoughen 1612
oughen 1060, 1668, 1982, 2102,
    2500, 2868
toughen 1610, 1666, 1980, 2100,
    2498, 2866
—oum
boum 2060, 2183
goum 2058, 2185
—ouwe
aneschouwe 2962
berouwe 464
gezouwe 2541
rouwe 2465, 2704

touwe 1584, 1996
trouwe 876
vrouwe 462, 874, 1582, 1994,
    2463, 2543, 2702, 2960
—ouwen
anschouwen 3249
berouwen 3564
drouwen 1142
ghehouwen 373
geschouwen 3548
ghetruwen 604
irvrouwen 1140
rouwen 2533, 2583, 3550, 3631
scouwen 2585, 2990, 3037, 3131,
    3465, 3562, 3629
vrouwen 371, 602, 2535, 2988,
    3039, 3129, 3247, 3467, 3550
—ouwet
on/gebouwet 1349, 3369, 3397
gedrouwet 1500
geschowet 1347, 1498, 3395
irvrouwet 948
uberstrouwet 950
vernuwet 3367

u/uo (o)
—ube
bube 1156
trube 1154
—uches
buches 1930
ruches 1928
—ucht
vrucht 1926
zucht 1924
—uchte
muchte 2756
sochte 2754
—uchten
bevluchten 1189
ghevlochten 3276
ghevochten 3118
luchten 3278

-uchten
  ontfluchten 3120
  zuchten 1191
-uchtich
  unduchtich 2928
  vuchtich 2926
-uckes
  geluckes 2282
  truckes 2284
-ucket
  bezucket 3575
  ghelucket 1339, 2457
  gerucket 3373
  ghesmucket 1906
  ghetrucket 1337, 1679, 1904,
    2459
  gezucket 1681
  ruchet 1169
  vertruchet 1171
-uden
  armoeden 2624
  Juden 981, 1465, 2626
  luden 979, 3156
  ruden 1463
  ruden 3158
-ugende
  jugende 2109
  mughende 958
  tughende 960, 2107
-uldig
  onsculdig 1792
  verduldig 1794
-umen
  blumen 1837, 2206
  kumen 1839
  rumen 2204
-umfte
  vernumfte 3380
  vunfte 3382
-ummer
  mummer 2238
  nummer 3429
  stummer 967

tummer 965, 2236
ummer 3431
-umper
  stumper 978
  zumper 976
-unde
  grunde/gronde 971, 1074, 1456,
    1728, 1757, 2290, 2968
  kunde 1759, 1802
  munde 969, 1076, 1458, 1918,
  stunde 552, 1730, 1920, 2093,
    2288, 2970
  sunde 1804
  vrunde 554
  vunde 2095
-unden
  ghebunden 954
  ghegrunden 2906
  gevunden 1262, 2690, 3670
  ghewonden 198
  konden 1210
  stunden 196, 1260, 1370, 1435,
    1862, 2688
  sunden 673, 1212, 1506, 2904
  untbunden 3668
  uszgrunden 1504
  verbonden 1368
  verslunden 1437
  vrunden 671
  vunden 952, 1864
-under
  bisunder 2269, 3088
  onder 3067, 3086
  plonder 1128
  sunder 890, 2316
  wunder 888, 1126, 2267, 2318,
    3065
-undet
  ghewundet 1427
  ontzundet 1429
-undich
  kundich 1258, 1567, 2233, 3556
  mundich 2235

–ûch
  onghevooch 799
–ûchen
  ruechen 3512
–ûchen
  suechen 3510
–ûchet
  ruechet 2106
  uysgesuechet 2108
–ûde
  lude 3319, 3443
  rude 3317, 3445
–ûden
  armoeden 2624
  Juden 981, 2626
  luten 979, 3156
  ruden 3158
–ûdet
  bedudet 2305
  ludet 2303
–ûdich
  demuedich 2801
  voerhuedich 2799
–ûgen
  ghenugen 1771
  fugen 1773
–ûget
  buiget 2844
  suiget 2842
–ûjen
  bluyen 1086
  groyen 1084
–ûjende
  gloyende 2317
  groyende 2791
  vloyende 2319, 2789
–ûlte
  bevuelte 2240
  wulte 2242
–ûlten
  vuelten 2331
  wuelten 2333
–ûmen

blumen 1837, 2206
kumen 1839
rumen 1132, 2204
versumen 1130
–ûmet
  verdaumet 3576
  verzaumet 3578
–ûmte
  ruymte 1963
  veruymte 1965
–ûnen
  besunen 3165
  bezunen 2292
  bordunen 3163
  durchzunen 3171
  runen 2294, 3173
–ûnet
  gheleunet 2586, 3323
  gezeunet 3587
  verleunet 3589
  verzeunet 2588, 3321
–ûre
  dure 2563
  figure 1363
  gehure 867, 990, 1217, 2023,
    2308, 2373, 2561, 3347, 3414
  creature 992, 3412
  nature 955, 1361, 2375
  ongehure 1788, 2023
  rure 1219
  soldure 957
  sture 3345
  ture 1790, 2025
  vure 869, 2306
–ûren
  creaturen 1550
  naturen 2400, 3634
  ruren 3514
  spuren 3516
  uren 2402
  volvuren 3632
  vuren 1552
–ûret

gheduret 754
ghenaturet 2822
gepuret 2820
ghevuret 752
—ûrte
  beroyrte 1919
  horte 1917
—ûse
  huse 1396, 2478, 2935
  cluse 1398, 2480, 2933
—ûset
  couset 3486
  verlouset 3488
—ûsse
  grusse 2075
  muesse 2077
  suessze 2007
  vuesse 2005
—ûssen
  buszen 1524, 3263
  gruszen 1077, 1522, 1563, 1657,
    2737, 3261, 3666
  vuszen 1079, 1561, 1655, 2739,
    3664
—uysset, s. —iesset

—ût
  ghebluet 607
  ghegruet 605
  ghescuyt 715
  luyt 519
  nut 517, 713
—ûten
  beduten 1001, 1043, 1505, 1815
  Juden 981
  luten 979, 1003, 1045, 1507, 1813
—ûwe
  ghebuwe 1631
  ruwe 1633
—ûwen
  geruwen 1706
  ghetruwen 604
  ruwen 525, 3631
  schuwen 527, 3629
  truwen 1704
  vrouwen 602
—ûwet
  ghebuwet 3369, 3397
  gheschouwet 3395
  ruwet 1135
  vernuwet 1133, 3367

Die Reime des VII. Gesanges sind strophenweise unter Angabe jeweils
der ersten Zeile aufgeführt.

—abel
5105: unstabel, fabel, parabel, vleyschgabel, knabel, habel, comnesta-
bel, sabel, cabel, nabel, snabel, abel
—aben
4517: aben, haben, laben, gaben
—ach
3809: plach, sach, tach, sprach, gescach, bach, geclach, mach, brach,
lach, drach, tach.   4645: gescach, uphbrach, sprach, drach
—achen
4181: machen, gerachen, bachen, lachen
—acht
3701: nacht, bracht, versmacht, macht.   3953: ghewracht, gemacht,
dracht, bracht, gheacht, veracht, smacht, nacht, ertacht, cracht, macht,
lacht

–acker
5093: vlacker, wacker, acker, herscherjacker
–affen
4485: claffen, geschaffen, phafen, affen
–ag
4465: maegh, taegh, uzsaegh, waagh, gebaegh, verzaegh, slaagh, behaegh, erdraegh, jaegh, laegh, haeg
–agel
4277: tabernachel, zagel, behagel, naghel
–agen
4321: claghen, becnagen, vlagen, geslagen, vertragen, daghen, plaghen, behagen, ghedragen, gesagen, verjagen, verzaghen
–al
4065: tal, wal, smal, ghezal, ueberal, bal, cristal, untfal, weduwal, nachtegal, schal, hal
–alt
4197: salt, menichfalt, ungezalt, ghewalt, walt, verzalt, gestalt, kalt, alt, vergalt, balt, gewalt
–am
3777: stam, quam, lobesam, scham, gram, Adam, zam, lam, Abraham, nam, clam, vlam
–amen
5269: zusamen, plamen, schamen, amen
–anck
3713: ghetanc, verganc, stanc, manc, ranc, dranck, sanck, erlanck, twanc, swanc, kranc, tanc. 4917: stanc, cranc, lanc, danc
–ang
4817: lang, vang, ang, bang, gedrang, stang, prang, untgang, slang, ang, hang, zang
–anger
4245: anger, zwanger, langer, zanger
–ant
3729: bekant, ueberlant, ghenant, vant, ghesant, hant, ghewant, hant, trant, gant, getant, ongeschant. 4741: land, sand, hand, phand. 4961: valiant, ademant, ghenant, becant, lant, hant, gheschant, tsant, becant, cant, vermant, hant
–antz
4145: gantz, plantz, lantz, glantz, faublants, gestantz, kantz, gantz, lobderantz, rosencrantz, dantz, quantz
–armen
4725: armen, warmen, ontfarmen, erbarmen
–art
3829: wart, art, zart, vart. 3873: ghebaert, lupaert, aert, vaert,

spart, ernart, ghelart, kart, zart, gart, wart, hart. 5013: verhart, waert, gespart, zart. 5137: zart, schart, gart, hart, verdaart, angestaart, zwart, vermaart, bart, gespaart, vaart, wart

—as
5089: bas, cras, ghedwas, vlas, glas, gras, was, las, vergas, has, das, pas. 5221: gesas, daz, bas, pas

—ast
4113: mast, last, glast, adamast, gepast, vast, ast, bast, geprast, kast, gast, rast

—az
3985: daz, baz, Sathanaz, laz, haz, geblaz, ghenaz, waz, glaz, vaz, graz, dwaz

â

—â
4395: versta, Maria, gracia, cla, Eva, ga, na, sla, wa, da, ja, bla
—âb
4197: scaab, staab, aab, graab. 4229: graab, swaab, haab, gaab
—âd
4705: raad, paad, draad, geraad, blaad, ghebaad, genaad, gaad, spaad, graad, beraad, ersaad
—âden
5073: ghenaden, untladen, baden, ingewaiden, staden, maden, craden, versaden, gaden, gesaden, ghebraden, schaden
—âfen
4165: schafen, slafen, strafen, hafen
—âl
4017: zaal, maal, waal, daal, haal, bezaal, metaal, staal, daal, ghemael, quaal, maal
—âlen
4289: verhalen, gestalen, qualen, dwalen, bevalen, halen, malen, bezalen, gescalen, halen, kalen, smalen
—ân
3685: undertaan, aenvaen, bestaan, aen. 4805: haen, man, van, can. 4225: gan, wolgetan, han, dan, kan, slaen, verstaen, aen, voergespan, ghewan, man, kan. 4545: saen, staan, ghetaan, gaan, getaan, umvaan, maan, undertaan, waan, aan, laan, haan. 5173: vergaen, ghetaan, haen, laen
—âr
4625: zwaer, atelar, jaar, claar, paar, vaar, waar, ervaer, gaer, staer, gebaer, scaer. 5029: naer, zwaer, claer, jaar
—âren
4801: gebaren, zwaren, uzercaren, geswaren, bescharen, jaren, zaren,

verlaren, bezwaren, scharen, sparen, varen. 4845: uuzercaren, ge-
baren, zwaren, daren
—âs(z)en
4677: lasen, sasen, strasen, verwasen
—ât
4337: raat, gaat, quaat, versmaat, scaat, staat, daat, genaat, maat,
haat, verjaat, gesaet. 4933: haet, gewaet, genaat, staat

e

—eben
4257: eben, reben, steben, geben, sneben, sweben, encleben, leben,
streben, erheben, beneben, gescreben. 4981: gewreben, cleben, er-
heben, beneben
—echen
4949: stechen, wrechen, brechen, sprechen
—echt
4561: decht, echt, leght, brecht, recht, vecht, knecht, schecht, vercrecht,
betrecht, benecht, slecht. 4789: slecht, getecht, cnecht, recht
—edich
4689: sedich, aenbed ich, vredich, ledich, gepredich, gredich, stedich,
scedich, ubeltedich, uebertredich, genedich, red ich
—eft
4421: gescheft, geheft, meysterscheft, ongetreft
—eger
3941: jeger, cofferslegher, plegher, dregher
—el
3813: verzel, quel, Gabriel, redgesel. 4529: snel, Ezechiel, bel, schel,
hel, fel, quel, vel, Gabriel, nytervel, sel, Emanuel. 5141: unsteel,
feel, keel, heel
—ellich
4501: hellich, bevelliich, mellich, sellich
—elt
3857: uzerwelt, ghevelt, stelt, ghequelt, tfelt, ghewelt, stelt, onthelt,
spelt, belt, gezelt, helt
—elter
4261: kelter, elter, uiserwelter, pselter
—encket, s. auch —engt
4305: uebertencket, gelencket, ertrencket, gewencket, geslencket,
blencket, gesprencket, geschencket, swencket, gecrencket, verstencket,
versencket
—enden
5233: henden, lenden, kenden, ellenden, schenden, senden, brenden,
benden, wenden, unbehenden, nenden, enden

−endich
4417: ellendich, scendich, genendich, behendich, kend ich, send ich, wendich, bendich, brendich, unendich, verstendich, inwendich

−engen
4565: gehengen, krengen, strengen, brengen. 4913: sengen, untfengen, crengen, untsprengen, gedrengen, engen, gehengen, strengen, brengen, mengen, plengen, verlengen

−engt
3877: erlengt, vengt, gheschenct, ghemenct

−enzet
4597: glenzet, besprenset, gecrenzet, gheswenset

−erben
4581: werben, verderben, erben, sterben

−erch
4049: erch, merch, clerch, berch, terch, perch, gedwerch, sterch, lerch, swerch, kerch, werch

−erdz
3793: erdz, kerds, scherds, geverdz, ghelerdz, smerdz, herdz, begherdz, swerdz, ernerdz, verzerdz, werdz

−erffen
4613: herffen, neterwerfen, serffe, scherffen

−ern
4161: untbern, wern, vern, schern, hern, begern, ernern, zern, morghenstern, lucern, kern, gern

−ert
5205: weirt, gheveirt, erneirt, begeirt

−erte
4497: geleerte, begerte, nerte, erte, deerte, werte, verzerte, geberte, erte, rerte, kerte, herte

−erv
4389: sperv, terv, verv, gegerv

−eschen
4133: leschen, vleschen, eschen, ungeweschen

−est
3925: est, chest, nest, best

−esten
4769: gebresten, sesten, gesten, westen, mesten, nesten, esten, glesten, resten, hantvesten, besten, lesten

−et
4513: ret, jet, concipiet, pariet, profet, vret, Nazaret, uyzgheget, tet, stet, gebet, het

—etzen

5057: ergetzen, geletzen, schetzen, netzen, bletzen, wetzen, ghe-
quetsen, pletzen, setzen, bemetzen, uuzswetzen, cretzen

—etzer

3989: vortzetzer, metzer, luighenzwetzer, ketzer

ei

—ei

5169: ley, cley, zwey, mengerley, mey, schrey, hey, rey, wey, sprey,
ey, ontzwey

—eid, s. auch —eit

5061: leyd, scheyd, leyd, beyd

—eigen

4549: zeygen, neygen, dreygen, eyghen

—ein

3967: alghemeyn, reyn, cleyn, meyn, geyn, eyn, steyn, scheyn, neyn,
heyn, beyn, angreyn.   5253: cleyn, reyn, eyn, ghemeyn

—eis

4241: weys, upgeys, heys, steys, seys, meys, sleys, zureys, deys, weys,
creys, geheys

—eist

5249: geyst, deyst, eyst, weyst, ghevreyst, geleyst, neyst, meyst,
heyst, gereyst, gevleyst, gheyst

—eit

3745: verbeyt, bereyt, meyt, gheseyt, gheneyt, aengheleyt, ghemeyt,
cleyt, deyt, sneyt, dreyt, ongezweyt.   4773: herzenleyt, vinsterheyt,
geyt, meyt.   4853: reynicheyt, cleyt, meyt, ungeseyt.   5217: meyt,
breyt, uebergeyt, triniteyt, vercleyt, deyt, verbeyt, steyt, leyt, bereyt,
sceyt, gheleyt

—eiten

4737: gebeyten, reyten, meyten, leyten, unbescheyten, heyten, uzbrey-
ten, cleyten, leyten, untweyten, scheyten, eyten

ê

—ê

4593: ve, we, zerge, sne, vle, wanne, cle, ste, jeh, ave, me, te.   4945:
mee, clee, e, sne, ve, re, wanne, gese, we, verste, e, spe

—êb

5201: geeb, unzeeb, cleeb, erheeb, bleeb, dreeb, schreeb, leeb, streeb,
sweeb, uphheeb, sneeb

—ên

4753: jehn, uphgheen, treen, vleen, versteen, leen, seen, steen, speen,
ergeen, gescheen, breen

–êr
4129: geer, leer, veer, eer, sweer, ontbeer, keer, leer, meer, heer, seer,
weer.   5237: ver, er, der, ner
–êren
5045: profiteren, heren, eren, keren
–êret
4449: ghemeret, gheveret, heret, regeret, geeret, geleret, ververet,
keret, jubileret, besveret, ungekeret, gheberet

i

–icht
4641: gelicht, ghezicht, uphbricht, nicht, licht, spricht, verlicht, ge-
scicht, gesticht, geslicht, verflicht, wicht
–icket
3909: blicket, erquicket, dicket, ontstricket
–igel
3861: crighel, spigel, rigel, ingesigel
–il
5121: vil, wil, Hil, spil, vil, swil, stil, bril, geschil, april, hil, spil
–immert
4357: gezimmert, geslimmert, inschimmert, glimmert
–imph
4193: scimph, gepimph, bewinph, zinph, gelimph, kimph, stimph,
crimph, dinph, scrimph, rimph, wrinph
–in
3681: in, cueninghin, cherubin, ceraphin, beghin, sin, hin, bin, win,
zin, brin, min
–inden
3957: vinden, kinden, binden, bewinden
–ingen
5025: verdinghen, ringhen, untspringhen, herdringhen, ontghingen,
untfingen, slinghen, hendewringhen, dingen, singen, Lotringhen, er-
clingen
–inget
4609: wringet, dringet, gelynget, springet, bringet, singet, erclinget,
dringet, geswinget, ringet, voerdynget, dwinget
–innen
4481: innen, versinnen, beginnen, minnen, winnen, brinnen, binnen,
zinnen, sinnen, hinnen, verwinnen, cuninginnen
–inster
4005: vinster, glinster, minster, winster
–int

4993: verwint, verbint, kint, sint, verswint, geprint, int, vint, ver-
blint, mint, verslint, hint
–intz
4293: printz, zintz, bewintz, kintz
–ir
3825: gir, zir, manir, ir, schir, dir, pantir, rivier, fir, stir, wir, dir.
5185: wir, tir, stir, schir, vier, gir, hir, vir, mir, gezir, ir, dir
–irn
4325: kirn, virn, stirn, hirn
–ist
3733: wist, list, mist, vrist. 4033: Crist, wist, list, ghegist, gheslist,
bist, quist, mist, ghenist, gemist, vrist, ist. 4821: ist, list, vrist, Crist
–itter
4405: ritter, splitter, bitter, erzitter
–itz
4401: smitz, bitz, witz, zitz, spitz, glitz, splitz, uebermitz, switz,
hitz, quitz, trytz
–itzich
4901: spitzich, hitzich, sitz ich, unwitzich

ie

–ies
4433: verdries, lies, hies, inblies, giez, geniez, ansiez, schiez, spiez,
stiez, verliez, wiez
–iet
4977: pliet, diet, giet, biet, niet, vliet, siet, ziet, geschiet, yet, gebyet,
riet

î

–î
3905: houerdii, fii, blii, Arrabii, partii, elii, zabatanii, scrii, vrii,
heerscefii, Marii, ghebenedii. 4437: vry, cly, Engady, gezwy. 4533:
symphony, melody, dry, sacristy
–îben
4469: schriben, wiben, driben, bliben. 4673: bliben, kyben, bedri-
ben, wiben, liben, stiben, vertriben, clyben, volscriben, zuwriben,
riben, keytiben
–îch
3717: ewelich, hymmelrych, geliich, ich. 4929: togenriich, geliich,
ich, seuberlich, sliich, zwiich, costliich, riich, minnentliich, himmelriich,
sich, ertriich. 5265: togentriich, geliich, sich, heymlich, sliich, striich,
mich, minnentlich, sprich, ich, dich, himmelrich
–îchen
4837: wiichen, zicherliichen, togentriichen, gheliichen

–în
4001: miin, fenniin, medeciin, piin, diin, wahiin, schiin, rubiin, fiin, siin, kindeliin, wiin

–îp
4341: stiip, liip, wyp, kiip.   4897: liip, vertriip, stiip, wiip, zuwriip, cliip, schriip, bliip, triip, griip, niip, kiip

–îse
4577: prise, wise, amise, paradise, Gyse, Lise, wise, rise, yse, spise, lyse, gryse

–îsen
4117: riisen, prisen, wisen, grisen

–ît
4369: ziit, striit, verbliit, vermalediit, niit, pliit, vriid, gebenediit, quiit, liit, ghiit, siit.   4997: quitt, verbliit, profiit, ziit.   5077: biit, kiit, siit, quiit

o

–oc(k)
4721: doc, ploc, broc, roc, schoc, vloc, sproc, bloc, loc, gezoc, hoc, stoc

–ochen
3921: ghewrochen, cochen, zubrochen, gesprochen, gedochen, blochen, smochen, stochen, gecrochen, gelochen, wochen, erstochen

–ocken
5157: locken, zocken, docken, stocken

–ogent
5125: joegent, moegent, untogent, wroegent

–ol
4865: pol, mol, cnol, zol, wol, vol, bol, hol, smol, rol, sol, dol

–olt
4709: verscholt, holt, golt, solt

–on
4629: con, davon, Syon, son.   5041: con, bron, son, gon, won, Bon, Lon, zon, Abselon, Sampson, Salomon, davon

–onder
3749: plonder, bisonder, under, wonder

–op
4085: stop, grop, Vrouwenlop, Pop.   5009: gheprop, gestop, sop, nop, grop, zop, clop, cop, strop, crop, dop, lop

–oren
4053: durchboren, verloren, oren, gesworen

–ort
3889: gebort, vort, port, zustort, gecoort, ort, woort, ghehoort,

moort, dort, versmort, verdoort. 4965: boert, ermoert, ort, nort.
5189: ermoort, boort, woort, doort
—ossen
3781: uuzgesprossen, uuzgegossen, onverdrossen, beslossen
—ox
4149: stox, gelox, vox, ox

ô, s. auch unter û

–ôn
4273: croon, troon, gewoon, Syon, loon, soon, doon, boon, schoon,
vroon, doon, hoon
–ôsen
4833: nosen, bosen, losen, mosen, verposen, osen, prosen, durchglosen,
cosen, rosen, zytelosen, turcosen
–ôt
4309: geboot, roet, doot, noot
–ôz
3761: ghenoos, ercooz, anboez, cloez, bloez, loez, goez, bevloez,
groez, stoez, ontslooz, schooz

ou

–ou
4209: vrou, gedrou, gou, bestou, anschou, hou, bou, berou, dou, ou,
strou, gezou
–ouch
4069: houch, gouch, douch, ouch. 4881: ouch, houch, vlouch, rouch,
rouch, nederbouch, zouch, bouch, louch, crouch, souch, douch
–ouf
4693: houf, couf, louf, touf

u

–ucken
4177: smucken, drucken, stucken, plucken, ghelucken, mucken, rucken,
nucken, crucken, brucken, bucken, zucken
–ulden
4757: gulden, hulden, schulden, ervulden
–umph
4213: sumph, rumph, stumph, plumph
–und
4657: vrund, verslund, stund, geprund, leuferhund, sund, mund,
grund, vund, underwund, bund, pund
–undich
4081: undich, aabgrundich, verswundich, sundich, vrundich, bestun-
dich, underwundich, cund ich, rundich, cundich, untbund ich, vundich

–unt
3969: mont, blunt, gewont, cunt, grunt, slunt, prunt, vunt, stunt, bunt, untzunt, stunt
–urben
4373: gekurben, gestorben, gewurben, verdurben
–urnte
3765: gedurnte, gecurnte, verzurnte, eyngehurnte
–urtz
4037: curtz, abtekerwurtz, sturtz, hurtz
–usten
3973: lusten, rusten, brusten, kusten
–utz
5109: nutz, putz, schutz, schermutz

û (ô)

–ûben
4661: oeben, bedroeben, behoeben, boben
–ûmte
3893: gebluemte, nuemte, beruemte, verdoemte
–ur
3845: stur, vur, tur, gehur. 3937: creatur, gehur, figur, suur, stur, verswur, untbur, soldur, vur, dur, natur, pur. 4849: stur, vur, natur, rur, schur, snur, dur, pur, gehur, vur, hur, verswur
–ûs
4453: moes, voes, groes, boes. 4353: ghebruus, struus, getuus, sluus, sluus, guus, gruus, cluus, uus, confuus, vluus, huus
ût
3841: goet, toet, vroet, moet, ghevoet, gloet, behoet, erstoet, gebroet, boet, woet, bloet. 4021: huut, luut, truut, bruut. 4101: vloet, gloet, roet, bloet. 4785: bruut, zuit, nut, huit, geruit, gluit, gebuit, huit, vluit, untsuit, luit, truit. 4869: untloet, goet, bloet, aendoet
–ûter
3797 loeter, broeter, moeter, goeter. 5153: moeter, roeter, voeter, loeter, durchwoet er, stoet er, bloet her, ontloet er, goeter, behoeter, broether, doet her.